煽动行为独立入罪化研究

刘圃君　著

群众出版社

图书在版编目（CIP）数据

煽动行为独立入罪化研究/刘圃君著. --北京：
群众出版社，2025.6. --ISBN 978-7-5014-6414-2

Ⅰ.D914.04

中国国家版本馆 CIP 数据核字第 2024JY6327 号

煽动行为独立入罪化研究

刘圃君 著

责任编辑：刘长青
责任印制：周振东

出版发行：群众出版社
地　　址：北京市丰台区方庄芳星园三区 15 号楼
邮政编码：100078
经　　销：新华书店
印　　刷：涿州市新华印刷有限公司

版　　次：2025 年 6 月第 1 版
印　　次：2025 年 6 月第 1 次
印　　张：7.875
开　　本：880 毫米×1230 毫米　1/32
字　　数：191 千字

书　　号：ISBN 978-7-5014-6414-2
定　　价：36.00 元

网　　址：www.qzcbs.com
电子邮箱：qzcbs@sohu.com

营销中心电话：010-83903991
读者服务部电话（门市）：010-83903257
警官读者俱乐部电话（网购、邮购）：010-83901775
法律图书分社电话：010-83905745

序

刘圄君的博士学位论文《煽动行为独立入罪化研究》拟成书出版，邀我作序，我欣然应允。

刘圄君读博士，是我引荐入门。他在博士论文的选题、定题、撰写过程中，也常向我征求意见，与我深入讨论。当初他选"煽动行为独立入罪化"作为博士论文题，我曾反对，理由主要有以下两点：

第一，尺度不易把握。我们身处网络时代，在网络上发声失当，可能涉嫌违法犯罪。以煽动行为独立入罪化为题，进一步主张立法将煽动非犯罪行为独立入罪化，似乎要助推扩张。煽动行为治罪往往涉及言论自由的边界，二者的平衡不易把握。对此，刘圄君提出，借助网络传播，语言、文字的影响力被放大，这便产生了立法规制的必要性，且主张立法入罪不等同于煽动行为治罪扩大化。他自信能够把握好这一尺度，请我拭目以待。论文定稿，看来这尺度还是拿捏住了，实属不易。

第二，可展开的空间很小。通说认为，教唆可以包容或涵盖煽动，因此中国刑法总则教唆他人犯罪一般可罚的规定，可以适用于煽动行为。这意味着"煽动犯罪"的行为，现行中国刑法已将其入罪，立法并无漏洞，那么探讨"煽动犯罪"的行为入罪化意义何在？加之，中国刑法规定教唆未遂或未遂教唆（被教唆人没有接受教唆或没有犯被教唆罪）也一般可罚，这意味着即使被煽动者与煽动者不成立共犯，即不存在共犯关系，也不妨碍适用教唆犯规定单独处罚"煽动犯罪"的行为。如此一来，"煽动犯罪"的行为入罪问题完全可以适用教唆犯规定解决。只有"煽动非犯罪"的行为不能适用教唆犯规定，存在"法律漏洞"，需要立法将其犯罪化。煽动行为独立入罪化论题，实际只剩下"煽动非犯罪"的行为独立入罪问题，可展开空间实在狭小。大约只有一条路径：哪一种或数种"煽动非犯罪"的行为具有严重社会危害性，需要立法将其规定为犯罪。这样的话，成为某一种或数种煽动行为立法入罪"必要性"的论题。关于这个问题，已经立法入罪的如《刑法》第249条煽动民族仇恨、民族歧视罪，第378条战时造谣扰乱军心罪，第433条战时造谣惑众罪。循这个路径，论题解决的问题是，还有哪一种"煽动非犯罪"的行为需要入罪？这样，又成为一篇煽动行为入罪的立法完善建议文，不易展开。

及至看到论文的终稿也就是本书的定稿，我才发现此前的担心是多余的。刘圃君没有囿于煽动行为入罪立法建议狭小的空间，而是从理论基础到规范构建，对煽动行为独立入罪化进行了广泛且深入的讨论。

在理论基础方面，重点讨论了"煽动行为"、"独立入罪"及"为何独立入罪"三个基础性问题，阐述了煽动行为的概念、性质、表现方式，以及与教唆行为的同源异流的复杂关系，指出煽动行为具有主观方面与客观方面的独立性，以及前置与叠加的危害性。对于"煽动犯罪"的行为适用共犯（教唆犯）制度评价，存在入罪障碍和刑事谴责性不足问题；对于"煽动非犯罪"的行为，由于煽动者与被煽动者不存在共犯关系，不能适用共犯（教唆犯）制度。因此，无论对煽动犯罪还是对煽动非犯罪的煽动行为，都需要采用独立入罪化模式。

在规范化方面，提出煽动行为独立入罪化应当遵循价值平衡理念，即惩罚犯罪与保障人权并重，扩大煽动行为犯罪圈应当持审慎态度。同时，关于煽动行为入罪化发展方向，对"煽动犯罪"的行为，建议将煽动杀人、伤人行为入罪；对"煽动非犯罪"的行为，建议将煽动自杀、自害入罪。关于煽动行为入罪法定构成要件设置，提出可借鉴他国立法，设置煽动的"目的要素"和集会、游行等"公众场合要素"，限缩入罪的范围。关于量刑，提出可借鉴他国立法，以煽动行为是否产生煽动效果为标准，设计基本和加重两档法定刑。

本书最后对煽动行为独立入罪化的发展方向与趋势进行了研判，指出我国煽动行为独立入罪化的犯罪圈扩大化发展趋势已经形成，并且存在正当性基础。在信息网络时代背景下，煽动行为的网络异化呈现出全新特征，危害性也进一步升级，应当从转变刑事政策思维和强化网络平台责任两个角度作出回应。

总之，本书在述评本研究学术观点、域外立法的基础上，全面、系统、深入地论述了煽动行为独立入罪和量刑的基本范畴、立法基础、规范化与科学化的方法、未来发展方向与趋势等，观点明确、论据充分、语言畅达，具有创新意义和学术意义。

阮齐林

2024 年 11 月

目　录

绪　论

　　在刑法学领域，煽动行为并不是一个崭新的研究命题。《中华人民共和国刑法修正案（九）》［以下简称《刑法修正案（九）》］颁布后，煽动实施恐怖活动罪与利用极端主义破坏法律实施罪正式设立，加之近年来信息网络技术的迅猛发展与网络、现实双层空间的逐步形成，网络煽动的危害性急剧放大，这些因素共同促使煽动行为再次成为理论研究的关注焦点。

　　作为教唆行为中较为特殊的行为类型，煽动行为在刑法和司法解释中有着复杂的表现形式，既包括以独立成罪形式出现的煽动行为，也包括以非独立成罪形式出现的煽动行为。煽动行为属于广义的教唆行为，因此煽动行为理论上可以适用教唆犯的定罪量刑机制，这似乎意味着刑事立法与司法没有必要寻求独立入罪化的途径实现煽动行为的定罪处罚。然而，煽动行为又可以细分为煽动犯罪行为与煽动非犯罪行为。从定罪角度看，依教唆犯定罪评价机制处理煽动犯罪行为，既存在刑事谴责性不足问题，又存在实行行为罪量不足问题；而依教唆犯定罪评价机制处理煽动非犯罪行为，则由于煽动者与被煽动者难以成立共犯关系，所以对于煽动非犯罪行为的定罪评价存在理论困境。从量刑角度看，煽动犯罪行为适用双层区分制共犯体系下的主从犯区分量刑机制，量刑不足问题难以回避；煽动非犯罪行为同样由于共犯关系的不成立而无法量刑处罚。煽动行为独立入罪化的立法动因由此形成。自1997年《刑法》（以下简称97刑法）颁布后，煽动行为独立入罪的数量规模不断扩大，呈现犯罪圈扩张发展的趋势，但这并不意味着煽动行为独立入罪化的范围可以肆意扩张，而是应当遵循价值平衡的基本理念、选择规范化的入罪途径、探索明确化的入罪方向。与域外法国家相比，我国煽动行为独立入罪化的立法起步较晚，尽管历程短暂且发展快速，但有待完善之处颇多，故有必要在结合我国刑事立法与司法现状、社会发展现实，以及参考借鉴域外刑事立法有益经验的基础上，思考我国煽动行为独立入罪化的完善方向。

现阶段，以独立入罪化作为煽动行为研究视角的研究成果较少，更多的是以刑法分则中独立成罪的煽动行为作为研究对象，而煽动行为作为广义的教唆行为，刑事立法与司法究竟为何选择独立入罪化的立法模式实现定罪处罚，则鲜有刑法学者关注。刑法分则中独立成罪的煽动行为又可称为煽动型犯罪，现有研究成果又可以细分为以煽动型犯罪的整体类罪作为研究对象和以煽动型犯罪中单个罪名作为研究对象。以煽动型犯罪的整体类罪作为研究对象的成果通常包括宪法学视角与刑法学视角，因此，跨法学学科研究也就成为煽动型犯罪研究的一大特色。班克庆在《煽动型犯罪研究——以宪法权利为视角》中，就以宪法权利视角，系统阐述了煽动型犯罪的渊源、沿革、基本类型，以及性质特征等基本理论问题，比较分析了英美法系与大陆法系关于煽动型犯罪的成立条件差异，着重论述了煽动型犯罪与宪法权利——言论自由权利的界限，指出我国煽动型犯罪的立法不足，并提出完善思路。胡亚龙在《煽动犯基本问题研究》中，也着重论述了煽动型犯罪与宪法言论保护之间的关系，提出煽动犯立法应当坚守利益衡量原则、比例原则，以及分类治理原则，并且严格设置构成要件，只有这样才能在有效制裁煽动犯的同时，最大限度保障宪法言论权利的行使。唐煜枫在《言论自由的刑罚限度》一书中，以刑法学视角重新解读了煽动型犯罪与言论自由的关系与界限，主要研究了煽动型犯罪的概念、构成特征、犯罪形态、与言论自由的界分等内容，提出煽动型犯罪中法益侵害危险的判断和煽动型犯罪的处罚例外——人大代表的言论。刑法学视角方面，魏东、郭理蓉的《关于煽动型犯罪的几个问题》研究了煽动型犯罪的主观特征、行为特征、与关联实行行为的关系、与其他相似行为的界分等问题。庞仕平的《煽动型犯罪研究》从煽动型犯罪的概念、构成特征、未完成形态、共同犯罪形态、罪数形态及司法认定等六个方面展开论述，提出煽动型犯罪可以存在预备形态，但不存在犯罪未遂形态；煽动型犯罪的构成并不以关联实行行为的实施或者完成为必要；应当划清思想犯与行为犯的界限，将发表煽动性反动言论的行为视为犯罪，决不是惩罚思想犯等观点。比较而言，庞仕平对于煽动型犯罪的研究侧重体系化，而魏东、郭理蓉的研究则更为关注煽动型犯罪中的若干重要问题。

除对煽动型犯罪的整体类罪研究外，对于煽动型犯罪的具体个罪研究也吸引了较多学者的关注，而在诸多煽动型犯罪的具体个罪中，最受学者青睐的当属煽动民族仇恨、民族歧视罪与煽动恐怖活动罪。对于前者的研究，有高巍的《煽动民族歧视罪略论》、黄彬的《煽动民族仇恨、民族歧视罪的司法定位变化与刑事应对》等；对于后者的研究，有皮勇、杨淼鑫的《论煽动恐怖活动的犯罪化——兼评〈刑法修正案（九）（草案）〉相关条款》、班克庆的《浅议煽动恐怖活动罪》等。对于煽动型犯罪的具体个罪研究，学者们的研究视角较为统一，均以刑法学的视角进行，而研究内容的差异性较为明显。在高巍的《煽动民族歧视罪略论》中，主要针对煽动民族歧视罪的侵害法益和煽动民族歧视的界定两个方面予以展开论述。黄彬的《煽动民族仇恨、民族歧视罪的司法定位变化与刑事应对》运用实证分析的方法，针对司法实践中的煽动民族仇恨、民族歧视罪案例进行了实证分析，提出从刑事立法与司法两个方面建立煽动民族仇恨、民族歧视罪的刑事应对体系。皮勇、杨淼鑫的《论煽动恐怖活动的犯罪化——兼评〈刑法修正案（九）（草案）〉相关条款》是以《刑法修正案（九）（草案）》颁布为背景，针对全新罪名——煽动恐怖活动罪的危害与入罪必要性、入罪门槛与行为要素、立法建议等三个方面进行研究，提出了对《刑法修正案（九）（草案）》中关于煽动恐怖活动罪的立法条文进行完善与修改的立法建议。班克庆的《浅议煽动恐怖活动罪》与其上述《煽动型犯罪研究》所讨论的问题和角度都十分类似，由于《浅议煽动恐怖活动罪》成文于 2012 年，早于《刑法修正案（九）》的颁布，因此《浅议煽动恐怖活动罪》通过比较研究的方法，探讨了我国设立煽动恐怖活动罪的必要性问题，认为设立煽动恐怖活动罪不仅是履行国际义务的需要，也是打击恐怖主义的需要。

从总体上看，关于煽动型犯罪的研究虽成果数量有限，但视角和对象多样，丰富了刑法理论，推动了刑事立法与司法的完善。然而，现有研究成果对于煽动型犯罪的把握仍局限于刑法分则中独立成罪的煽动行为，对于司法解释中诸多关于煽动行为的规定有所忽视。同时，刑法分则中关于煽动行为的规定又颇具层次，需要抽丝剥茧、循迹溯源。将煽动行为作为研究对象，研究广度、深度要远远大于现有研究成果中所谓的煽动型犯罪。本书以"煽动行为独立入罪化研究"为命题，为系统把握煽动行为的刑法样貌和前瞻分析煽动行为的惩处路径提供了崭新研究视角。

第一章 煽动行为独立入罪化的
理论概述

从字面表述看，煽动行为独立入罪化可以分为煽动行为与独立入罪化两个部分。就煽动行为而言，刑法总则没有针对煽动行为作专门定义，加之刑法理论通说认为煽动行为涵盖于教唆行为的概念范畴之中，因此煽动行为很少单独引起刑法学者的关注，通常仅作为教唆行为的某种具体类型予以研究。然而，尽管煽动行为与教唆行为的性质存在诸多共同之处，但是二者之间的差异性不应被忽略。正由于存在此种差异性，使得对二者有着不同的刑事立法策略。独立入罪化较刑法理论中的"犯罪化"概念有所扩张，既包括非犯罪性煽动行为的犯罪性转变（这与"犯罪化"概念大体相当），也包括犯罪性煽动行为由刑法总则行为向分则行为的转变（这是"犯罪化"概念所难以涵盖的），故而在煽动行为语境下，"独立入罪化"的表述比"犯罪化"更精准。对煽动行为进行独立入罪化处理，是刑事立法与司法基于煽动行为特殊性的必然选择，也是传统共同犯罪理论自我革新升级的必然要求。总而言之，将上述内容相结合，形成的从"何谓煽动行为"到"何谓独立入罪"再到"为何独立入罪"研究逻辑，是本书描绘煽动行为独立入罪化理论轮廓的基本脉络与论述线索。

第一节　何谓煽动行为：煽动行为的基本范畴

对煽动行为基本范畴的界定，是研究煽动行为独立入罪化的必要前提。界定煽动行为的基本范畴一方面需要基于学理视角，在理论聚讼中合理界定煽动行为的行为概念与行为性质；另一方面需要基于规范视角，审视和归纳煽动行为在刑法和司法解释中的表现方式。可见对煽动行为基本范畴的研究，并非从理论中来到理论中去的纯学理性问题，而是一项解读、分析法律规范的实践性问题。

一、煽动行为的概念界定

犯罪概念的前提要素是行为而非行为人，[①] 这一观念自 18 世纪古典刑法学派构建"行为刑法"以来，就长期占据着主流地位。尽管近代刑法学派所构建的"行为人刑法"曾兴盛一时，近代刑法学者也曾构建"行为人人格刑法"以对抗"行为刑法"，但"行为刑法"依然影响深远。从刑法规范调整范围角度看，"行为刑法"观念所带来的影响主要表现在对于行为概念的不同理解会直接导致刑法处罚范围的缩小或者扩大，从封建迷信时期的"巫术"入罪，到现代刑法的"迷信犯"不予处罚，可以生动展现行为概念在刑法处罚范围演进与变革中所起到的不可替代的重要作用。我国刑法构建逻辑也是"行为刑法"而非"行为人刑法"，[②] 这一结论可以从我国刑法第 13 条所规定的犯

---

① 参见黄荣坚：《基础刑法学（第三版）（上）》，中国人民大学出版社 2009 年版，第 163 页。

② 参见张文：《行为刑法危机与人格刑法构想》，载《井冈山大学学报（社会科学版）》2014 年第 5 期。

罪概念清晰得知,① 当然,从刑法分则条文中关于具体罪名的罪状描述也可以得到印证。

就煽动行为独立入罪化而言,煽动行为的概念时刻影响着煽动行为独立入罪的作用范围,概念的模糊会使本研究失去基点,从而造成研究结论的失真。对于煽动行为概念的科学界定,尽管作为动词的"煽动"通常已经包含了行为的意思,但是刑法意义上的"煽动"更注重表现行为人内在的思想要素,而煽动行为中的"行为",才是上述思想要素得以具象化的外在表现方式,可以说"煽动"是"行为"之源,而"行为"是"煽动"之形。因此,分别从"煽动"与"行为"两个方面进行研究才能够展现煽动行为的概念全貌。

(一)"煽动"内涵初探

"煽动"一词并非专为刑法语境而创制,在一般生活语境中依然具有意义,但一般生活语境中的煽动与刑法语境中的煽动不能简单地"画等号"。

1. 生活语境中的"煽动"

在一般生活语境中,煽动的含义具有一定复杂性。在《新华汉语词典》中,"煽"在表"鼓动"含义时,也可作"扇",因此,煽动亦可作"扇动"。此外,煽动在语义上也呈现两种不同的含义,其一作"挑动,鼓动",其二作"摇动"。对于前者,《新华汉语词典》进行了标注,注明煽动词义中含有贬义,通常

---

① 刑法第 13 条规定:"一切危害国家主权、领土完整和安全,分裂国家、颠覆人民民主专政的政权和推翻社会主义制度,破坏社会秩序和经济秩序,侵犯国有财产或者劳动群众集体所有的财产,侵犯公民私人所有的财产,侵犯公民的人身权利、民主权利和其他权利,以及其他危害社会的行为,依照法律应当受刑罚处罚的,都是犯罪,但是情节显著轻微危害不大的,不认为是犯罪。"

是指鼓动别人做不该做的事。至此，文字意义上的煽动含义已然清晰，而在一般生活语境中的煽动具体是如何表现的呢？对此，笔者认为，从煽动的文字语义出发，至少可以分析得出两个结论：第一，煽动一词即使在脱离刑法的一般生活语境中，也同样具有否定性评价，这种否定性评价源自词语本身的贬义成分，从这点上看，一般生活语境中的煽动与刑法语境中的煽动在评价结论方面是保持一致的；第二，一般生活语境中的煽动并非当然意义上的鼓动，除鼓动含义外，还存有与鼓动无关的其他含义，从这点上看，在一般生活语境中的煽动行为并不当然等同于鼓动行为，更不当然等同于刑法语境中的"煽动行为"，二者的含义甚至可能是毫无关联的。因此，对于煽动的含义问题，应当将一般生活语境中的煽动与刑法语境中的煽动区分开来、分别看待，一般生活语境中的煽动词义更具复杂性。

2. 刑法语境中的"煽动"

刑法语境中的煽动相比一般生活语境中的煽动，并不存在词义的复杂性，含义作"挑动，鼓动"，而刑法语境中的煽动真正需要考察的并非文字含义这般简单。首先，刑法语境中的煽动与一般生活语境中的煽动的根本区别在于"合法性"与"违法性"的差异。正如上文所述，一般生活语境中的煽动通常包含贬义成分，一般社会观念对其通常亦作否定性评价。但否定性评价并不等同于违法性评价，只有罪刑法定原则下符合刑法和司法解释规定的煽动才是具有"违法性"的煽动。其次，刑法语境中煽动的内容具有法定性，通常被限定于数个特定煽动内容之中。如果煽动内容超出限定的煽动，就不属于刑法语境中的煽动。最后，刑法语境中的煽动与一般生活语境中的煽动相比，通常具有煽动目的的法定性。一般生活语境中的煽动可以出于戏谑、玩笑等心态而为之，而刑法语境中的煽动通常具备特定煽动目的和故意为之的主观意愿，这与一般生活语境中的煽动是有显著区别的。总而言之，刑法语境中的煽动相比一般生活语境中的煽动，其内涵范围更为限缩、严格，更为趋向于为实现刑法的功能和价值而服务。

（二）"行为"含义分析

与"煽动"概念相似，"行为"概念同样存在一般生活语境与刑法语境的差异性含义。

1. "行为"概念的刑法范畴

一直以来，鉴于"行为刑法"在刑法理论中占据的主流观念地位，我国刑法学者对于行为概念十分关注，几乎在所有刑法教科书中，行为概念都会无一例外作为重要问题予以介绍。有学者将行为概念划分为四个层次，分别是最广义的行为、广义的行为、狭义的行为与最狭义的行为。其中，最广义的行为即一般生活意义的行为，而作为犯罪行为理解的狭义的行为和作为危害行为理解的最狭义的行为，则为刑法意义上的行为。这样的概念层次划分道出了一般生活意义上的行为概念与刑法意义上的行为概念的相互关系，有助于实现行为概念的刑法意义限缩。而上述观点所带来的问题是，煽动行为中的"行为"是取狭义的行为概念较为合适，还是取最狭义的行为概念较为合适呢？笔者认为，狭义的行为概念所指的犯罪行为，是同时具备不法要素与责任要素的行为，而煽动行为中的行为概念，应当是作为犯罪构成要件要素中的行为，即最狭义的行为概念，亦即危害行为，煽动行为中的行为并不能直接使煽动行为成立犯罪，但是煽动行为成立犯罪的必要要素。

2. "行为"概念的实现方式

对煽动行为概念中行为含义的分析，除上述行为概念视角外，还需要结合煽动行为的个体性，归纳行为所应具备的其他内容，明确行为的实现方式。概括描述行为的实现方式无外乎有两种：明示与默示。在煽动行为中，行为概念是否同时包含两种实现方式呢？笔者认为，煽动行为概念中的行为概念是很难包含默示方式的，从上文所述煽动的概念看来，无论是"鼓动"还是"挑动"通常都需要煽动者通过积极、显明的方式将目的与内容对外传达。在这个问题上煽动行为与教唆行为呈现了不同的结论，① 这也恰恰凸显了煽动行为中行为概念所具备的特殊性。此外，煽动行为概念中的行为概念能否同时包含"作为"与"不作为"呢？笔者认为，煽动行为概念中行为的实现方式只能是明示的作为。与默示类似，不作为的性质本身与煽动概念很难融洽。举例言之，"怂恿"是煽动的同类概念，其行为实现方式与煽动一样，都只能包含作为，而"纵容"则是典型的消极态度行为，其行为实现方式可以是不作为。② 可见，词义概念与行为方式之间的联系具有相当的规律性。在煽动行为中，煽动概念对紧随其后的行为概念已经作出了一定程度的限定，使与其搭配的行为概念不能够超出煽动概念的当然含义。

（三）煽动行为的刑法概念

诚如上文所述，煽动行为的刑法概念需要分别定义刑法意义上的煽动概念与行为概念，将二者有机结合，科学定义煽动行为的刑法概念。在现有的研究成果中，刑法学者对于所谓"煽动型教唆"的定义已经具备一定启发性，煽动行为的刑法概念可以由此得到有益借鉴："煽动型教唆是指行为人以直截了当、积极作为的方式蛊惑人心，激励、挑动或鼓动他人产生实施某种或某几

---

① 刑法理论通说认为，教唆行为可以通过明示与默示两种方式实现。

② 参见陈兴良：《共同犯罪论》，中国社会科学出版社 1992 年版，第99-100 页。

种特定犯罪的意图的行为模式。"① 笔者认为，煽动行为的刑法概念应该包含煽动的文字含义、煽动的特定目的性，以及行为的实现方式等几个要素。参考现有研究成果，笔者将煽动行为的刑法概念归纳为：以作为的方式，利用语言、文字、图片、音频、视频等手段挑动、鼓动他人，意图使他人产生实施特定犯罪的决意，或实现其他特定目的的行为。在煽动行为概念中，除典型的煽动外，对于与煽动具有相同含义的"怂恿""挑拨""挑动""鼓动""煽惑"等，也可以纳入煽动行为的类概念中，从而实现煽动行为概念与实践中复杂多样的行为表现、现代汉语言复杂的文字使用习惯等相匹配。

二、煽动行为的性质之辩：以教唆行为性质为切入

煽动行为的法律性质是研究煽动行为独立入罪化的关键性问题。煽动行为的法律性质不明确，就无法正确把握煽动行为独立入罪的法律性质或法律定位。尽管如此，煽动行为的法律性质问题并非刑法学者观点争鸣的主要场域，原因在于煽动行为是广义的教唆行为中的一种特殊行为类型，鲜有学者将目光聚焦于此。但也正因为煽动行为与教唆行为之间的包含关系，在研究煽动行为法律性质时，可以对教唆行为法律性质研究的方法、思路与结论予以借鉴与参考。

（一）教唆行为性质的观点综述

刑法学界对于教唆行为的法律性质目前主要形成两大类观点，分别是共同犯罪说与独立犯罪说。前者又形成从属性说、独

---

① 魏东、郭理蓉：《现行刑法中煽动型犯罪的司法认定》，载《犯罪与改造研究》1999 年第 4 期。

立性说和二重性说;① 后者则又形成完全剥离说与部分剥离说。②

1. 共同犯罪说

共同犯罪说的根本立场是教唆行为的发出者与接受者成立共同犯罪,即教唆者与被教唆者成立共同犯罪,这是共同犯罪说的基本出发点。在此基础上,共同犯罪说内部发生了观点分歧,逐渐出现了从属性说、独立性说、二重性说三种理论观点,分别从各自不同的角度阐述了教唆行为的法律性质。

(1) 从属性说。在共同犯罪说语境下,观点争论最为激烈且影响最为深远的当属教唆犯从属性说与教唆犯独立性说之争。虽然二者的争论在国外刑法学界中已经逐渐消散,但由于我国刑法第 29 条引发的教唆犯法律性质的认识分歧,使二者之争在我国刑法学界仍然存在。

教唆犯从属性说是刑法古典学派所主张的观点,认为教唆犯的成立与处罚以存在被教唆者的实行行为为必要,当被教唆者成立犯罪且具备可罚性时,教唆犯才可能因此而成立犯罪且具有可罚性。有学者将教唆犯从属性涉及的问题概括为两个方面:教唆犯从属性的有无问题和教唆犯从属性的内容问题。③ 对于第一个问题,主张该说的学者认为教唆犯存在从属性的理由是:第一,教唆行为与实行行为在类型上具有本质的差异性,不能将教唆行为单纯地理解为实行行为;④ 第二,单纯的教唆行为不具有法益

---

① 参见李凤梅:《教唆行为:共犯行为抑或实行行为》,载《法学杂志》2009 年第 1 期。

② 参见朱道华:《教唆犯研究》,法律出版社 2014 年版,第 72—73 页。

③ 参见 [日] 木村龟二:《刑法学词典》,顾肖荣、郑树周译,上海翻译出版公司 1991 年版,第 348 页。

④ 参见张明楷:《刑法的基本立场》,中国法制出版社 2002 年版,第 302 页。

侵害性，教唆行为的法益侵害性只有依托于实行行为才能得到展现；第三，从各国立法经验看，"教唆他人实行犯罪"几乎是教唆犯的通用表述，在这种表述中，恰恰体现了教唆犯的从属性地位，即教唆犯的成立是以他人实行犯罪为前提的。① 对于第二个问题，日本学者平野龙一教授认为，共犯从属性的内容包括三种情况。第一，实行从属性，解决的是实行行为对于共犯成立的必要性问题，即上述"教唆犯从属性的有无问题"。第二，要素从属性，解决的是共犯从属性的程度问题，并以共犯从属性的程度不同，将共犯从属性划分为最小从属性、限制从属性与极端从属性三个层次。从犯罪构成"三阶层"理论角度来看，最小从属性是指共犯从属的实行行为只需要是符合构成要件的行为；限制从属性是指除符合构成要件外，实行行为还应当具备违法性；极端从属性是指实行行为应当是符合构成要件且具备违法性与有责性的行为。对于共犯从属性的程度划分，德国学者迈耶与平野龙一教授观点相似，不同的是迈耶将共犯从属性划分为四个层次，在"极端从属性"之后，又加入了"最极端从属性"，在前述"极端从属性"基础上，要求共犯需要负担正犯的刑罚加减事由。② 第三，罪名从属性，解决的是共犯与正犯的罪名是否应当相同的问题。③ 在教唆犯从属性说看来，教唆犯与实行犯在罪名适用方面是相同的，应当具备罪名的从属性。

　　教唆犯从属性说历史悠久，并以行为主义贯穿理论体系的始

① 参见朱道华：《教唆犯研究》，法律出版社2014年版，第46-47页。

② 参见马克昌：《比较刑法原理》，武汉大学出版社2002年版，第660页。

③ 参见〔日〕大冢仁：《犯罪论的基本问题》，冯军译，中国政法大学出版社1993年版，第280-281页。

终，在教唆犯法律性质的问题上，具有极为重要的地位。放眼世界，教唆犯从属性说影响力极大，德国、日本、法国等国家皆以此说作为教唆犯性质的通说观点。①

（2）独立性说。教唆犯独立性说提出时间晚于教唆犯从属性说，是近代学派的代表性观点。与教唆犯从属性说以行为主义贯穿理论体系的始终不同，教唆犯独立性说更关注行为人，因此其核心是行为人主义。教唆犯独立性说主张教唆犯的可罚性不是来自实行犯的实行行为，而是来自教唆犯本身的主观恶性和人身危险性。这种对教唆犯独立性的论述被称为"犯罪表征说"，在教唆犯独立性说中占据重要地位。平野龙一教授在"犯罪表征说"基础上，又提出"因果关系说"，主张延长共同犯罪中因果关系的环节，将因果关系的环节从实行行为与结果发生段延长至教唆行为与结果发生段，因此，可以一目了然地看出教唆犯的可罚性不是来自实行犯的实行行为与结果之间的因果关系，而是来自教唆行为本身与结果发生之间存在的因果关系。② 从世界范围看，受教唆犯独立性说理论影响的主要有英国、美国、意大利、丹麦等国家刑法，③ 挪威、格陵兰等地更是在其刑法中采用将共犯概念包含在正犯概念之中的极端教唆犯独立性说，不区分共犯与正犯。④

我国以教唆犯从属性说作为理论通说，但是主张教唆犯独立

---

① 参见王昭武：《教唆犯从属性说之坚持与展开》，载《刑法论丛》2008 年第 3 期。

② 参见李凤梅：《教唆犯论——以独立构成说为视角的构建》，中国社会科学出版社 2011 年版，第 35-36 页。

③ 参见李凤梅：《教唆犯论——以独立构成说为视角的构建》，中国社会科学出版社 2011 年版，第 35-36 页。

④ 参见魏东：《教唆犯诠释与适用》，中国人民公安大学出版社 2012 年版，第 51-52 页。

性说的学者也有不少，并主要从理论与立法两种视角进行论证。理论视角主要关注的是教唆行为的危害性与教唆犯独立承担责任的正当性，认为教唆行为本身已经具有社会危害性，具有规制必要性，而教唆犯独立对其行为承担责任也是个人责任主义原则的体现；立法视角主要关注的是实然的刑事法律规范，认为通过刑法第29条第2款的规定可以清晰得知我国刑事立法在教唆犯独立性说与教唆犯从属性说之间的选择结果，该刑法条文正是我国刑事立法认可教唆犯具有独立性的重要佐证。

（3）二重性说。一般而言，对于教唆犯二重性说的讨论限于我国刑法语境之下。① 教唆犯二重性说最早是由四川大学伍柳村教授提出来的。伍柳村教授认为，教唆犯只有通过实行犯实施犯罪，才会导致危害结果的发生，这说明教唆犯对于实行犯具有从属性；而教唆行为相比一般犯意表示具有更大的危害性，无论实行犯实施犯罪与否，皆不应当否认教唆犯成立犯罪，这说明教唆犯对于实行犯具有独立性，因此，教唆犯具备从属性与独立性的二重性质。② 随着理论研究的深入，教唆犯二重性说理论逐渐分化为机械的二重性说与有机的二重性说、抽象的二重性说与具体的二重性。机械的二重性说与具体的二重性说相类似，主要以实行犯是否实施了被教唆罪作为划分教唆犯有无独立性的标准。实行犯实施了被教唆罪，那么教唆犯从属于实行犯，相反则独立于实行犯。有机的二重性说与抽象的二重性说以教唆行为本身危害性的有无作为论证其独立性的抓手，认为从教唆犯与实行犯的关系特点看，教唆犯具有从属性，而从教唆行为的本身危害

① 支持教唆犯二重性说理论的除中国大陆刑法学者外，另有日本学者大冢仁，我国台湾学者高金桂、周冶平、蔡墩铭等。
② 参见伍柳村：《试论教唆犯的二重性》，载《法学研究》1982年第10期。

性特点看，教唆犯具有独立性。① 教唆犯二重性一方面在教唆犯从属性上，契合教唆犯性质的主流观点；另一方面在教唆犯独立性上，又与我国共同犯罪的刑法规定相呼应，因此教唆犯二重性说被视为我国教唆犯法律性质的通说观点。②

2. 独立犯罪说

独立犯罪说的根本立场是教唆行为的发出者与接受者不成立共同犯罪，教唆行为应当在刑法分则中增设条文而独立成罪。与共同犯罪说相同，独立犯罪说内部也并非实现了理论观点的一致性，存在完全剥离说与部分剥离说两种理论观点。

（1）完全剥离说。完全剥离说的主要倡导者是我国刑法学者卢勤忠教授。完全剥离说主张将教唆犯从刑法总则共同犯罪的规定中完全剥离出来，在刑法分则中创设教唆罪，并将从刑法总则中剥离出来的教唆犯纳入其中，成为独立的刑法分则罪名。完全剥离说认为，设置教唆罪的理由有三：第一，刑法总则关于"独立教唆犯"的处罚存在重大缺陷。首先，"独立教唆犯"是指刑法第29条第2款所规定的情形，③ 但是依照现行处罚规定，对"独立教唆犯"适用刑法第29条第2款定罪处罚会产生与"共犯从属性说"的冲突矛盾，即实行犯并未实施犯罪，却仍与从属于实行犯的教唆犯构成共同犯罪。其次，"独立教唆犯"的处罚规定在处理具有多个量刑幅度的犯罪时往往心有余而力不足，对于究竟适用哪种量刑幅度来确定"独立教唆犯"的处罚基准刑存在分歧。最后，"独立教唆犯"在面对"选择性教唆"

① 参见李凤梅：《教唆犯论——以独立构成说为视角的构建》，中国社会科学出版社2011年版，第61-62页。
② 参见朱道华：《教唆犯研究》，法律出版社2014年版，第55页。
③ 刑法第29条第2款规定："……如果被教唆的人没有犯被教唆的罪，对于教唆犯，可以从轻或者减轻处罚。"

时会出现难以避免的选择困难，很难对"独立教唆犯"作出科学合理的定罪与量刑结论。第二，教唆犯的从属性并不是绝对的、完全的，而是具有一定的独立性。完全剥离说认为，教唆犯在实施教唆行为时，并非仅存在单一故意，而是同时存在犯意引起故意和结果发生故意的双重故意。就后者而言，教唆犯与实行犯是相一致的，而对于前者，教唆犯在主观故意方面是相对独立的，这就为设置教唆罪创造了条件。第三，刑法分则罪名体系中，对于教唆犯单独定罪处罚（如教唆他人吸毒罪）或类教唆犯单独定罪处罚（如传授犯罪方法罪）的立法例屡见不鲜，设置教唆罪不仅不存在立法障碍，反而还会使刑法分则罪名体系更为合理和完善。①

在教唆罪刑法分则章节定位方面，完全剥离说认为，应当将教唆罪设置在刑法分则第 6 章妨害社会管理秩序罪当中，有学者主张将教唆罪具体放置在第 6 章妨害社会管理秩序罪第 1 节的传授犯罪方法罪之后。② 在教唆罪犯罪构成要件设置方面，完全剥离说认为，教唆罪应当设置独立的犯罪构件要件，并为其构建了具体的罪名设置方案，如卢勤忠教授的方案是：

"教唆他人犯罪，情节较轻的，处 5 年以下有期徒刑；情节严重的，处 5 年以上有期徒刑；情节特别严重的，处无期徒刑或者死刑。

传授犯罪方法和教唆未满 18 周岁的人犯罪的，应当从重处罚。"③

---

① 参见卢勤忠：《论教唆罪的设立》，载《现代法学》1996 年第 6 期。

② 参见吴情树、闫铁恒：《对教唆犯的反思与定位》，载《政法论丛》1999 年第 6 期。

③ 卢勤忠：《论教唆罪的设立》，载《现代法学》1996 年第 6 期。

（2）部分剥离说。部分剥离说的主要倡导者是郝守才教授。部分剥离说与完全剥离说的最大分歧在于是否应当将"共犯教唆犯"从刑法总则剥离出来的问题。"共犯教唆犯"是"独立教唆犯"的相对概念，具体是指行为人接受教唆后实行了被教唆罪，行为人与教唆者成立共同犯罪。在部分剥离说看来，"共犯教唆犯"与"独立教唆犯"具有差异性，[①]不能轻易地混为一谈，完全剥离说所主张的不分情形地将教唆犯从刑法总则完全剥离至刑法分则是不恰当的。对此，部分剥离说主张将"独立教唆犯"从刑法总则剥离，但保留刑法总则中"共犯教唆犯"的相关规定，对于"共犯教唆犯"依然依照现行规定定罪处罚，而对于"独立教唆犯"则应当在刑法分则中创设教唆罪直接予以规制。在"独立教唆犯"独立成罪的理由方面，部分剥离说与完全剥离说观点大体相同，上文已有较详尽论述，在此不赘。

在教唆罪刑法分则章节定位方面，与完全剥离说类似，部分剥离说同样认为应当将创设的教唆罪放置在刑法分则第6章妨害社会管理秩序罪第1节扰乱公共秩序罪之中，郝守才教授的具体方案是：

"总则条文

第×××条　教唆他人犯罪，并且被教唆者实施了教唆者教唆之罪的，应当按照他在共同犯罪中所起的作用处罚。

教唆不满十八周岁的人犯罪的，应当从重处罚。

分则条文

第×××条　教唆他人犯罪后，被教唆者没有犯被教唆的罪的，是独立教唆罪，处三年以下有期徒刑、拘役或者管制；情节严重的，处三年以上七年以下有期徒刑。

---

① 参见郝守才：《论未遂教唆与教唆未遂》，载《法商研究》2000年第1期。

本法另有规定的，依照规定处罚。"①

（二）教唆行为性质的本书观点

论证煽动行为和教唆行为的性质，必须立足于我国刑事立法与司法现状，以及煽动行为和教唆行为理论研究的现实发展。理论研究不一定要拘泥于实然法，但完全脱离实然法和社会发展实际的理论研究注定是缺乏根基和实践意义的。对于教唆行为的法律性质，学界存在两种完全对立的理论观点，即共同犯罪说与独立犯罪说，前者在教唆犯与实行犯成立共同犯罪的基础之上论证教唆犯的性质，从属性说、独立性说与二重性说均是以共同犯罪说为基础的理论观点；而后者则从根本上否认了教唆犯与实行犯之间成立共同犯罪，跳出从属性说、独立性说与二重性说争论的牢笼，以独立成罪的视角阐述教唆罪的正当性，在独立成罪说基础上才有可能讨论完全剥离说与部分剥离说的选择问题。共同犯罪说与独立犯罪说的扬弃取舍是研究教唆行为法律性质的起点。

1. 共同犯罪说与独立犯罪说之扬弃

就共同犯罪说与独立犯罪说的扬弃问题，笔者认为，共同犯罪说更为适合我国刑法语境下教唆犯理论的展开，具有科学性与恰当性。相比共同犯罪说，独立犯罪说的相关观点及对共同犯罪说的驳斥有一定的合理之处，但总体而言，仍具有难以回避的缺陷。首先，独立犯罪说完全割裂了共同犯罪的体系构造，将教唆行为与实行行为分别评价，完全忽视了教唆犯的客观犯罪进程。从教唆犯的客观犯罪进程角度看，教唆犯与实行犯的犯罪过程通常表现为：教唆者发出教唆指令→被教唆者产生犯罪意图→被教唆者实施犯罪行为→犯罪行为造成危害结果→教唆者实现教唆目

---

① 郝守才：《论独立教唆犯》，载《河南师范大学学报（哲学社会科学版）》2002 年第 5 期。

的。在共同犯罪说模式下，教唆犯与实行犯彼此捆绑在一起，形成有机整体，① 而独立犯罪说将教唆犯与实行犯机械地割裂，否定共同犯罪的成立，这显然是有待商榷的。其次，关于独立犯罪说所提出的教唆未遂问题、选择性教唆未遂问题、教唆未遂的量刑幅度适用问题，② 笔者认为，一方面，独立犯罪说急于另辟蹊径寻求对"教唆未遂"作出全新解读，但忽视了共同犯罪理论的体系性与整体性。另一方面，以设置教唆罪的方式解决上述问题可能会带来更为直观的效果，但是依据卢勤忠教授构建的教唆罪立法方案，似乎也没有妥善与明确地解决选择性教唆未遂问题与教唆未遂的量刑幅度适用问题。而依据共同犯罪说中的教唆犯独立性说理论，对于"教唆未遂"的解释向来并非难题，对于选择性教唆未遂问题，笔者认为可以通过从一重罪的方法进行解决，通过对比数个罪名的法定刑幅度及附加刑配置等方面内容，确定最终教唆犯的罪名适用。对于教唆未遂的量刑幅度适用问题，恐怕只有适用量刑幅度中的最低幅度才是恰当的，从有利犯罪人和教唆行为间接法益侵害性角度，选择最低幅度适用较为合理。最后，独立犯罪说意图将教唆罪设置在刑法分则第 6 章妨害社会管理秩序罪第 1 节扰乱公共秩序罪之中，也是欠妥当的。实行行为的法益侵害种类对教唆行为的成立没有影响，也就是说刑法分则中的所有犯罪，均有成立教唆犯的可能性，因此，教唆犯侵害法益不应被限定于社会管理秩序法益。实际上，将教唆罪放置在刑法分则第 6 章妨害社会管理秩序罪第 1 节扰乱公共秩序罪之中，也实属独立犯罪说的无奈之举，独立犯罪说既提出设置教唆罪，则必然涉及罪名在刑法分则中的放置问题，而在现行刑法分则中，教唆罪无论放置在哪个章节，都会出现以偏概全的问

---

① 参见朱道华：《教唆犯研究》，法律出版社 2014 年版，第 73 页。
② 参见卢勤忠：《论教唆罪的设立》，载《现代法学》1996 年第 6 期。

题，这也从侧面反映了独立犯罪说的缺陷与纰漏。因此，在现行刑法语境下，共同犯罪说仍是具有科学性和合理性的理论观点，独立犯罪说尽管新颖，但是方法论上的缺陷与实然法上的实现困难都使其缺乏妥当性和周延性，因而是不可取的。

2. 从属性说、独立性说与二重性说之取舍

在共同犯罪说中，从属性说、独立性说与二重性说应当如何取舍，笔者拟先讨论二重性说的取舍，然后再讨论从属性说与独立性说的取舍。

笔者认为，二重性说并不可取。对于二重性说的批判，我国刑法学者的视角和理由大体相当，论述已较为充分，笔者仅针对二重性说的困境简要概括理由。首先，二重性说是立足于我国现行刑法规定，将从属性说和独立性说本是对立存在的理论观点进行调和、合二为一的产物，其在构成逻辑上存在缺陷。一方面，机械的二重性说以割裂的视角分别看待教唆犯的从属性与独立性，破坏了教唆犯理论体系的完整性，同时也使得教唆犯的性质随着实行行为的走向而变幻莫测。① 另一方面，我国刑法第 29 条自立法颁布之初就广受刑法学者诟病，而二重性说立足于刑法第 29 条的规定，同时将从属性说与独立性说捏合，强行解释我国刑法语境中教唆犯的法律性质，这种从刑法条文中"提炼"刑法理论的研究思路存在方法论的缺陷。其次，无论是在机械的二重性说和有机的二重性说中，还是在具体的二重性说和抽象的二

---

① 机械的二重性说理论下，当实行犯没有犯被教唆罪时，教唆犯具有独立性，当实行犯接受教唆实施犯罪时，教唆犯具有从属性，然而，在假设教唆犯实施教唆行为后，实现犯没有犯被教唆罪的情况下，又"后知后觉"地接受了教唆而实施了犯罪，教唆犯的性质会经历由独立性向从属性的转换，可见，在机械的二重性说理论下，教唆犯的性质具有不确定性，这样的结论显然难以服众。

重性说中，关于从属性与独立性的真正内涵，二重性说似乎自始至终也没有给出明确统一的结论。主张二重性说的学者似乎都是"各自为政"地给出从属性与独立性的不同内涵。而无论是将犯罪成立与犯罪处罚阶段的从属性与独立性混为一谈，还是将行为从属性与独立性和罪名、量刑从属性与独立性混为一谈皆难言恰当。最后，正如张明楷教授所说，"所谓的二重性说，其实就是一种独立性说"，① 二重性说仅是在我国刑法语境下为解决教唆犯性质问题创造了全新称谓。二重性说并未以超出教唆犯独立性说的视角为教唆犯性质问题另行提供解决的思路，反而在独立性说的根基之上，将教唆犯的特征误认为是教唆犯的从属性表现，又将外表的从属性与实质的独立性捏合而组成二重性说，徒增了理论的复杂性与研究的困难性。基于上述理由，笔者认为二重性说存在诸多理论缺陷难以克服，以二重性说作为教唆犯性质的结论是不可取的。

在从属性说与独立性说这对"老冤家"之间，笔者倾向于后者，即我国教唆犯具有独立性的法律性质。但此处的独立性并非绝对的独立性，而是相对的独立性。由于对此问题刑法学界争论已久，论述理由多样且较为详尽，因此笔者仅简要列举相对独立性说的理论优势，不再对二者理论作复杂对比，以简化论述，突出观点。独立性说与我国刑法的共犯语境十分契合，这一点从刑法第29条第2款的规定可见一斑。有学者认为，刑法第29条第2款的规定就是独立性说在规范视角下的最佳佐证，因此众多主张独立性说的学者都将此条作为以规范为视角分析教唆犯独立性的重点内容，而此条恰恰是从属性说最难以通过解释论自圆其说的内容。如果将视角从规范转向理论，从属性说对独立性说的

① 张明楷：《刑法学（第四版）》，法律出版社2011年版，第376页。

诟病主要来自教唆犯独立性说与法益侵害理论的冲突。笔者认为，从教唆行为的归责理论看，作为通说的因果共犯论肯定了教唆行为与危害结果发生之间的间接因果关系，"从因果共犯论的角度看，共犯受到惩罚的原因是通过正犯引起了法益侵害的结果，其中正犯是法益的直接侵害者，共犯是法益的间接侵害者"。① 因此有学者认为，只要承认法益侵害理论就无法承认教唆犯独立性说。事实上，这样的结论是不恰当的。还有学者认为教唆犯独立性说难以说明教唆犯与实行犯的关系。在教唆犯独立性说中，教唆行为通常被等同于实行行为对待，这种理解有可能导致共同犯罪理论的系统性矛盾。② 对于这个问题，笔者认为，如果承认教唆犯的相对独立性，上述问题就会迎刃而解。所谓相对独立性，其含义与英美等国家所取教唆犯独立性的含义近似，具体表现为教唆犯通过实行犯实施犯罪，因此教唆犯与实行犯成立共同犯罪是相对独立性说的基础，但是教唆犯通过实行犯实施犯罪并不意味着教唆犯从属于实行犯，教唆犯与实行犯在整个犯罪过程中，都表现出了各自的主观恶性，因此可以得出教唆犯具有相对独立性的结论。从相对独立性的角度看，教唆犯与实行犯在整个共同犯罪模式中，并未发生行为性质的转化。教唆行为还是教唆行为，实行行为还是实行行为，根本不存在相对独立性说语境下教唆行为转变为实行行为的情况。对于相对独立性说中教唆行为可罚性来源的问题，贾宇教授的论述十分精辟："刑罚惩罚犯罪人，本意并不在于对客观行为的事后报复，而是通过惩罚，以改造其犯罪行为所体现出的主观恶性，以期预防犯罪的效果。被教唆者虽未犯被教唆之罪，但教唆者的主观恶性已昭然，

---

① 刘圃君：《论狭义的过失共犯》，载《东北大学学报（社会科学版）》2017年第2期。

② 参见王莉：《试论教唆犯的性质》，载《河北法学》2011年第11期。

且其主观恶性并非止于犯意表示，而是以唆使他人犯罪的客观危害行为表现出来。依主客观相统一的原则，教唆犯仍有应受刑罚惩罚性。"① 总之，笔者认为，在我国刑法语境下教唆犯的独立性应当得到肯定，而相对独立性说可以更好地弥补绝对独立性说带来的解释困境，又可以与现行共同犯罪理论体系更为和谐融洽，应当得到提倡。

（三）煽动行为性质的本书立场

通过对上述理论观点的比较分析，可以得出的基本结论是教唆犯独立性说较为适合我国刑法语境。而煽动行为毕竟不同于教唆行为，上述结论能否成为论证煽动行为性质的当然结论还需要继续考察。笔者认为，只需要明确两个问题即可：第一，煽动行为是否可以纳入教唆行为的谱系范围之内。第二，我国刑法语境下的煽动行为是否同教唆行为一样具有独立性。对于第一个问题，笔者认为煽动行为尽管与教唆行为相比存在诸多差异，但不可否认的是煽动行为属于广义的教唆行为范畴。从煽动行为的概念上看，正如上文所论，煽动行为是指行为人以作为的方式，利用语言、文字、影像等手段挑动、鼓动他人，意图使他人产生实施特定犯罪的决意，或实现其他特定目的的行为。其中，煽动的核心含义是指挑动、鼓动与怂恿，这与教唆行为中"教唆"的核心含义指使、唆使相比，并无本质区别。实际上，煽动行为与教唆行为相比，二者最大区别并非表现在概念方面，更多地表现在行为内容、行为对象、定罪与量刑等方面，而后者通常不影响行为的性质判断。因此，将煽动行为纳入广义教唆行为的谱系是毫无问题的。这一点从我国学者将煽动型犯罪的研究多纳入教唆

---

① 贾宇：《教唆犯理论的初步比较研究》，载《河北法学》1991年第2期。

犯的研究范畴就可得到印证。例如，魏东教授认为："煽动型犯罪中的煽动行为与教唆行为的行为人都是通过劝诱、鼓动等方法，以促使他人实施犯罪行为的，并且从广义上讲，煽动行为也是一种教唆行为。"① 对于第二个问题，笔者认为在我国刑法语境下的煽动行为具有很强的独立性，强度甚至会超出教唆行为所具有的独立性，但并不能超出共同犯罪的理论范畴。我国刑法总则对于教唆未遂的立法规定是造成我国刑法学者相争从属性说与独立性说的重要原因，从属性说费尽心思地将教唆未遂限定为"未遂教唆"，以适应从属性说的理论体系，而独立性说也绞尽脑汁地论证教唆未遂的可罚性。但将煽动行为置于独立性说中时，很多问题就迎刃而解了。在我国刑事立法中，煽动行为的典型立法表现形式是刑法分则的独立罪名，以共犯形式存在的煽动行为很少，且多存在于司法解释之中。对于刑法分则的独立罪名而言，无论是煽动未遂还是未遂煽动均是可罚的，并不存在任何争议。从我国刑事立法的初衷看，设置煽动型犯罪正是由于煽动行为自身具备危害性与独立性，② 需要通过立法手段将煽动行为从教唆行为中分离出来，通过罪名增设实现对煽动行为的科学定罪与处罚。可见，在我国刑法语境下，煽动行为的独立性是毋庸置疑的。

接下来的问题是，对于煽动型犯罪的设置会不会导致我国刑事立法由共同犯罪说转向独立成罪说呢？笔者认为，不能以刑法

---

① 魏东：《教唆犯诠释与适用》，中国人民公安大学出版社 2012 年版，第100页。

② 以煽动型犯罪在我国刑法中的立法经验看，在我国刑法语境下，煽动的内容并不要求一定是实施犯罪行为，如刑法第249条煽动民族仇恨、民族歧视罪，这可以理解为是煽动行为对教唆行为的突破与差异，但是也更加印证了煽动行为相比教唆行为所具有的更强的独立性。

分则的罪名设置作为判断煽动行为性质的依据。一方面，在我国现行刑事立法与司法中，煽动型犯罪是煽动行为独立入罪的一种具体表现形式，并非煽动行为独立入罪的全部表现形式，在我国现行刑法和司法解释中，存在很多煽动行为以非独立成罪形式入罪的规定。另一方面，教唆行为作为一种刑法总则行为，在我国现行刑事立法中也不乏独立入罪的立法现象，但是并不因此而影响教唆行为是共同犯罪中重要共犯行为的地位。因此，煽动型犯罪的存在并不会成为影响煽动行为性质判断的阻碍。

总而言之，与教唆行为相比，煽动行为尽管存在诸多差异之处，但是这些差异的存在并不影响煽动行为成为广义的教唆行为谱系中的一员，也不会否定以教唆行为视角切入研究煽动行为法律性质所得出的结论。

三、煽动行为的行为表现方式

通过上文对煽动行为的概念分析可知，煽动行为可以通过多种行为表现方式或者说方法行为予以展现，这些行为表现方式虽然用词各异，但其本质上与煽动行为一般无二。对于煽动行为的行为类别或者说行为方法进行列举，在不同语境下选择不同词语的描述，既体现了刑事立法的严谨性，也体现了刑事司法实践中煽动行为的复杂性。对于煽动行为的行为表现方式的筛选，既需要以煽动词义为出发点，也需要以行为实质为出发点，在充分关注词语表达差异的同时，对其行为实质作出合理判断，如果仅关注煽动的词义近似性，而忽视了行为的实质性，则难免出现遗漏。当然，这种情况在学者对外国刑法的译作之中较为多见，需要注意甄别。

（一）刑法分则中煽动行为的表现方式

刑法分则中，煽动行为的表现方式主要有三种，分别是煽动行为、策动行为与造谣惑众行为。

1. 煽动行为

以煽动行为的本相方式呈现的煽动行为在刑法分则中占据绝大多数。具体表现为以下方式：第一，煽动分裂国家、破坏国家统一行为；① 第二，煽动颠覆国家政权行为；② 第三，煽动实施恐怖活动行为；③ 第四，煽动破坏法律实施行为；④ 第五，煽动民族仇恨、民族歧视行为；⑤ 第六，煽动暴力抗拒法律实施行为；⑥ 第七，煽动军人逃离部队行为⑦。以本体呈现的煽动行为，从行为具体表现上看，"煽动行为"的适用语境十分广泛，并不存在难以适用的语境和领域，这也是在诸多具有煽动含义的行为中，选取"煽动行为"作为这一类行为统称的原因所在。

2. 策动行为

以策动行为表现方式呈现的煽动行为在刑法分则中仅有一处，具体表现为策动武装叛乱、暴乱行为。⑧ 此外，以策动行为表现方式呈现的煽动行为在司法解释中也有一处，为了避免重复论述，在此将刑法分则与司法解释中的策动行为一并梳理。在司法解释中，策动行为具体表现方式为策动他人逃离部队行为，而刑法分则中煽动行为的具体表现方式之一就是煽动军人逃离部队行为。策动行为相比煽动行为，在"鼓动"含义的基础上，增

---

① 刑法第 103 条第 2 款煽动分裂国家罪。
② 刑法第 105 条第 2 款煽动颠覆国家政权罪。
③ 刑法第 120 条之三宣扬恐怖主义、极端主义、煽动实施恐怖活动罪。
④ 刑法第 120 条之四利用极端主义破坏法律实施罪。
⑤ 刑法第 249 条煽动民族仇恨、民族歧视罪。
⑥ 刑法第 278 条煽动暴力抗拒法律实施罪。
⑦ 刑法第 373 条煽动军人逃离部队罪。
⑧ 刑法第 104 条武装叛乱、暴乱罪。

加了"策划"的含义，内涵更加复合。

3. 造谣惑众行为

以造谣惑众行为表现煽动行为的立法例在刑法分则中存在两处，且两处的罪状表述十分相似，仅存在行为主体的差别：第一，非军人造谣惑众扰乱军心行为；① 第二，军人造谣惑众扰乱军心行为②。可见，造谣惑众行为作为煽动行为的一种具体表现方式，通常存在于危害国防利益、军事利益犯罪两种特殊类罪中，并不能作为煽动行为的一般表现方式用于其他语境之下。这也说明煽动行为在上述语境中，难以准确涵盖刑事立法者的全部立法意图，也说明煽动行为在实践中表现出来的复杂性使其难以通过煽动一词全部覆盖，必须引入煽动行为的近义词语进行具体描述，并将其纳入刑法的语言表达体系，呈现出现行刑法和司法解释中煽动行为的多样化表现方式。

（二）司法解释中煽动行为的表现方式

在司法解释中，煽动行为的表现方式相对刑法分则中煽动行为的表现方式更为丰富一些。除上文已经提到的策动行为外，司法解释中的煽动行为还以煽惑行为、鼓动行为、挑拨行为、怂恿行为等表现方式呈现。

1. 煽惑行为

以煽惑行为表现煽动行为在现行司法解释中已经难觅踪迹，而在已经失效的《关于当前办理流氓案件中具体应用法律的若干问题的解答》中，却有关于煽惑行为的规定。根据该司法解释规定，煽惑群众扰乱社会秩序行为应当以扰乱社会秩序罪予以定罪处罚，而该罪名作为 1979 年《刑法》（以下简称 79 刑法）罪名

---

① 刑法第 378 条战时造谣扰乱军心罪。
② 刑法第 433 条战时造谣惑众罪。

已经在 97 刑法颁布后取消，随之而来该司法解释也失去效力，煽惑群众扰乱社会秩序行为逐渐演变为煽动群众暴力抗拒法律实施行为，煽惑行为也逐渐被煽动行为取代，对煽动内容的要求从一般行为上升为暴力行为，表现出刑事立法对煽动行为独立入罪的审慎态度。

2. 鼓动行为

鼓动行为与煽惑行为在司法解释中的存在状态有相似之处。在 97 刑法颁布前的司法解释中，还可以发现有关鼓动行为的规定，但是在 97 刑法颁布后也就难觅踪迹了。尽管如此，在最高人民法院公布的指导案例中仍然可以看到刑事司法使用鼓动行为的表述，如最高人民法院 2017 年 2 月 7 日公布的刘某 1、刘某 2 聚众哄闹法庭、殴打法警案，以及 2015 年 12 月 4 日公布的刘某某等集资诈骗、非法吸收公众存款案。但以鼓动行为作为煽动行为的同义表述已经逐渐为现行刑法和司法解释所舍弃。

3. 挑拨行为

挑拨行为包括挑动行为在内，也是一个较为典型的煽动行为表现方式。在最高人民检察院印发的《关于全面履行检察职能为推进健康中国建设提供有力司法保障的意见》中，分别使用了挑拨行为与挑动行为这两种表述，具体表现为挑拨医患关系行为与挑动他人实施违法犯罪行为。尤其在对后者的使用中，将其与教唆行为并列放置，表述为挑动、教唆他人实施违法犯罪。这一使用上的细节既说明了挑动行为与教唆行为所具有的差异性，同时也说明了二者所具有的相似性。这也是笔者得出煽动行为归属于广义的教唆行为这一结论的有力佐证。

4. 怂恿行为

怂恿行为在学者关于煽动行为的论述中，通常将其作为较为典型的煽动行为表现方式。而在司法解释中，似乎已经很难找到怂恿行为的使用痕迹，其更多地存在于最高人民法院公布的指导案例与案件批复中，如最高人民法院 2015 年 9 月 18 日公布的长汀三名未成年人聚众斗殴致人死亡案与《关于银行、信用社扣划预付货款收贷应否退还问题的批复》第 3 条的规定。可见，刑事立法与司法对于煽动行为表现方式的多样性规定并非随意所得，而是在审慎态度下反复推敲的立法选择。因此，怂恿行为和鼓动行为尽管在词义表现上与煽动行为别无二致，但是在刑事立法与司法视角中，二者似乎并非煽动行为的典型表现方式，导致怂恿行为与鼓动行为在现行刑法和司法解释中的存在空间被不断压缩，逐渐退出历史舞台。

四、煽动行为与教唆行为的同源异流

长期以来，煽动行为与教唆行为的关系表现得十分"微妙"：二者存在包容与被包容的关系，但二者的不同之处又显现得如此鲜明。多数学者在论及煽动行为与教唆行为时，都将二者放置在相似行为的角度比较研究，① 更为关注的是煽动行为与教唆行为的差异之处。的确，相较于二者的共性，差异性更有利于理解煽动行为的内涵与外延。但是，在对煽动行为与教唆行为的差异性进行比较研究时，不能将煽动行为与教唆行为机械地割裂看待。事实上，煽动行为源于教唆行为，而在其自身的发展过程中，又逐渐使其具备了有别于与传统意义上教唆行为的诸多特性，形成了独立的刑法概念。

（一）煽动行为与教唆行为差异性的观点综述

学者对于煽动行为与教唆行为差异性的研究，通常以煽动型

---

① 当然这并不绝对，也有学者将煽动行为视为教唆行为的手段和方法，从而将煽动行为理解为煽动型教唆方法。

犯罪中的煽动行为为视角进行。总体而言，煽动型犯罪中的煽动行为与教唆行为的差异性主要可以归纳为行为内容的差异性、行为对象的差异性、构成要件的差异性、犯罪危害的差异性四个方面。

1. 行为内容的差异性

煽动行为与教唆行为在行为内容方面的差异性是二者最为表象的差异性。从刑事立法对于煽动型犯罪中煽动行为的具体设置看，在我国刑法中煽动行为的行为内容较为特定，通常表现为煽动行为与特定关联实行行为的组合。① 例如，上文提到的煽动分裂国家罪中的煽动行为与分裂国家、破坏国家统一行为，煽动颠覆国家政权罪中的煽动行为与颠覆国家政权行为，煽动恐怖活动罪中的煽动行为与实施恐怖活动行为，煽动军人逃离部队罪中的煽动行为与军人逃离部队行为等。② 可见，根据我国刑法规定，并非任意的行为内容都可以与煽动型犯罪中的煽动行为相搭配。与煽动行为相比，教唆行为的行为内容就要广泛得多，从我国刑事立法对于教唆行为的具体设置看，教唆行为的行为内容没有具体的限定要求。教唆行为的行为内容可以是任意犯罪行为，当然，这里所说的犯罪行为应当排除作为煽动行为的行为内容的犯罪行为。但这并不意味着从理论角度，教唆行为无法实现对煽动行为的行为内容覆盖。对于煽动型犯罪中煽动行为的行为内容限定是刑事政策的产物，而非理论的必然。因此，若无刑法对于煽动型犯罪的罪名设置，煽动行为的行为内容都可以适用教唆行为的处理规则予以定罪处罚。例如，若无刑法第 103 条煽动分裂国

---

① 参见魏东、郭理蓉：《关于煽动型犯罪的几个问题》，载《云南法学》1999 年第 1 期。

② 参见魏东：《教唆犯诠释与适用》，中国人民公安大学出版社 2012年版，第 100 页。

家罪的罪名设置，煽动他人实施分裂国家的行为可以定性为教唆行为，成立分裂国家罪的教唆犯。同理，若无刑法第 373 条煽动军人逃离部队罪的罪名设置，煽动军人实施逃离部队的行为可以定性为教唆行为，成立军人逃离部队罪的教唆犯。[①] 因此，煽动行为的行为内容从刑法理论视角看，并非仅能够通过煽动行为独立入罪实现有效的定罪处罚，只不过这些特定的行为内容通过教唆行为定罪量刑机制处理，存在定罪尴尬与量刑不足问题，因此有必要对煽动行为进行独立入罪化处理，使其匹配特定行为内容，与教唆行为分别承担对不同行为内容的犯罪化任务。但是，煽动行为并非全部以独立成罪方式呈现，司法解释中同样存在煽动行为的各种表现方式，而这些煽动行为与刑法分则中的煽动型犯罪并无关联。由此可见，并不能将行为内容作为煽动行为与教唆行为的典型差异性，否则容易导致对现行刑法与司法解释中煽动行为范畴的狭隘理解。

2. 行为对象的差异性

也有很多学者将煽动行为与教唆行为在行为对象方面的差异性视为二者之间的典型差异。例如，魏东教授认为，"煽动行为的对象多数情况下是不特定的多人"，[②] "教唆行为的对象则是多数情况下的单个人或多人（也可以是不特定的多人）"[③]。对此笔者认为，行为对象不能作为煽动行为与教唆行为差异性的典型内容。诚如魏东教授所论，教唆行为的行为对象既可以是个体，

---

① 参见陈兴良：《刑法疏义》，中国人民公安大学出版社 1997 年版，第 606 页。

② 魏东：《教唆犯诠释与适用》，中国人民公安大学出版社 2012 年版，第 100 页。

③ 魏东：《教唆犯诠释与适用》，中国人民公安大学出版社 2012 年版，第 100 页。

也可以是不特定的多人，而煽动行为的行为对象多数情况下是不特定的多人。但在司法实践中煽动特定对象的案件并不罕见，[①]如［案例1］巴敦煽动颠覆国家政权案，被告人巴敦分别向张某、白某、吴某等13人推荐、动员收听"自由亚洲电台"反动节目，并分别向上述人员提议成立"民主沙龙"等反动组织，最终巴敦被以煽动颠覆国家政权罪判处有期徒刑5年，剥夺政治权利3年。[②]在该案中，行为人的煽动对象并非不特定的多人，而是以分别实施的方式对特定对象实施煽动行为。在笔者看来，煽动行为的行为对象不以不特定的多人为必要，原因在于煽动行为是否成立在于其行为的性质，而非行为对象，只要行为人作出的是具有煽动性质的行为，无论其是对特定个体作出，还是对特定多人作出，抑或对不特定多人作出，都不影响煽动行为的成立。因此，行为对象并不构成煽动行为与教唆行为的典型差异性。

3. 构成要件的差异性

讨论煽动行为与教唆行为在构成要件方面的差异性，需要将语境限定于煽动型犯罪中的煽动行为。持煽动行为与教唆行为具有构成要件差异性观点的学者认为，刑法分则对于煽动型犯罪中的煽动行为设置了独立的犯罪构成要件，从而使煽动型犯罪中的煽动行为脱离了对刑法总则共同犯罪规定的依赖。反观教唆行为，则只能依照刑法总则共同犯罪的处罚模式予以评价。[③]对于此种区分，笔者认为同样并非典型差异，因为无论是煽动行为还

---

① 参见张艳语：《煽动型犯罪中煽动行为的界定》，载《武汉冶金管理干部学院学报》2017年第1期。

② 《巴敦煽动颠覆国家政权案》，载法律服务网，http://www.fl160.com/case_browse.php? id=1502177291，2017年12月8日访问。

③ 参见魏东：《教唆犯研究》，中国人民公安大学出版社2002年版，第132-133页。

是教唆行为，在刑法分则中都存在独立成罪的情况，如刑法第301条引诱未成年人聚众淫乱罪，第353条引诱、教唆、欺骗他人吸毒罪，第359条引诱、容留、介绍卖淫罪等。因此，独立成罪并非煽动型犯罪的专属表现，在此种语境下讨论煽动行为与教唆行为的差异性同样是不具典型意义的。

4. 犯罪危害的差异性

有学者提出，煽动行为与教唆行为具有犯罪危害方面的差异性。该观点认为，教唆者对于被教唆者是否实施犯罪行为具有决定性作用，教唆者既可以选择采取有效措施阻止危害结果的发生，也可以选择有效途径消除教唆影响避免危害结果的发生，可见教唆行为的危害性会根据教唆者作出的选择不同而不同。① 反观煽动行为，煽动行为自煽动者作出直至产生消极影响，整个过程具有复杂性，其危害性通常与诸多外界条件相关，因此，很难单纯对煽动行为作出危害性的判断。对于该观点笔者认为，煽动行为与教唆行为具有危害性差异的论断是较为恰当的，但得出这个结论的出发点应当来自对行为本身危害性的考察，而非来自行为人能否掌控其行为的影响性。正是由于相对教唆行为，煽动行为在危害性方面的异化表现，刑事立法与司法才会予以更多关注，并选择独立入罪化的立法模式增强对煽动行为的规制力度。

（二）煽动行为与教唆行为差异性的本书观点

上述学者对于煽动行为与教唆行为的差异性都提出了不同观点。可以肯定的是，学术争鸣为煽动行为与教唆行为差异性研究提供了不同的视角和思路，具有重要的价值。但在笔者看来，上述观点并没有切中煽动行为与教唆行为差异性的要害。在进行差

① 参见班克庆：《煽动型犯罪研究——以宪法权利为视角》，苏州大学2012年博士学位论文。

异性比较之前，应当先明确煽动行为与教唆行为是同源而生的一对概念，二者在行为本质含义上具有共性，这是将二者放置在一起进行对比研究的前提。

1. 行为本质的共同性：差异性比较的前提基础

煽动行为与教唆行为在行为本质方面表现出的共同性是十分鲜明的。在本节第一部分已经对煽动的概念范畴进行了深入分析，从而得出煽动概念的语义范畴与刑法范畴。"教唆"的词义概念是"怂恿、指使"，从教唆行为的行为概念历史演变看，教唆行为的最初概念可以从《尚书·费誓》中的"盗牛马，诱臣妾"看出端倪，这里的教唆行为仅有"引诱"含义。[①] 随着历史发展和社会进步，教唆行为的法律轮廓逐渐清晰，教唆概念的涵盖范畴也随之扩大。刑法学者对于教唆概念的理解已经从"引诱"逐渐演变为包含"授意、请求、煽动、劝说、收买、怂恿、强迫"等内容的概念范畴，[②] 其中，"煽动"已经成为教唆概念范畴中不可缺少的重要成员。如果说上述角度是从"煽动"与"教唆"的历史演变视角阐明二者的共同性，那么，从"煽动"与"教唆"的本质含义上看，二者又是如何？从本质含义上看，二者几乎是重叠的，无论从语义概念还是从刑法视角，恐怕都很难分辨作为二者核心含义的"鼓动"与"指使"的实质差异。因此，从行为本质含义角度，煽动行为与教唆行为具有相当的共同性，这种共同性也体现出探究刑事立法选择不同立法模式处理煽动行为与教唆行为背后动因的重要价值。

---

① 参见李凤梅：《教唆犯论——以独立构成说为视角的构建》，中国社会科学出版社 2011 年版，第 91 页。

② 参见魏克家：《略论教唆犯》，载《中国政法大学学报》1983 年第 4 期。

2. 行为的根本差异性：基于行为对象的必备要素考察

传统教唆犯理论认为，教唆行为的行为对象通常需要具备两个要素：一方面是行为对象应当具备刑事责任能力要素；另一方面是行为对象应当具备特定犯意要素。① 对于前者而言，如果教唆行为对象不具备刑事责任能力要素，那么教唆者与被教唆者之间难以成立共同犯罪，教唆者不成立教唆犯而成立间接正犯；对于后者而言，教唆犯的成立以被教唆者在接受教唆前未形成犯意为必要条件，如果教唆行为对象在接受教唆前已经具有犯意，那么教唆者通常难以成立教唆犯，若教唆行为增强了被教唆者的犯意，则教唆者可以成立被教唆者的帮助犯。

以上是在传统教唆犯理论中，教唆行为对象所应具备的要素，那么在煽动行为中，上述要素是否必要？从煽动者作出煽动行为，到被煽动者接受煽动行为，再到被煽动者实施犯罪行为（或非犯罪行为抑或不实施犯罪行为），这是煽动行为的典型进程逻辑。其中，煽动行为的可罚性真正源自煽动行为的发出环节，而非被煽动者实施实行行为环节，更非被煽动者接受煽动行为环节。因此，笔者认为，煽动行为对象不以具备刑事责任能力和无犯意为必要条件，煽动不具备刑事责任能力的人可以成立犯罪，煽动有犯意的人同样可以成立犯罪，这是煽动行为与教唆行为相比最为关键的差异性所在。

---

① 参见魏东：《教唆犯诠释与适用》，中国人民公安大学出版社 2012 年版，第 97 页。

第二节　何谓独立入罪：煽动行为独立入罪化立法现象概描

在对煽动行为独立入罪化进行研究时，应当先对煽动行为与独立入罪化的概念予以明确。煽动行为在本章第一节中已经进行了论述，不再赘述。从与本书研究相联系的角度看，独立入罪化的概念范畴可以分别从独立入罪化的概念、独立入罪化的方式两个方面展开。

一、独立入罪化的概念

研究独立入罪化的概念主要是为了解决两个问题：第一，什么是独立入罪化；第二，独立入罪化的途径有哪些。

（一）独立入罪化的概念

在刑法理论中，入罪化的概念与犯罪化的概念大体相当，多数刑法学者在论述犯罪化问题时，经常将入罪化与犯罪化的表达方式交替使用。当然，也有学者提出反对意见，认为"入罪"与犯罪化并非相同概念：入罪属于司法问题，[①] 而犯罪化属于立法问题。笔者认为，入罪不等同于入罪化，尽管存在一字之差，但是含义上二者仍存在差别。

张雍锭博士认为入罪是指，"刑事司法机关依据法律或有关解释，对进入刑法视野的疑似犯罪行为进行评价，而最终作出予

---

① 参见陈兴良：《入罪与出罪：罪刑法定司法化的双重考察》，载《法学》2002 年第 12 期。

以追究刑事责任结论的司法过程"。① 而入罪化中的"化"字加入,使入罪概念具有了普遍性意义。也就是说入罪通常代表对于某一行为是否成立犯罪的个案判断,而入罪化则更多意味着对于某一类行为应否纳入刑法"射程"的犯罪化处理。可见,入罪与入罪化概念并不能等同。但入罪化与犯罪化在概念上没有太大差异,刑法学者将二者交替使用并不矛盾。从刑法学者对于犯罪化的定义看,犯罪化通常是指将原本不作为犯罪的行为作为犯罪处罚。②

在煽动行为独立入罪化语境下,独立入罪化既包括对于煽动非犯罪行为的犯罪化处理,同时也包括对于原本可以依据共同犯罪处罚模式解决的煽动犯罪行为独立成罪处理。前者属于危害性行为向犯罪行为的转变,后者属于刑法总则性行为向分则性行为的转变。实际上,入罪化的表述其实更符合煽动非犯罪行为的情况,原因在于,如果想将煽动非犯罪行为纳入刑法制裁范围之内,除犯罪化外别无选择,这也是犯罪化的应有机能。因此,将煽动非犯罪行为定罪处罚属于典型的入罪化,但是并未体现出独立入罪化中"独立"的含义。而煽动犯罪行为则不同,即便不通过犯罪化的方式处理煽动犯罪行为,但由于其属于广义的教唆行为范畴,完全可以通过刑法总则中关于教唆犯的规定实现定罪处罚。只不过如此处理煽动犯罪行为,并不能实现定罪量刑结论的科学化,因此需要通过独立入罪化将煽动犯罪行为从教唆犯定罪量刑机制中剥离,独立规定于刑法分则与司法解释中。这也是独立入罪化中"独立"的真正含义。

① 张雍锭:《我国犯罪化概念新解》,载《山东警察学院学报》2017年第3期。
② 参见郑丽萍:《犯罪化和非犯罪化并趋——中国刑法现代化的应然趋势》,载《中国刑事法杂志》2011年第11期。

（二）独立入罪化的途径

犯罪化是刑事政策的产物，[①] 独立入罪化亦是如此。刑事政策中又包含刑事立法政策与刑事司法政策，立法途径和司法途径是独立入罪化的两种基本途径。

1. 独立入罪化的立法途径

所谓独立入罪化的立法途径，是指通过刑事立法将原本不属于犯罪的行为或刑法总则中的共犯行为，直接规定为刑法分则中的具体犯罪构成要件行为，从而实现独立入罪化的目的。在刑法理论中，从刑事立法角度研究犯罪化概念，就入罪化或者说犯罪化的途径问题关注时间较早，但也有学者将这个问题作为犯罪化的类型予以论述。从刑事立法角度研究犯罪化概念的学者认为，犯罪化仅指刑事立法角度上的犯罪化，刑事司法角度上的犯罪化并不包含在犯罪化的应有概念中。李正新博士认为刑事立法角度上的犯罪化源自学者对于罪刑法定原则的理解，正是由于罪刑法定原则的内涵要求是法无明文规定不为罪、法无明文规定不处罚，因此，对行为的犯罪化只能通过刑事立法的途径。[②] 对于煽动行为独立入罪化而言，立法途径的重要性、基础性地位不言而喻。从现行刑事立法与司法现状看，煽动行为独立入罪化主要是通过刑事立法途径实现的。97 刑法颁布前，关于煽动行为独立入罪化的刑法规定和司法解释较少。97 刑法颁布后，随着煽动分裂国家罪等煽动犯罪罪名的新增，煽动行为独立入罪化得到了空前发展。这是通过刑事立法途径实现煽动行为独立入罪化的最好例证。

[①] 参见孙占国：《犯罪化与犯罪概念关系之辩证》，载《河南师范大学学报（哲学社会科学版）》2007 年第 7 期。

[②] 参见李正新：《犯罪化与非犯罪化研究》，武汉大学出版社 2016 年版，第 60 页。

2. 独立入罪化的司法途径

独立入罪化的司法途径是在立法途径基础上发展而来的。所谓独立入罪化的司法途径,是指通过司法解释将没有纳入刑法处罚范围的行为,解释为刑法分则中的具体犯罪构成要件行为,从而实现独立入罪化的目的。与独立入罪化的立法途径相同,对于独立入罪化司法途径的认识源于刑法理论中犯罪化概念的刑事司法角度认知。司法上犯罪化观点的主要倡导者是清华大学的张明楷教授,他认为,所谓司法上的犯罪化实质上就是解释适用上的犯罪化,是指通过刑法解释途径将原本没有被刑法规定为犯罪的行为作为犯罪行为处理。张明楷教授认为刑法分则中司法上的犯罪化可以通过四种方式实现。第一种为通过司法解释降低罪量标准;第二种为通过司法解释扩张实行行为的行为方式;第三种为通过司法解释对刑法分则罪状中规范的构成要件要素的概念进行解释;第四种为通过司法解释的态度转变,将原本已被刑法分则规定为犯罪而未被司法解释以犯罪论处的行为,重新作犯罪化处理。① 张明楷教授的观点对于理解刑事司法角度上独立入罪化问题很有启发性。

笔者认为,在现行司法解释中,存在大量的共犯行为独立入罪化的例证,无论从调整罪量标准方面,还是从扩张实行行为的行为方式方面,抑或从其他方面,刑事司法运用多样化的解释技术将共犯行为进行独立入罪化处理,在遵循刑法罪刑相适应原则的前提下,对仅适用刑法总则规定会导致惩处力度不足的共犯行为实现了有效制裁,这正是刑事司法途径在独立入罪化问题上的价值体现。

---

① 参见张明楷:《司法上的犯罪化与非犯罪化》,载《法学家》2008年第4期。

3. 煽动行为的独立入罪化途径

犯罪化概念的发展过程可以看作刑法理论对于刑事司法上犯罪化概念的认知过程。同样，独立入罪化的发展过程也是刑法理论对于刑事司法上独立入罪化逐渐认知的过程。笔者认为，刑事立法上的独立入罪化是本书的基础性指向。罪刑法定原则作为我国刑法中的一项基本原则影响力深远，而刑事立法上的独立入罪化遵循了罪刑法定原则的基本要求。在我国，刑事立法是共犯行为向犯罪构成要件要素行为转变的重要途径，刑法分则中煽动型犯罪即典型的通过立法途径将煽动行为作独立成罪处理。

然而，对立法上犯罪化概念的坚持与司法上犯罪化概念并不互斥。共犯行为根据共同犯罪理论与处罚机制的要求已经具备犯罪性，将刑法总则中原本具有犯罪性的共犯行为解释为刑法分则中作为犯罪构成要件要素的行为，在实质上并不违背罪刑法定原则，同时还能有效弥补刑事立法的滞后性缺陷，促进刑法功能的更好实现，调整刑事制裁体系的发展方向，使其与国际形势变化、经济社会发展趋势相一致。正如李正新博士所言："刑事司法将'纸面上的法律'转变为'行动中的法律'。"[①]《最高人民法院、最高人民检察院关于办理组织和利用邪教组织犯罪案件具体应用法律若干问题的解释》第 2 条（1999 年已废止）、《最高人民法院、最高人民检察院关于办理组织和利用邪教组织犯罪案件具体应用法律若干问题的解释（二）》第 9 条（2001 年已废止）、《最高人民法院、最高人民检察院关于办理组织、利用邪教组织破坏法律实施等刑事案件适用法律若干问题的解释》第 2 条和第 11 条（2017 年公布）等司法解释的陆续出台，充分反映了司法途径在煽动行为独立入罪化过程中所起到的重要作用。因

---

① 李正新：《犯罪化与非犯罪化研究》，武汉大学出版社 2016 年版，第 64 页。

此，对于刑事司法上独立入罪化的正视具有必要性，它既是现行司法解释的实然选择，也是符合刑法罪刑法定原则的应然结论。只有同时关注与认可刑事立法与刑事司法上的独立入罪化，才能实现对于我国独立入罪化途径的全貌认知。

二、独立入罪化的方式

刑事立法可以通过罪名的创设实现煽动行为独立入罪化，刑事司法可以通过刑法条文解释实现煽动行为独立入罪化。在两种不同途径下，煽动行为独立入罪化的表现方式具有差异性。

（一）独立入罪化的刑事立法表现

煽动行为通过刑事立法途径实现独立入罪化主要包括增设刑法分则罪名与调整犯罪构成要件两种方式。

1. 增设刑法分则罪名

增设刑法分则罪名是通过刑事立法途径实现独立入罪化最直观的表现方式。从 79 刑法到 97 刑法再到《刑法修正案（十一）》，煽动行为通过刑事立法途径完成的独立入罪化，绝大多数是以增设刑法分则罪名实现的。例如，在 97 刑法及随后出台的刑法修正案之中，煽动分裂国家罪、煽动军人逃离部队罪，以及煽动民族仇恨、民族歧视罪等都是新增罪名。增设刑法分则罪名直接导致了煽动行为独立入罪化的数量不断提升。79 刑法立法时，煽动行为的危害性还未得到足够重视，煽动行为独立入罪化尚未形成规模。随着时间轴线的前移，煽动行为的危害性不断放大，侵害法益发生移转，通过调整已有罪名构成要件的方式已经难以实现定罪量刑与行为特征的科学匹配，对于危害性较大的特定煽动行为唯有增设罪名的方式才能更好地实现罪刑相适应。

2. 调整犯罪构成要件

相对于增设刑法分则罪名，调整犯罪构成要件的方式显得更为灵活，适用也更为广泛。例如，在 79 刑法中，对于独立入罪的煽动行为规定在刑法分则第 1 章反革命罪中，而反革命罪的设置具有十分明显的政治色彩和时代风格。因此，97 刑法将反革命罪调整为危害国家安全罪，并对反革命罪中的具体罪名作了系统性调整，其中既采用了增设罪名的方式，也采用了调整犯罪构成要件的方式。

具体而言，79 刑法第 102 条对两种煽动行为进行了独立入罪化处理。一种是煽动群众抗拒法律、破坏国家法律、法令实施行为，另一种是煽动推翻无产阶级专政的政权和社会主义制度行为。97 刑法对上述两种煽动行为去除了"以反革命为目的"的目的性条件，并对构成要件分别进行了调整：（1）对于煽动群众抗拒法律、破坏国家法律、法令实施的行为的具体调整：97 刑法将其从刑法分则第 1 章反革命罪调整为刑法分则第 6 章妨害社会管理秩序罪，并将抗拒限定为"暴力抗拒"，体现出该罪名保护法益的变化。（2）对于煽动推翻无产阶级专政的政权和社会主义制度的行为的具体调整：97 刑法扩张了该行为的行为方式，明确了煽动的方式是指造谣、诽谤或者其他方式。

由此可见，通过刑事立法途径实现煽动行为独立入罪化，并不局限于采用增设罪名的单一方式，还可以通过调整犯罪构成要件加以实现，而对于某种煽动行为究竟是采用增设罪名方式还是调整犯罪构成要件方式实现独立入罪，还应当具体问题具体分析。对此，孙占国博士认为，调整犯罪构成要件可以包括六种具体方式，分别是扩大犯罪主体的范围、扩大行为对象或者犯罪对象的范围、增加犯罪行为的方式、扩大犯罪地点、降低犯罪的起刑标准、减少犯罪构成要件的限制。[1] 总之，调整犯罪构成要件

---

① 参见孙占国：《犯罪化基本问题研究》，中国法制出版社 2013 年版，第 32-33 页。

方式主要是针对犯罪构成要件要素的调整，如果某种煽动行为的内容超出了刑法分则中原有煽动行为的内容范围，则对该煽动行为的独立入罪化处理将难以通过调整犯罪构成要件的方式实现。

（二）独立入罪化的刑事司法表现

张明楷教授在对通过刑事司法途径实现犯罪化的问题研究中，曾提出刑事司法上犯罪化的四种具体表现方式，笔者在上文中已经提及，该观点对于考察刑事司法上独立入罪化的表现方式具有借鉴价值，主要包括扩张行为方式与明确具体情节两种。

1. 扩张行为方式

对行为方式的扩张解释是刑事司法途径上实现煽动行为独立入罪化的主要方式。刑法分则具体犯罪构成要件中，对于行为方式的规定通常较为笼统，或者只规定了实行行为的性质，而缺乏行为方式的规定，这为刑事司法在遵循罪刑法定原则的前提下，利用扩张解释实现煽动行为独立入罪化提供了空间。[①] 例如，《最高人民法院、最高人民检察院关于办理组织和利用邪教组织犯罪案件具体应用法律若干问题的解释（二）》第9条规定："组织、策划、煽动、教唆、帮助邪教组织人员自杀、自残的，依照刑法第二百三十二条、第二百三十四条的规定，以故意杀人罪、故意伤害罪定罪处罚。"将煽动邪教组织人员自杀、自残的行为扩张解释为故意杀人、故意伤害行为。应当注意的是，如果没有该司法解释的规定，依照现行刑法规定，煽动他人自杀、自残的行为是无法以故意杀人罪或者故意伤害罪定罪处罚的，除非煽动者对被煽动者的支配和控制达到了构成间接正犯的程度，而司法解释通过扩张解释故意杀人、故意伤害行为的行为方式，将

---

① 参见张明楷：《司法上的犯罪化与非犯罪化》，载《法学家》2008年第4期。

煽动邪教组织人员自杀、自残行为纳入故意杀人罪与故意伤害罪的处罚范围，即通过扩张行为方式实现了煽动行为的独立入罪化处理。

2. 明确具体情节

刑法分则条文中，存在大量"情节严重""情节特别严重"的立法表述，将煽动行为纳入"情节严重""情节特别严重"的具体解释之中也是实现对煽动行为独立入罪化处理的方式之一。例如，《最高人民检察院、公安部关于公安机关管辖的刑事案件立案追诉标准的规定（一）》第95条规定："预备役人员战时拒绝、逃避征召或者军事训练，涉嫌下列情形之一的，应予立案追诉：……（三）联络、煽动他人共同拒绝、逃避征召或者军事训练的；……"该条司法解释将刑法第376条战时拒绝、逃避征召、军事训练罪中的"情节严重"加以明确，从而实现煽动他人拒绝、逃避征召或军事训练行为的独立入罪化处理。又如，该司法解释第99条规定："战时拒绝军事征用，涉嫌下列情形之一的，应予立案追诉：……（三）联络、煽动他人共同拒绝军事征用的；……"也是通过列举刑法第381条战时拒绝军事征收、征用罪中"情节严重"的具体情形，将煽动他人拒绝军事征用行为纳入刑法处罚范围，实现对煽动行为的独立入罪化处理。再如，《最高人民法院、最高人民检察院关于办理组织和利用邪教组织犯罪案件具体应用法律若干问题的解释》第2条规定："组织和利用邪教组织并具有下列情形之一的，依照刑法第三百条第一款的规定定罪处罚：……实施前款所列行为，并具有下列情形之一的，属于'情节特别严重'：……（四）煽动、欺骗、组织其成员或者其他人破坏国家法律、行政法规实施，造成严重后果的。"该条司法解释具体列举了属于"情节特别严重"的情形，将煽动他人破坏国家法律、行政法规实施的行为纳入处罚范围，使得原本依照刑法第 300 条组织、利用会道门、邪教组织、利用迷信破坏法律实施罪难以实现恰当评价的煽动行为，通过刑事司法途径的独立入罪化得到定罪处罚。在现行司法解释中，还有很多通过明确具体情节实现煽动行为独立入罪化的例证，在此不赘。

总而言之，从定罪量刑角度看，"情节严重"既可以是量刑的罪量条件，也可以是定罪的情节条件。对"情节严重"中的情节具体化，将煽动行为明确列入其中成为具体情节之一，也是刑事司法层面实现煽动行为独立入罪化的常见方式。

第三节 为何独立入罪：煽动行为的 特殊性与刑法理论短板

之所以通过独立入罪的方式处理煽动行为，一方面是基于煽动行为所具有的特殊性，另一方面则是基于传统共同犯罪理论面对煽动行为的特殊性所表现出来的评价短板与量刑困境，使刑事立法与司法不得不在教唆犯定罪量刑机制外，寻求独立入罪化的方式处理煽动行为。

一、煽动行为的特殊性

煽动行为所具有的特殊性是刑事立法与司法对其进行独立入罪化处理的重要原因，正因煽动行为所具有的特殊性，才使传统共同犯罪理论的评价短板暴露，推动了煽动行为独立入罪化立法模式的形成。煽动行为的特殊性主要体现于煽动行为的独立性与危害性两个方面。

（一）煽动行为的独立性

我国刑事立法与司法中的煽动行为具有独立性，而非从属性。从煽动行为独立入罪化的必要性考虑，对煽动行为独立性的论证维度将着重放置在煽动行为独立性的主观与客观两个方面。

1. 煽动行为的主观独立性

煽动行为的独立性可以体现在行为人的主观方面，即煽动犯的主观方面独立于实行犯。煽动犯与实行犯之间通常不存在犯意联络，是煽动犯对实行犯单向的犯意表达。在煽动行为的实施过程中，煽动行为不仅可以通过口头的言辞交流实施，还可以通过印刷品、图片、视频等方式实施煽动行为。这些仅是煽动者单向地对被煽动者灌输煽动内容，缺乏煽动者与被煽动者之间的互动，并不存在被煽动者的反馈。而犯意联络中的"联络"一词即相互联系、彼此沟通，仅存在煽动者的单向犯意流露难以得出二者之间存在犯意联络的结论。

例如，［案例2］刘某煽动颠覆国家政权案，刘某通过电子邮件，在多个网络论坛发表涉及煽动颠覆国家政权、推翻社会主义制度内容文章11篇，最终被判处有期徒刑3年。该案中，刘某与被煽动者（文章浏览者）之间只存在刘某的单向犯意表达，并不存在刘某与被煽动者之间的犯意联络。因此，刘某的煽动行为在主观方面上独立于被煽动者。

2. 煽动行为的客观独立性

除行为人的主观方面可以体现煽动行为的独立性外，煽动行为在客观方面上同样可以体现其独立性，即煽动犯在客观方面独立于实行犯。虽然对象不特定性并非煽动行为与教唆行为的根本区别，但对象的不特定性的确是很多煽动行为所具备的特点。在这种"一对多"的煽动模式下，被煽动者是否接受煽动，或者是否实施具体犯罪，再或者何时实施具体犯罪等这些问题都无法确定，甚至连被煽动者的范围有时都难以确定。因此，以从属性立场评价煽动行为存在诸多障碍且难以妥善解决。只能承认煽动行为的独立性，从而在全新视野下解决煽动行为的定罪处罚问题。

仍以上文刘某煽动颠覆国家政权罪为例。该案中，刘某的煽动行为是通过在网络论坛上发表文章的方式实现的，该网络论坛的所有用户都是其煽动的对象，其中的任何用户都可能会接受刘某的煽动而实施具体犯罪行为，甚至这些用户还可以在其他网络论坛或网站上转载刘某文章扩大煽动对象。刘某实施的是典型的"一对多"模式下的煽动行为，如果不承认刘某煽动行为所具有的独立性，仅以从属性立场处理该案，就会陷入由于无法确定实行犯，而无法将刘某定罪量刑的困境之中。因此，刑事立法专门设置了煽动颠覆国家政权罪，以实现对于刘某这类煽动行为的有效规制。

（二）煽动行为的危害性

煽动行为的危害性是煽动行为具有特殊性的另一面，与其独立性共同形成了煽动行为与其他教唆行为的差异性特征，从而成为煽动行为独立入罪化的立法动因。煽动行为的危害性主要是从危害性前置与危害性叠加两个方面体现的。

1. 危害性前置

煽动行为危害性的重要体现是危害性的前置。通常而言，自教唆者作出教唆行为至被教唆者接受教唆，再至被教唆者实施犯罪实行行为的过程中，危害性主要体现于实行行为具有的法益侵害性。因此，在传统教唆行为实现过程中，危害性由实行行为产生，后置于教唆行为的实现过程，教唆行为对于危害结果的法益侵害性是间接的。反观煽动行为，自煽动者作出煽动行为至被煽动者接受煽动，再至被煽动者实施犯罪行为，危害性主要体现于煽动者实施煽动行为这一环节，从而使煽动行为的危害性在整个煽动行为的实现过程中得到凸显，即所谓危害性前置。与教唆行为的实现过程不同，煽动行为的实现过程往往是割裂的，即煽动行为的实现过程中的前半段（煽动者作出煽动行为）与后半段（被煽动者实施犯罪行为）通常并不是连贯进行的。

2. 危害性叠加

煽动行为危害性的另一方面体现为危害性的叠加。在煽动行为的实现过程中，"一对多"模式是较为典型的。在这种模式下，如果仅审视煽动者与其中某个被煽动者的对应组合，煽动行为的危害性或许并未达到独立入罪化处理的必要性程度。但如果将煽动者与全部被煽动者对应起来，煽动行为的危害性就会发生叠加的效果，其危害性会被急剧放大，故独立入罪化处理的必要性由此产生。

例如，［案例3］麦某煽动分裂国家案，该案中，麦某通过手机软件下载带有宣扬极端主义内容的文字、图片、视频等信息，并将所下载的信息上传至网盘并分享与传播。麦某所实施的是典型"一对多"模式下的煽动行为，可以想象，如果麦某仅向单一个体分享了宣扬极端主义信息，其危害性还可能难以达到刑事制裁的必要性程度，但是麦某通过网络平台向外分享和传播信息，其受众者不止一人，受众人群之大无法估量，此时，麦某煽动行为的危害性甚至难以准确估量。"一对多"模式下的"多"既包括直接接受煽动的被煽动者，也包括通过被煽动者的主动转载接受煽动内容的间接被煽动者，此时的被煽动者无形中充当了煽动者的角色。危害性的叠加效应使得煽动行为的危害性被急剧放大，凸显了刑事立法与司法对煽动行为进行独立入罪化处理的必要性与紧迫性。

二、共犯理论的适用困境

煽动行为的特殊性是对煽动行为进行独立入罪化处理的动

因，但是如果传统共同犯罪理论可以很好地解决煽动行为的定罪处罚问题，实现罪刑相适应，那么就不必通过独立入罪化方式实现对煽动行为的刑法评价。煽动行为的特殊性只是独立入罪化的原因之一，另一个原因即传统共同犯罪理论在面对煽动行为时存在的适用困境。

（一）煽动犯罪行为适用共犯理论的障碍

煽动犯罪行为适用共犯理论的障碍表现为"一对多"模式对主从犯评价机制的冲击与关联实行行为罪量不足对传统入罪机制的冲击两个方面。

1. "一对多"模式对主从犯评价机制的冲击

煽动行为"一对多"模式造成的直接结果是危害性的叠加导致煽动行为的危害性被急剧放大，但我国传统共同犯罪理论在打击"一对多"模式下的煽动行为时多少有些力不从心。

在我国传统共同犯罪理论中，依据不同的标准可以将共同犯罪人进行不同的划分。具体而言，以犯罪人在共同犯罪中的分工为标准，可以将共同犯罪人划分为帮助犯、教唆犯、实行犯，这也是社会主义国家关于共同犯罪人的普遍划分方式；① 以犯罪人在共同犯罪中的作用为标准，可以将共同犯罪人划分为主犯、从犯与胁从犯。② 两种分类标准使我国形成了具有中国特色的双层区分制共犯体系。其中，以共同犯罪人的分工为标准的划分方式，主要解决的是共同犯罪人的定罪问题，如刑法第 29 条将教唆犯定义为"教唆他人犯罪"，那么教唆他人犯罪的行为依据该条规定即可纳入共同犯罪的理论范畴，从而实现了对于教唆行为

---

① 参见陈兴良：《共同犯罪论》，中国社会科学出版社 1992 年版，第 172 页。

② 参见张明楷：《教唆犯不是共犯人中的独立种类》，载《法学研究》1986 年第 3 期。

的定罪评价。以共同犯罪人的作用为标准的划分方式，主要解决的是共同犯罪人的量刑问题，如刑法第 26 条规定："组织、领导犯罪集团进行犯罪活动的或者在共同犯罪中起主要作用的，是主犯……对组织、领导犯罪集团的首要分子，按照集团所犯的全部罪行处罚……"以共同犯罪人的分工为标准的划分方式与以共同犯罪人的作用为标准的划分方式在我国共同犯罪理论中并不冲突。适用前者实现定罪评价后，仍需适用后者进行量刑处罚。

笔者认为，惩处"一对多"模式下的煽动行为与双层区分制共犯体系下的主从犯评价机制的冲突集中表现为量刑不足。根据刑法第 26 条、第 27 条的规定，主犯是指在共同犯罪中起主要作用的共同犯罪人；从犯是指在共同犯罪中起次要作用或者辅助作用的共同犯罪人。除组织、领导犯罪集团进行犯罪活动情况外，现行刑法并未明确教唆犯、帮助犯、实行犯的主从犯定位。在我国刑法理论与司法实践中，教唆犯尽管不从属于实行犯，但是教唆犯并非当然被视为主犯，而是需要根据教唆者在共同犯罪中所起的作用另行判断。在煽动行为视域下，套用现有主从犯区分机制判断煽动者的主从犯地位恐难妥当：如果仅"一对一"地关注煽动犯与实行犯，那么依照我国传统共同犯罪中主从犯评价机制，煽动者在共同犯罪中所起的作用似乎通常很难超过实行犯。在司法实践中，煽动者往往通过发送邮件、图片、音频、视频等方式实施"一对多"模式的煽动行为，对单一个体的影响力和控制力通常不及教唆行为。如果仅"一对一"地关注煽动犯与实行犯，则煽动者的主犯地位很难得到认定。但是，通过危害性的叠加效应，"一对多"模式下的煽动行为的整体危害性将得到极大提升，产生"1+1>2"的倍增效果。因此，在以共同犯罪中所起作用为标准划分主从犯的评价机制中，煽动者的主犯地位应当得到明确。

总而言之，以主从犯评价机制处理"一对多"模式下的煽动行为，量刑不足问题的产生恐怕难以避免。而通过刑事立法与司法途径实现煽动行为的独立入罪化处理，是解决我国双层区分制共犯体系下煽动行为量刑不足问题的最佳路径。

2. 关联实行行为罪量不足对传统入罪机制的冲击

实行行为的罪量不足也是传统共同犯罪理论解决煽动犯罪行为定罪处罚问题时面临的困境之一。在传统共同犯罪理论中，实行行为的罪量不足对于共犯行为是否构成犯罪影响较大，帮助行为、教唆行为对此问题均有涉及。在传统教唆犯理论中，由于对教唆犯性质的认识差异，导致刑法学者对于实行行为罪量不足的情况所得出的结论也相应地存在一定差异。持教唆犯从属性观点的学者认为，由于实行行为罪量不足导致实行犯难以构成犯罪，而教唆犯具有从属于实行犯的法律性质，因此教唆犯亦难以构成犯罪。但是，根据教唆犯从属性说，刑法第 29 条第 2 款的内容"被教唆的人没有犯被教唆的罪"应当解释为"被教唆的人没有犯被教唆的既遂罪"，[1] 即被教唆人没有犯罪既遂，因此在实行犯没有犯罪既遂的情况下，教唆犯成立犯罪未遂。这里可能会出现评价结论的失衡。例如，如果乙教唆甲实施盗窃行为，甲盗得500 元，由于甲盗窃金额没有达到盗窃罪的罪量要求，甲不成立盗窃罪，因而乙也不成立盗窃罪的教唆犯；而如果乙教唆甲实施盗窃行为，甲在实施盗窃过程中自动放弃了盗窃行为，则由于甲的盗窃行为中止，成立盗窃罪的中止犯，乙由于甲没有犯罪既遂而成立中止犯的教唆犯。显然在前者案例中，乙教唆甲成功窃取了财物而无罪，在后者案例中，乙因甲的中止行为而构成犯罪，这样的结论难言合理。因此，依据教唆犯从属性说观点对于解决

---

① 参见张明楷：《刑法学（第四版）》，法律出版社 2011 年版，第378 页。

实行行为罪量不足问题存在瑕疵。在教唆犯独立性说看来，刑法第 29 条第 2 款的正确解读是被教唆人没有实施犯罪。由于教唆行为本身固有的危害性，刑法可以直接予以处罚。在此结论下，实行行为罪量不足的问题似乎可以得到解决。因为，既然被教唆人没有实施犯罪，教唆行为仍可罚，那么当实行行为没有达到刑法分则具体犯罪所要求的罪量标准时，教唆行为当然也具有可罚性。

就煽动犯罪行为而言，实行行为罪量不足引发的传统共同犯罪定罪评价困境被进一步放大了。就像在上文中笔者提到的，在"一对多"模式下，煽动犯罪行为的受众人群数量无法估计，加之被煽动者何时实施犯罪行为、是否实施犯罪行为、实施何种犯罪行为都难以预估，在危害性叠加效应下，煽动行为的危害性被急剧扩大。因此，当被煽动者的实行行为罪量不足时，如果使煽动者仅能成立犯罪未遂，显然不具有合理性。由此可见，在面对煽动犯罪行为的制裁问题时，传统教唆犯理论无论以从属性或者独立性立场，似乎都不能科学、恰当地实现在实行行为罪量不足情况下煽动犯罪行为的定罪评价。

（二）煽动非犯罪行为对共犯理论的排斥

与煽动犯罪行为不同，煽动非犯罪行为表现出对共犯理论的排斥。一方面，煽动实施一般违法行为或者违反道德行为，如煽动暴力抗拒法律实施行为与煽动民族仇恨、民族歧视行为，煽动者与被煽动者无法构成共同犯罪。另一方面，在上文提到的"一对多"模式下，并非所有的被煽动者都会成为犯罪的实施者，而二人以上共同故意犯罪是我国刑法关于共同犯罪的基本定义，对于被煽动者不接受煽动或者不实施犯罪行为的情况，煽动者与被煽动者之间难以成立共同犯罪。主从犯评价机制的基础是共同犯罪的成立，如果不成立共同犯罪也就失去了区分主犯与从犯的意义。在"一对多"模式下，煽动者与接受煽动并实施犯罪行为的实行犯之间可以成立共同犯罪，但由于受众数量与传播时效的原因，大多数煽动信息通常不能促使被煽动者实施犯罪行为。可见，煽动者与被煽动者成立共同犯罪的情况为少数，多数情况下不成立共同犯罪。在此基础上，再审视我国双层区分制共犯体系下的主从犯区分量刑机制，就会发现该机制所面临的困境，即对非共犯煽动行为的无能为力。

总而言之，传统共同犯罪理论面对煽动犯罪行为与煽动非犯罪行为时，定罪评价障碍与量刑处罚困境并存。刑事立法与司法有必要跳出传统理论思维，通过独立入罪化方式重新探索煽动行为的惩处路径，进而实现煽动犯罪行为与煽动非犯罪行为的规范化定罪与科学化量刑。

第二章 煽动行为独立入罪化的
立法梳理

随着 97 刑法的颁布及刑法修正案的连续出台，煽动行为独立入罪化的数量规模与体系轮廓逐渐清晰，以煽动内容的性质不同，呈现煽动犯罪行为独立入罪化与煽动非犯罪行为独立入罪化两种不同样态，每一种样态又表现为独立成罪与非独立成罪两种不同立法形式。为了推动我国煽动行为独立入罪化的发展与完善，必须首先对纷繁复杂的刑法与司法解释条文进行梳理，厘清煽动行为独立入罪化的立法思路、立法规律，以及立法定性的问题。

第一节 煽动行为独立入罪化的历史流变

如果将煽动行为独立入罪化理解为煽动行为由共犯行为向实行行为的转变过程，那么其属于现代刑法的产物。然而，如果将煽动行为独立入罪化理解为将煽动行为入刑入罪的过程，则其有源远的历史发展。自封建王权统治时期至当今社会主义法治全面推进时期，煽动行为独立入罪化在不同历史背景下的法律条文中均有所体现，并充当重要的角色。以历史的眼光看，现阶段我国刑法和司法解释中形成的煽动行为独立入罪化不是孤立的、封闭的，而是传承的、连贯的，考察煽动行为独立入罪化的历史流变与发展，对于深入理解现阶段煽动行为独立入罪化的形成与走向具有重要价值。

一、罪刑擅断时期的煽动行为独立入罪化

所谓罪刑擅断，是指对于案件的裁判不是依据法律进行，而是依据裁判者的个人意志进行的定罪量刑方式，是封建时期的产物。早期的封建社会成文法并未出现，统治者对于国家的治理依靠的不是公开的制度和法律，而是通过统治者与权贵的商讨与议论来实现的。《左传》中"昔先王议事以制，不为刑辟，惧民之有争心也"的记载，就充分体现了早期封建社会成文法未出现时的统治状态。然而，这并不意味着罪行擅断是非成文法时期的专属，在成文法出现后的封建时期，罪刑擅断的司法状态并未发生实质性改变。在这一时期，尽管成文法为裁判者提供了可以援引的法律依据，但是统治者的个人意志是凌驾于法律之上的。这意味着当案件同时面临"有法可依"和"有旨可循"的情况时，裁判者应当执行统治者的旨意，即统治者个人命令的效力高于成文法。由此可见，在封建时期王权政治的主导下，罪行擅断主义的形成是特殊社会形态下的必然结果。统治者为了确保统治政权的稳固，在成文法的设置中，通常将政权保障作为重要内容加以规定，在此之中，不乏涉及煽动行为的条文。

（一）罪刑擅断时期刑事律法中的煽动型犯罪

从现有的文献资料看，煽动型犯罪在我国古代文献中的记载最早并非见于专门性刑事法典，而是记载于《礼记·王制》之中。《礼记》成书于西汉，通常认为《礼记》是由西汉理学家戴圣对秦汉以前汉族礼仪著作加以编录而成，全书共包含49篇，内容涉及极为广泛，包括社会、政治、伦理、哲学、宗教等诸多

方面，《礼记·王制》即为 49 篇之一。所谓"王制"，是指通过王权而设置的制度，而通过王权颁行的法律就被称为"王法"，"王制"包含成文与不成文两种形式，是国家与社会运行的主要依据。[1] 在《礼记·王制》中，司法制度被予以专门性规定，其中就有关于著名的"四诛"的规定："析言、破律、乱名、改作、执左道以乱政，杀。作淫声异服，奇技奇器，以疑众，杀。行伪而坚，言伪而辩，学非而博，顺非而泽，以疑众，杀。假于鬼神时日卜筮，以疑众，杀。此四诛者，不以听。""四诛"是指需要处以极刑的四种情况，其中"行伪而坚，言伪而辩，学非而博，顺非而泽，以疑众"即为煽动型犯罪的雏形。[2]

在汉朝之后，对于煽动型犯罪有所体现的是《北齐律》的"重罪十条"。尽管"重罪十条"中没有独立的条文对煽动型犯罪加以规定，但是诸如"反逆""叛""降"等条文对煽动行为均有所涉及，实施相应煽动行为即可构成"反逆""叛""降"等重罪，处以严厉的刑罚。由此可见，从《礼记·王制》到《北齐律》的"重罪十条"，煽动行为逐渐被纳入打击视野，成为封建社会统治者的重点制裁对象。《北齐律》的"重罪十条"对后世有深远的影响，直至明清两代刑事法典中的"十恶"仍是在《北齐律》"重罪十条"的基础之上修改完善而来。

明朝《大明律集解附例》在我国法制史发展中扮演着极为重要的角色，其继承了历朝历代律法条文的精华与优点，在总结历史经验的基础上，对前朝法典加以变通与调整，对清朝立法活动，甚至对近代立法活动都产生了深远影响。《大明律集解附例》简称为《大明律》，共包含"名例律"与"吏律、户律、礼

---

① 参见班克庆：《煽动型犯罪研究——以宪法权利为视角》，苏州大学 2012 年博士学位论文。

② 参见张晋藩：《中国法制史》，群众出版社 1994 年版，第 52 页。

律、兵律、刑律、工律"六律。"名例律"是《大明律》的纲领部分,"名例"即指"刑名"与"法例","名例律"规定的是论罪处罚的基本原则,"十恶"与"八议"等内容均规定于"名例律"之中。在《大明律》中,除"十恶"外,"六律"中的"刑律"针对煽动型犯罪有着更为具体、明确的规定。"刑律"分为贼盗、人命、斗殴等 11 卷,在贼盗卷中,规定有"造妖书妖言"的条文,具体内容是"凡造谶纬妖书妖言、及传用惑众者、皆斩(皆者、谓不分首从、一体科罪。余条言皆者、并准此)"。该条文对于煽动行为的制裁较《礼记·王制》与"重罪十条"更为清晰,在刑罚适用方面可以看出,《大明律》对于煽动型犯罪的处罚依然十分严厉,从"不分首从""皆斩"的规定可见一斑。

清朝《大清律例》沿袭了《大明律》"造妖书妖言"的规定,成为清朝统治者惩治煽动型犯罪的法律依据。除《大清律例》外,清朝《大清印刷物专律》与《大清报律》也分别对利用出版物实施的煽动行为加以管控。在《大清印刷物专律》第 4 章毁谤中,第 4 条即为关于"讪谤"的规定,① 此处的"讪谤"与本书所指的煽动行为具有相同的含义。同时,《大清报律》第 14 条规定:"左列各款,报纸不得揭载:诋毁宫廷之语;淆乱政体之语;扰害公安之语;败坏风俗之语。"该条文中的"四语"即为不同的煽动内容。

---

① 《大清印刷物专律》第四章第四条规定:"讪谤者,是一种惑世诬民的表揭,令人阅之有怨恨或悔慢,或加暴行于皇帝皇族或政府,或煽动愚民违背典章国制,甚或以非法强词,又或使人人有自危自乱之心,甚或使人彼此相仇,不安生业。"

（二）　罪刑擅断时期煽动型犯罪的重刑化趋势

罪刑擅断时期统治者对于封建王权的维护，造成煽动型犯罪的重刑化趋势。

一方面，受古代落后立法技术的制约和影响，罪刑擅断时期的刑事律法条文表述通常较为模糊、粗略，罪名设置也不十分具体、详明，加之比附援引制度在古代刑事律法中的广泛确立，以及共同犯罪理论的极度不健全，使得对煽动行为的惩处缺乏合理化模式，既不能找到合适的罪名与之对应，又缺乏科学的理论将其入罪处罚，导致很多不应受到处罚的自由言论被治罪惩处，或者将大量煽动行为作为犯罪的实行行为施以重刑。例如，"重罪十条"中的"反逆""叛"等条文均可涵盖煽动行为，而对适用"反逆""叛"实行行为的刑罚和适用煽动行为的刑罚并未作区分，使得对煽动行为的处罚出现重刑化趋势。

另一方面，在封建专制制度下，君主对于政权的稳定有着迫切的需求，因此，"重典治国"对封建君主而言具有极大的吸引力。对犯罪人施以重刑不仅是基于犯罪人造成恶果后对其施加报应的需要，更重要的是通过对犯罪人施以重刑以警示他人，这也就可以理解所谓"斩首示众"的真正含义："斩首"是基于犯罪人的罪行对其施加的刑罚，其中包含报应与预防的双重目的，而"示众"则更多的是要警示他人不要效仿犯罪人的行为，预防犯罪的目的更为凸显。在通过严惩犯罪以减少犯罪动因的驱使下，封建君主为了实现杀一儆百的刑罚效果，更倾向于设置重刑以应对危害王权稳固的煽动行为，这无疑是造成罪刑擅断时期煽动型犯罪重刑化趋势的重要原因之一。

煽动型犯罪的重刑化影响深远，直至国民党政府时期，煽动型犯罪依然刑罚畸重，如国民党政府刑事法律规定，以文字图画进行"危害民国"之宣传者，处死刑或者无期徒刑。

二、相对罪刑法定时期的煽动行为独立入罪化

79 刑法是新中国成立后首部刑法。在 79 刑法中，罪刑法定原则没有明文确立，加之类推解释并未得到禁止，因此可以将这段时期称为相对罪刑法定时期。与罪刑擅断时期相比，相对罪刑法定时期的煽动行为独立入罪化有着较大的差异性。在封建专制社会，王权政治占据国家政治的主导地位，封建君主的权力和地位神圣不可撼动，律法例令均需围绕维护君主王权的稳固而制定，因此煽动行为独立入罪化王权专制色彩十分浓重。而在新中国成立后，君主王权不复存在，社会主义新中国的刑事立法不再围绕维护王权统治的目的而制定。但由于连年的战争硝烟刚刚消散，保护革命胜利果实至关重要，因此在 79 刑法及 79 刑法颁布前出台的各项律令中，反革命行为成为重点打击对象，成为相对罪刑法定时期刑事立法的重要特色，这一特色也同样延伸于煽动行为独立入罪化之中。

（一）新中国成立后煽动型犯罪的立法尝试与探索

79 刑法第 102 条规定了反革命宣传煽动罪，这是相对罪刑法定时期煽动行为独立入罪化的典型条款。

反革命宣传煽动罪的立法渊源最早可以追溯至 1950 年《刑法大纲草案》中的罪名规定。在《刑法大纲草案》中，涉及煽

动行为独立入罪化的条款包括第 43 条、① 第 47 条、② 第 51 条③。1951 年颁布的《惩治反革命条例》对《刑法大纲草案》中的上述条款作出了调整，合三为一，将上述 3 个条款合并为 1 个条款，规定于第 10 条之中。调整后的《惩治反革命条例》第 10 条规定："以反革命为目的，有下列挑拨、煽惑行为之一者，处三年以上徒刑；其情节重大者处死刑或无期徒刑：（一）煽动群众抗拒、破坏人民政府征粮、征税、公役、兵役或其他政令之实施者；（二）挑拨离间各民族、各民主阶级、各民主党派、各人民团体或人民与政府间的团结者；（三）进行反革命宣传鼓动、制造和散布谣言者。"在 1954 年的《刑法指导原则草案》中，为了使国家法度与国家对外交流合作的进程相协调，维护和巩固与苏联政府的友好关系，又对《惩治反革命条例》第 10 条的内容进行了调整，以《惩治反革命条例》第 10 条为基础，在第 33 条中将"挑拨我国同苏维埃社会主义共和国联盟、同各人民民主国家的友好合作"的内容添入其中。④

　　然而，国内与国际形势风云变幻，上述条款内容根据不断发

---

　　① 《刑法大纲草案》第 43 条规定："以反革命为目的，煽动军队叛变，煽惑群众暴动，或煽惑群众反抗政令者，处死刑，终身监禁，或五年以上十五年以下监禁，并可没收其财产之全部或一部。"

　　② 《刑法大纲草案》第 47 条规定："以反革命为目的，用挑拨、离间、煽惑或其他方法，破坏各民主党派间、各民主阶级间、各民族间之团结者，处死刑，终身监禁，或三年以上十五年以下监禁，并可没收其财产之全部或一部。"

　　③ 《刑法大纲草案》第 51 条规定："以反革命为目的，用口头、文字、图画或其他方法，而进行造谣、污蔑，或故意歪曲事实，曲解政策法令等反动宣传者，处三年以上七年以下监禁。情节轻微者，处二年以下监禁。"

　　④ 参见杨庆文：《当代中国刑法史研究》，浙江大学 2005 年博士学位论文。

展的情势又几经调整，直至 1963 年《刑法草案》第 33 稿第 107
条基本确定了《惩治反革命条例》第 10 条的表述方式，修改后
的第 107 条内容为"以反革命为目的，进行下列挑拨、煽惑行为
之一的，处三年以上十年以下有期徒刑；首要分子或者其他罪恶
重大的，处十年以上有期徒刑、无期徒刑或者死刑：（一）煽动
群众抗拒、破坏政府政令实施的；（二）挑拨离间各民族、各民
主阶级、各民主党派、各人民团体或者人民和政府之间的团结
的；（三）书写、张贴、散发反革命标语、传单，制造、散布谣
言，或者以其他方法进行反革命宣传、恐吓的"。

1979 年《中华人民共和国刑法》正式颁布。《刑法草案》第
33 稿的第 107 条的内容经过最终的调整与修改，规定于 79 刑法
的第 102 条："以反革命为目的，进行下列行为之一的，处五年
以下有期徒刑、拘役、管制或者剥夺政治权利；首要分子或者其
他罪恶重大的，处五年以上有期徒刑：（一）煽动群众抗拒、破
坏国家法律、法令实施的；（二）以反革命标语、传单或者其他
方法宣传煽动推翻无产阶级专政的政权和社会主义制度的。"①

（二）相对罪刑法定时期煽动型犯罪的轻刑化转变

79 刑法第 102 条的最终规定与《刑法草案》第 33 稿的第
107 条内容存在一定程度的差异，除表述方式更为严谨、简洁
外，主要差异表现为将"进行反革命宣传、恐吓的"修改为
"宣传煽动推翻无产阶级专政的政权和社会主义制度的"，这一
修改使得原本模糊的煽动内容得以明确。同时，79 刑法第 102
条取消了《刑法草案》第 33 稿的无期徒刑和死刑的刑罚设置，
并大幅降低了刑罚幅度。

———

① 参见利子平、蒋帛婷：《新中国刑法的立法源流与展望》，知识产
权出版社 2015 年版，第 397-399 页。

79 刑法第 102 条的这一修改具有重大意义。通过上文对我国古代刑事律法规定的梳理，可以清晰地看出在我国古代刑事律法中，煽动型犯罪的重刑化趋势是十分鲜明的，这是封建专制社会王权政治下的必然产物。新中国成立后，土地改革的完成标志着封建社会的终结，从此中国发展进入一个崭新的历史阶段。随着社会性质的转变，刑法罪名体系也随之变化。其中，最为显著的方面就是 79 刑法中的煽动型犯罪打破了流传千年的煽动型犯罪重刑化传统，确立了轻刑化的刑罚发展态势，具有深远影响。

从国际视野看，煽动型犯罪由重刑化转向轻刑化是大陆法系国家的普遍性选择，79 刑法对煽动型犯罪的刑罚设置顺应了煽动型犯罪轻刑化发展的国际趋势，为我国刑事立法的国际化、科学化发展奠定了基础。从国内视野看，直至今日，刑法分则中的煽动型犯罪依然具有轻刑化的刑罚特征。无论从言论犯罪的实质性危害角度出发，还是从刑法理论的罪刑相适应角度出发，抑或从宪法权利的充分保障角度出发，煽动型犯罪轻刑化的方向选择无疑是正确的。

79 刑法在确立煽动型犯罪轻刑化的同时，为煽动型犯罪增加了单处剥夺政治权利的规定，这意味着刑事立法已经关注到附加刑对于消减煽动型犯罪所起到的积极作用，对煽动型犯罪单处或者并处附加刑也是大陆法系国家的通行做法。增加剥夺政治权利附加刑与去除死刑、无期徒刑，大幅消减刑罚幅度的立法调整，使得 79 刑法中煽动型犯罪的法定刑配置更为合理，为绝对罪刑法定时期煽动行为独立入罪化的法定刑科学化打下了坚实的基础。

三、绝对罪刑法定时期的煽动行为独立入罪化

随着 97 刑法的颁布，罪刑法定原则得以在刑法中正式确立，

我国刑法随之进入绝对罪刑法定时期。

97 刑法颁布之初，涉及独立成罪的煽动行为有 7 个，分别是煽动分裂国家罪，煽动颠覆国家政权罪，煽动民族仇恨、民族歧视罪，煽动暴力抗拒法律实施罪，煽动军人逃离部队罪，战时造谣扰乱军心罪，以及战时造谣惑众罪［《刑法修正案（九）》对该罪进行了大幅修改］。其中，煽动分裂国家罪、煽动颠覆国家政权罪与煽动暴力抗拒法律实施罪均由 79 刑法第 102 条反革命宣传煽动罪分化演变而来。97 刑法的上述三个罪名的条文表述去除了 79 刑法第 102 条所具有的鲜明时代特征，条文表述更为科学化、标准化，对于法益的保护更为明确、具体。同时，"由一变三"的演变方式，使得 97 刑法中的上述三个罪名的针对性更为明确，刑罚设置与行为危害性更加匹配，在 79 刑法中，第 102 条针对三种情况的煽动行为仅设置了"5 年以下"与"5 年以上"的两档法定刑，而 97 刑法将该条一分为三后，为煽动暴力抗拒法律实施行为重新设置了"3 年以下"与"3 年以上 7 年以下"的两档法定刑，使得煽动暴力抗拒法律实施行为的危害性与法定刑幅度的匹配更为科学，遵循了罪刑相适应原则。

从煽动行为独立入罪化的进程看，绝对罪刑法定时期的煽动行为独立入罪化并不是一蹴而就的，而是刑事立法根据国际形势、国内发展现实，不断自我完善的过程。在 97 刑法颁布初期，我国刑法中的煽动型犯罪仅有 7 个，而随着刑法修正案的不断出台，煽动型犯罪的罪名体系不断扩充与完善。为了应对日益严峻的恐怖主义防控形势，《刑法修正案（九）》积极严密法网，宣扬恐怖主义、极端主义、煽动实施恐怖活动罪与利用极端主义破坏法律实施罪成为煽动型犯罪中的新鲜血液，公共安全法益也随之纳入煽动行为独立入罪化的法益保护范围。① 在严密法网扩大煽动型犯罪数量规模的同时,《刑法修正案(九)》对既有煽动型犯罪具体内容也作出了一定程度的调整,将第433条战时造谣惑众罪进行了较大程度的修改,最为显著的是去除了该罪中"情节特别严重"情况下可以处以死刑的规定,进一步反映了煽动型犯罪轻刑化的立法趋势。至此,我国现行刑法中的煽动型犯罪实现了零死刑的刑罚设置。

第二节 煽动行为独立入罪化的立法现状

在绝对罪刑法定时期,我国煽动行为独立入罪化历经数次刑法修正案的调整与完善,逐渐形成具有中国特色的煽动行为独立入罪化体系。上文概览了我国煽动行为独立入罪化的起源与发展,本节将着重梳理我国现行刑事立法与司法中涉及煽动行为独立入罪化的相关规定,进而归纳总结其立法特点,同时对煽动行为独立入罪化的立法定性进行考察。

一、煽动行为独立入罪化的罪名梳理

在我国现行刑法和司法解释关于煽动行为独立入罪化的规定中,根据煽动内容的性质不同,可以将煽动行为独立入罪化分为两种类别,一种是煽动犯罪行为独立入罪化,另一种是煽动非犯罪行为独立入罪化。② 而在每一种类别中,又可以进而划分为以独立成罪形式呈现的煽动行为独立入罪化和以非独立成罪形式呈

---

① 参见赵秉志、杜邈:《刑法修正案(九):法益保护前置织密反恐法网》,载《检察日报》2015年9月28日。
② 参见黄彬:《教唆行为分则化实现体系研究》,中国政法大学2014年硕士学位论文。

现的煽动行为独立入罪化。

将煽动行为独立入罪化分为煽动犯罪行为独立入罪化和煽动非犯罪行为独立入罪化的原因在于：煽动犯罪行为与煽动非犯罪行为应当选择不同的定罪路径实现独立入罪化。就煽动犯罪行为而言，出于对共犯理论的直接或间接遵循，可以以非独立成罪与独立成罪两种方式实现独立入罪；就煽动非犯罪行为而言，除煽动邪教组织人员自杀、自残行为这一特殊煽动非犯罪行为被以非独立成罪的形式独立入罪外，唯有独立成罪这一种可供选择的入罪形式。共犯理论对于煽动行为的影响在煽动非犯罪行为情况下被彻底消除，此时，煽动行为的性质由原本的共犯性转向实行性。综上，基于煽动犯罪行为与煽动非犯罪行为的差异性，对于煽动行为的研究从煽动行为的两个侧面同时展开是极为必要的。

将煽动犯罪行为独立入罪化与煽动非犯罪行为独立入罪化继续划分为独立成罪与非独立成罪形式同样有其意义和价值，这是因为在独立成罪与非独立成罪形式下，煽动行为独立入罪化的定罪量刑依据不同。质言之，独立成罪形式下的煽动行为拥有独立的定罪与量刑标准，对于满足处罚条件的煽动行为直接依据条文规定定罪处罚；而非独立成罪形式下的煽动行为通常不拥有独立的定罪量刑标准，或者只有定罪标准而缺少量刑标准，只能援引刑法分则具体犯罪的定罪与量刑标准实现对该煽动行为的处罚。

（一）煽动犯罪行为独立入罪化

煽动犯罪行为独立入罪化是指对于煽动他人实施刑法分则具体犯罪构成要件中犯罪行为的独立入罪化。通过刑事立法与司法途径实现的煽动犯罪行为独立入罪化，通常表现为独立成罪与非独立成罪形式，前者存在于刑法分则之中，而后者在司法解释中较为常见。

1. 独立成罪形式

以独立成罪形式呈现的煽动犯罪行为，主要规定在刑法第
103 条、第 105 条与第 373 条，分别是煽动分裂国家罪、煽动颠
覆国家政权罪，以及煽动军人逃离部队罪。由于分裂国家罪、颠
覆国家政权罪与军人逃离部队罪均为刑法分则中的具体罪名，因
而将煽动实施上述犯罪行为的独立入罪化称为煽动犯罪行为的独
立入罪化。

（1）煽动分裂国家罪。煽动分裂国家罪中的煽动行为是指
煽动他人实施分裂国家、破坏国家统一的行为。在煽动分裂国家
罪中，煽动行为的行为对象具有不特定性，即煽动行为是针对不
特定人实施的，但是这并不绝对，煽动分裂国家罪中的煽动行为
也可以针对特定对象实施。煽动行为的实施方式具有多样性，行
为人可以通过发表演说、发放传单、呼喊口号等方式实施煽动行
为。[①] 在网络信息时代，行为人还可以利用互联网以图片、音
频、视频等方式传播煽动信息。煽动行为的行为内容具有特定
性，即以分裂国家、破坏国家统一作为煽动内容，这也是构成该
罪的必要条件。

在现行司法解释中，有涉及煽动分裂国家罪的多条规定。首
先，《最高人民法院关于审理非法出版物刑事案件具体应用法律
若干问题的解释》将煽动分裂国家罪中的煽动行为扩张解释为明
知出版物中载有煽动分裂国家、破坏国家统一的内容，而予以出
版、印刷、复制、发行、传播的行为。其次，在《最高人民法
院、最高人民检察院关于办理组织和利用邪教组织犯罪案件具体
应用法律若干问题的解释》中，组织和利用邪教组织，组织、策
划、实施、煽动分裂国家、破坏国家统一的行为也被扩张解释为

---

① 参见叶小琴：《略论煽动分裂国家罪》，载《华中农业大学学报
（社会科学版）》2006 年第 3 期。

煽动行为，实施该行为成立煽动分裂国家罪。除此之外，2014年颁布的《关于办理暴力恐怖和宗教极端刑事案件适用法律若干问题的意见》中，列举了 6 种具体的以宣扬、散布、传播恐怖主义与宗教极端主义方式实施煽动分裂国家、破坏国家统一的行为，并且规定实施该 6 种行为以煽动分裂国家罪定罪处罚。①

对于犯煽动分裂国家罪的处罚，根据刑法第 103 条规定，处 5 年以下有期徒刑、拘役、管制或者剥夺政治权利；对于首要分子或者罪行重大的，处 5 年以上有期徒刑。同时，根据刑法第 106 条规定，煽动者与境外组织、机构、个人相勾结实施煽动分裂国家行为的，应当以煽动分裂国家罪从重处罚。

（2）煽动颠覆国家政权罪。煽动颠覆国家政权罪中的煽动

---

① 《关于办理暴力恐怖和宗教极端刑事案件适用法律若干问题的意见》规定："实施下列行为之一，煽动分裂国家、破坏国家统一的，以煽动分裂国家罪定罪处罚：1. 组织、纠集他人，宣扬、散布、传播宗教极端、暴力恐怖思想的；2. 出版、印刷、复制、发行载有宣扬宗教极端、暴力恐怖思想内容的图书、期刊、音像制品、电子出版物或者制作、印刷、复制载有宣扬宗教极端、暴力恐怖思想内容的传单、图片、标语、报纸的；3. 通过建立、开办、经营、管理网站、网页、论坛、电子邮件、博客、微博、即时通讯工具、群组、聊天室、网络硬盘、网络电话、手机应用软件及其他网络应用服务，或者利用手机、移动存储介质、电子阅读器等登载、张贴、复制、发送、播放、演示载有宗教极端、暴力恐怖思想内容的图书、文稿、图片、音频、视频、音像制品及相关网址，宣扬、散布、传播宗教极端、暴力恐怖思想的；4. 制作、编译、编撰、编辑、汇编或者从境外组织、机构、个人、网站直接获取载有宣扬宗教极端、暴力恐怖思想内容的图书、文稿、图片、音像制品等，供他人阅读、观看、收听、出版、印刷、复制、发行、传播的；5. 设计、制造、散发、邮寄、销售、展示含有宗教极端、暴力恐怖思想内容的标识、标志物、旗帜、徽章、服饰、器物、纪念品的；6. 以其他方式宣扬宗教极端、暴力恐怖思想的。实施上述行为，煽动民族仇恨、民族歧视，情节严重的，以煽动民族仇恨、民族歧视罪定罪处罚。同时构成煽动分裂国家罪的，依照处罚较重的规定定罪处罚。"

行为是指煽动颠覆国家政权、推翻社会主义制度的行为。除行为内容外，煽动颠覆国家政权罪中的煽动行为与煽动分裂国家罪中的煽动行为并无明显区别。在煽动颠覆国家政权罪中，刑法条文强调了以造谣、诽谤或其他方式实施的煽动行为，这与该罪的关联罪名——颠覆国家政权罪所具有的特殊性有关。

　　在现行司法解释中，涉及煽动颠覆国家政权罪的规定通常是与煽动分裂国家罪相捆绑的，即在司法解释的具体规定中，通常规定了煽动行为的行为方式，而当某种行为方式对应特定煽动内容时，则以煽动颠覆国家政权罪或煽动分裂国家罪定罪处罚。例如，《最高人民法院关于审理非法出版物刑事案件具体应用法律若干问题的解释》第 1 条的规定①、《最高人民法院、最高人民检察院关于办理妨害预防、控制突发传染病疫情等灾害的刑事案件具体应用法律若干问题的解释》第 10 条第 2 款的规定②，都是通过扩张解释煽动行为的行为方式，将煽动颠覆国家政权罪与煽动分裂国家罪并列规定在同一条款之中，如果以颠覆国家政权为

---

　　① 《最高人民法院关于审理非法出版物刑事案件具体应用法律若干问题的解释》第 1 条规定："明知出版物中载有煽动分裂国家、破坏国家统一或者煽动颠覆国家政权、推翻社会主义制度的内容，而予以出版、印刷、复制、发行、传播的，依照刑法第一百零三条第二款或者第一百零五条第二款的规定，以煽动分裂国家罪或者煽动颠覆国家政权罪定罪处罚。"

　　② 《最高人民法院、最高人民检察院关于办理妨害预防、控制突发传染病疫情等灾害的刑事案件具体应用法律若干问题的解释》第 10 条规定："编造与突发传染病疫情等灾害有关的恐怖信息，或者明知是编造的此类恐怖信息而故意传播，严重扰乱社会秩序的，依照刑法第二百九十一条之一的规定，以编造、故意传播虚假恐怖信息罪定罪处罚。利用突发传染病疫情等灾害，制造、传播谣言，煽动分裂国家、破坏国家统一，或者煽动颠覆国家政权、推翻社会主义制度的，依照刑法第一百零三条第二款、第一百零五条第二款的规定，以煽动分裂国家罪或者煽动颠覆国家政权罪定罪处罚。"

煽动内容则构成煽动颠覆国家政权罪，如果以分裂国家为煽动内容则构成煽动分裂国家罪。二者处罚相同，在此不赘。

（3）煽动军人逃离部队罪。煽动军人逃离部队罪中的煽动行为是指具体煽动军人逃离部队的行为。从行为对象、行为方式等方面看，该罪与上述两罪并无明显差异，但本罪在行为对象方面有一个问题需要予以注意：本罪中的"军人"是否为特定对象。张明楷教授认为，煽动军人逃离部队罪中的"军人"应当是不特定对象，即该罪必须是煽动不特定军人逃离部队，而如果是怂恿、唆使特定军人逃离部队，则不应当构成本罪，而构成刑法第 435 条逃离部队罪的教唆犯。[①]

煽动军人逃离部队罪以情节严重作为成立要件，而本罪中的情节严重该如何理解呢？从《最高人民检察院、公安部关于公安机关管辖的刑事案件立案追诉标准的规定（一）》的规定看，情节严重是指煽动多人、煽动重要人员、战时煽动、影响军事任务完成等情况。

对于犯煽动军人逃离部队罪的处罚，根据刑法第 373 条的规定，应当处 3 年以下有期徒刑、拘役或者管制。

2. 非独立成罪形式

以非独立成罪形式实现的煽动犯罪行为独立入罪化，主要规定在司法解释之中，具体而言：

《最高人民检察院、公安部关于公安机关管辖的刑事案件立案追诉标准的规定（一）》第 95 条第 3 项的规定是针对煽动他

---

① 参见张明楷：《刑法学（第四版）》，法律出版社 2011 年版，第 1039 页。

人共同拒绝、逃避征召或者军事训练的行为。① 而由于战时拒绝、逃避征召或者军事训练行为是刑法分则中的具体犯罪，因此该条司法解释的规定即为煽动犯罪行为的独立入罪化条款。与独立成罪方式所不同，司法解释中以非独立成罪形式实现的煽动行为独立入罪化并不拥有独立罪名，而是需要分别适用不同的刑法分则罪名定罪处罚。基于相同的原理，第 96 条第 3 项、② 第 98 条第 2 项、③ 第 99 条第 3 项，④ 都是通过司法解释途径实现的煽

---

① 《最高人民检察院、公安部关于公安机关管辖的刑事案件立案追诉标准的规定（一）》第 95 条规定："预备役人员战时拒绝、逃避征召或者军事训练，涉嫌下列情形之一的，应予立案追诉：（一）无正当理由经教育仍拒绝、逃避征召或者军事训练的；（二）以暴力、威胁、欺骗等手段，或者采取自伤、自残等方式拒绝、逃避征召或者军事训练的；（三）联络、煽动他人共同拒绝、逃避征召或者军事训练的；（四）其他情节严重的情形。"

② 《最高人民检察院、公安部关于公安机关管辖的刑事案件立案追诉标准的规定（一）》第 96 条规定："公民战时拒绝、逃避服役，涉嫌下列情形之一的，应予立案追诉：（一）无正当理由经教育仍拒绝、逃避服役的；（二）以暴力、威胁、欺骗等手段，或者采取自伤、自残等方式拒绝、逃避服役的；（三）联络、煽动他人共同拒绝、逃避服役的；（四）其他情节严重的情形。"

③ 《最高人民检察院、公安部关于公安机关管辖的刑事案件立案追诉标准的规定（一）》第 98 条规定："战时拒绝或者故意延误军事订货，涉嫌下列情形之一的，应予立案追诉：（一）拒绝或者故意延误军事订货三次以上的；（二）联络、煽动他人共同拒绝或者故意延误军事订货的；（三）拒绝或者故意延误重要军事订货，影响重要军事任务完成的；（四）其他情节严重的情形。"

④ 《最高人民检察院、公安部关于公安机关管辖的刑事案件立案追诉标准的规定（一）》第 99 条规定："战时拒绝军事征用，涉嫌下列情形之一的，应予立案追诉：（一）无正当理由拒绝军事征用三次以上的；（二）采取暴力、威胁、欺骗等手段拒绝军事征用的；（三）联络、煽动他人共同拒绝军事征用的；（四）拒绝重要军事征用，影响重要军事任务完成的；（五）其他情节严重的情形。"

动犯罪行为独立入罪化，在此不再赘述。

在非现行司法解释之中，也有煽动犯罪行为独立入罪化的规定。《关于办理偷税、抗税刑事案件具体应用法律的若干问题的解释》第10条规定的是煽动纳税人、代征人、扣缴义务人抗税的行为。[①] 该行为与上述煽动他人拒绝、逃避征召或者军事训练行为一样，抗税行为是刑法分则中的具体犯罪行为，因此，该条司法解释的规定也属于煽动犯罪行为独立入罪化。该条司法解释虽然已经失效，但是在该条规定中所体现的独立入罪化路径却与上文提及的《最高人民检察院、公安部关于公安机关管辖的刑事案件立案追诉标准的规定（一）》第95条第3项、第96条第3项、第98条第2项，以及第99条第3项中煽动犯罪行为独立入罪化路径异曲同工。该条司法解释将煽动行为作为抗税罪的共犯行为，通过共同犯罪理论实现煽动犯罪行为的独立入罪化，而在上述司法解释的4款规定中，则是将煽动行为作为犯罪的具体情形以实现独立入罪化的目的，二者都是煽动犯罪行为独立入罪化的实现路径。

（二）煽动非犯罪行为独立入罪化

煽动非犯罪行为独立入罪化是指对于行为人煽动他人实施未纳入刑法分则罪名体系的一般违法行为或者违反道德行为的独立入罪化。多数学者在论述煽动行为时，通常以关联实行行为须为刑法分则罪名体系中的具体犯罪行为作为煽动行为的特征加以列举。然而，通过梳理我国现行刑事立法与司法规定发现，煽动行

---

① 《关于办理偷税抗税刑事案件具体应用法律的若干问题的解释》第10条规定："与纳税人、代征人、扣缴义务人勾结，为偷税犯罪提供账号、发票、证明，或者以其他手段共同实施偷税罪的，以偷税共犯论处。唆使、煽动纳税人、代征人、扣缴义务人抗税，或者以其他手段共同实施抗税罪的，以抗税共犯论处。税务人员犯前两款罪的，从重处罚。"

为的关联实行行为并非均为刑法分则中的具体犯罪行为，煽动非犯罪行为独立入罪化的规定并不鲜见。简而言之，在煽动犯罪行为独立入罪化中，独立成罪的煽动犯罪行为通常存在关联实行行为，而在煽动非犯罪行为独立入罪化中，煽动行为仅存在关联的一般违法行为（如暴力抗拒法律实施行为）或者违反道德行为（如民族仇恨、民族歧视行为），并不存在关联犯罪行为。尽管如此，在刑法分则与司法解释中的煽动非犯罪行为独立入罪化仍可以进一步划分为独立成罪与非独立成罪两种形式。

1. 独立成罪形式

刑法第 120 条之三、第 120 条之四、第 249 条、第 278 条、第 378 条与第 433 条是以独立成罪形式规定的煽动非犯罪行为独立入罪化，罪名分别为宣扬恐怖主义、极端主义、煽动实施恐怖活动罪，利用极端主义破坏法律实施罪，煽动民族仇恨、民族歧视罪，煽动暴力抗拒法律实施罪，战时造谣扰乱军心罪，以及战时造谣惑众罪。

（1）宣扬恐怖主义、极端主义、煽动实施恐怖活动罪与利用极端主义破坏法律实施罪。二者均为《刑法修正案（九）》新创设的罪名，在我国现行刑法分则罪名体系中，作为二者关联实行行为的实施恐怖活动行为与破坏法律实施行为均没有独立罪名与之对应。因此，二者均属于独立成罪的煽动非犯罪行为。《刑法修正案（九）》颁布前，我国恐怖活动呈现增长态势，宗教、民族极端主义与恐怖主义相结合，制造了诸多骇人听闻的暴恐袭击事件，[1] 在"标本兼治，综合施策"的恐怖主义防控基本

① 《新疆去极端化调查》，载凤凰资讯，http：//news. ifeng. com/mainland/special/xjqjdh/，2018 年 3 月 5 日访问。

策略下，"全程反恐，事前优先"的防治策略也应得到重视。①
煽动实施恐怖活动行为与利用极端主义煽动破坏法律实施行为都
不属于直接实施恐怖活动的行为，将其入罪，体现出明显的"规
制前置化"特征。②

从法定刑设置角度看，宣扬恐怖主义、极端主义、煽动实施
恐怖活动罪分为两档量刑幅度，而利用极端主义破坏法律实施罪
则分为三档量刑幅度，前者最低刑罚幅度为 5 年以下有期徒刑并
处罚金，后者最低刑罚幅度为 3 年以下有期徒刑并处罚金，二者
刑罚上限均为 15 年有期徒刑，反映出刑事立法对于两种煽动行
为危害性的不同判断。

（2）煽动民族仇恨、民族歧视罪。本罪中的煽动行为，是
指煽动汉族与少数民族之间的仇恨、煽动少数民族之间的仇恨，
或煽动他人歧视某一民族的行为。民族仇恨、民族歧视本身并非
刑法分则中的具体犯罪行为，因而煽动民族仇恨、民族歧视属于
煽动非犯罪行为独立入罪化，是刑事立法极端关切煽动行为危害
性的产物，意在维护民族关系的团结稳定。③成立本罪有罪量的
要求，只有实施煽动行为达到情节严重的标准，才能对其进行刑
事处罚，而情节严重的罪量标准应当如何理解，司法解释并未予
以明确。

对于犯煽动民族仇恨、民族歧视罪的处罚，根据刑法第 249

<hr>

① 参见皮勇、杨淼鑫：《论煽动恐怖活动的犯罪化——兼评〈刑法修
正案（九）（草案）〉相关条款》，载《法律科学（西北政法大学学报）》
2015 年第 3 期。

② 参见马涛：《论恐怖主义犯罪罪名体系的演化及其本质——以〈刑
法修正案（九）〉相关涉恐条款为中心》，载《江南社会学院学报》2016
年第 3 期。

③ 参见王秀梅：《依法打击"东突"势力切实维护国家稳定——兼论
"煽动民族仇恨、民族歧视罪"的完善》，载《法学评论》2011 年第 6 期。

条的规定，情节严重的应当处 3 年以下有期徒刑、拘役、管制或者剥夺政治权利，情节特别严重的应当处 3 年以上 10 年以下有期徒刑。

（3）煽动暴力抗拒法律实施罪。本罪中的煽动行为，是指煽动群众暴力抗拒国家法律、法规实施的行为。如果在实施该行为的同时涉及煽动分裂国家、破坏国家统一行为的，或是涉及煽动颠覆国家政权行为的，抑或涉及煽动军人逃离部队行为的，再或者涉及其他刑法分则所规定的具体犯罪的，应当将所涉及罪与本罪视为特殊罪名与普通罪名的关系，从而适用特殊罪名的定罪处罚。

本罪成立不要求有情节严重的条件，但是造成严重后果的应当承担加重的法定刑。因此，对于犯煽动暴力抗拒法律实施罪的处罚，根据刑法第 278 条的规定，应当处 3 年以下有期徒刑、拘役、管制或者剥夺政治权利，造成严重后果的应当处 3 年以上 7 年以下有期徒刑。

（4）战时造谣扰乱军心罪与战时造谣惑众罪。两个罪名中的煽动行为均是战时制造谣言、迷惑官兵、动摇军心的行为。两个罪名唯一不同的是战时造谣扰乱军心罪的主体是一般主体，而战时造谣惑众罪的主体是军队人员。两个罪名在罪名中虽然没有"煽动"的字样，但是结合罪状表述，战时造谣扰乱军心行为与战时造谣惑众行为包含战时煽动行为，行为人可能在造谣传谣的同时夹带煽动行为，动摇军心。

两个罪名中的煽动行为并没有规定与之关联的实行行为，究其原因，刑事立法之所以将战时造谣扰乱军心行为与战时造谣惑众行为纳入规制范围，并不是因为刑事立法对其关联实行行为的忧虑，而是因为这两种煽动行为本身的危害性已经足以使其成为刑法打击的对象。

总之，对于煽动非犯罪行为而言，独立入罪化是煽动行为本身危害性所导致的刑事打击策略调整，非犯罪行为的危害性原本轻微，只有当其与煽动行为相结合时，才能显露引发刑事立法与司法关注的危害性。

2. 非独立成罪形式

在现行司法解释中，以非独立成罪形式实现的煽动非犯罪行为独立入罪化有两处规定，具体而言：

第一处规定是《最高人民法院、最高人民检察院关于办理组织和利用邪教组织犯罪案件具体应用法律若干问题的解释》第2条。①《刑法修正案（九）》针对组织和利用邪教组织犯罪的定罪与处罚作出了很大程度的立法调整，这是刑事立法对于危害性强、发案量高的组织和利用邪教组织犯罪的积极回应。基于刑事政策的变化，司法解释对于煽动邪教组织人员不履行法定义务的

① 《最高人民法院、最高人民检察院关于办理组织和利用邪教组织犯罪案件具体应用法律若干问题的解释》第2条规定："组织和利用邪教组织并具有下列情形之一的，依照刑法第三百条第一款的规定定罪处罚：（一）聚众围攻、冲击国家机关、企业事业单位，扰乱国家机关、企业事业单位的工作、生产、经营、教学和科研秩序的；（二）非法举行集会、游行、示威，煽动、欺骗、组织其成员或者其他人聚众围攻、冲击、强占、哄闹公共场所及宗教活动场所，扰乱社会秩序的；（三）抗拒有关部门取缔或者已经被有关部门取缔，又恢复或者另行建立邪教组织，或者继续进行邪教活动的；（四）煽动、欺骗、组织其成员或者其他人不履行法定义务，情节严重的；（五）出版、印刷、复制、发行宣扬邪教内容出版物，以及印制邪教组织标识的；（六）其他破坏国家法律、行政法规实施行为的。实施前款所列行为，并具有下列情形之一的，属于'情节特别严重'：（一）跨省、自治区、直辖市建立组织机构或者发展成员的；（二）勾结境外机构、组织、人员进行邪教活动的；（三）出版、印刷、复制、发行宣扬邪教内容出版物以及印制邪教组织标识，数量或者数额巨大的；（四）煽动、欺骗、组织其成员或者其他人破坏国家法律、行政法规实施，造成严重后果的。"

行为，以及煽动邪教组织人员或者他人实施破坏国家法律、法规行为，进行犯罪化即独立入罪化处理，就具有必要性与合理性。该条司法解释将煽动行为作为刑法第 300 条组织、利用会道门、邪教组织、利用迷信破坏法律实施罪的具体情形加以规定，从而实现以非独立成罪形式对于煽动非犯罪行为的独立入罪化处理。但是应该注意的问题是，该条司法解释依然使用了"情节严重"与"造成严重后果"的罪量标准，为司法裁判预留了自由裁量的空间。对于这一点，笔者认为在司法解释中仍然将标准模糊化似乎不够妥当。司法解释毕竟不同于刑事立法，其根本目的就是解释刑法，使条款明确化，降低司法实践的操作难度与判断精度。如果在司法解释中依然使用缺乏明确性的罪量标准，可能会造成司法裁判误差，导致出现同案不同判的情况。

　　第二处规定是《最高人民法院、最高人民检察院关于办理组织和利用邪教组织犯罪案件具体应用法律若干问题的解释（二）》第 9 条。[①] 自杀、自残行为原本不是刑法分则中具体的犯罪行为，然而该条司法解释将煽动邪教组织人员自杀、自残行为进行独立入罪化处理，属于典型的煽动非犯罪行为独立入罪化。除此之外，该条司法解释规定以故意杀人罪与故意伤害罪实现对于煽动邪教组织人员自杀、自残行为的定罪处罚，可以鲜明地体现出我国刑事司法对于煽动行为危害性的深刻认识。而故意杀人罪与故意伤害罪法定刑的最高刑为死刑，该条司法解释的规定意味着煽动邪教组织人员自杀、自残行为不仅可能适用有期徒刑、无期徒刑，甚至可能适用死刑。这在现行煽动行为独立入罪

---

　　① 《最高人民法院、最高人民检察院关于办理组织和利用邪教组织犯罪案件具体应用法律若干问题的解释（二）》第 9 条规定："组织、策划、煽动、教唆、帮助邪教组织人员自杀、自残的，依照刑法第二百三十二条、第二百三十四条的规定，以故意杀人罪、故意伤害罪定罪处罚。"

化中是仅有的一处触及死刑适用的规定，刑事司法对于邪教组织的打击力度可见一斑。

二、煽动行为独立入罪化的立法特点

我国煽动行为独立入罪化呈现明显的规律性，其中包括罪名分布特征与刑罚设置特征两个方面的内容。对于前者而言，其研究目的是总结煽动行为独立入罪化的保护法益，发现刑事立法的法益保护倾向与重点。对于后者而言，其研究一方面是为了通过归纳刑罚幅度，对比分析煽动行为与实行行为的刑罚幅度差异，明确煽动行为独立入罪化的整体刑罚幅度在我国刑罚体系中的所处位置；另一方面是为了通过对主刑与附加刑的配置总结，为我国煽动行为独立入罪化的量刑体系完善提供基础性资料。

（一）煽动行为独立入罪化的章节分布

对于煽动行为独立入罪化的罪名分布规律研究，笔者也拟以煽动犯罪行为与煽动非犯罪行为的区分视角进行展开。

1. 煽动犯罪行为的章节分布

通过上文对煽动犯罪行为独立入罪化的罪名梳理可以看出，在我国刑法与司法解释中，煽动犯罪行为独立入罪化的罪名分布较为集中：在刑法分则的十章罪名中，有两章涉及煽动犯罪行为的规定，仅占刑法分则章节总数的1/5。具体而言，在第1章危害国家安全罪中，涉及煽动犯罪行为的规定有2项，分别是煽动分裂国家罪与煽动颠覆国家政权罪；在第7章危害国防利益罪中，涉及煽动犯罪行为的规定有5项，分别是煽动军人逃离部队罪，战时拒绝、逃避征召、军事训练罪，战时拒绝、逃避服役罪，战时拒绝、故意延误军事订货罪以及战时拒绝军事征收、征用罪。

通过分析煽动犯罪行为独立入罪化的罪名分布可以得出以下

结论：一方面，该罪名分布较为集中，仅存在于刑法分则第 1 章与第 7 章之中，而其他 8 个章节中并无涉及煽动犯罪行为独立入罪化的规定。由此可以看出，煽动犯罪行为独立入罪化的保护法益具有限定性，国家安全与国防利益是重点法益保护对象。另一方面，在涉及煽动犯罪行为独立入罪化的章节中，涉及该罪的罪名占章节罪名总数的比例较为平均，其中在第 1 章危害国家安全罪中占该章节罪名总数的 17%，在第 7 章危害国防利益罪中占该章节罪名总数的 22%。

煽动犯罪行为独立入罪化在我国刑法分则不同章节中呈现的均衡比例，体现出其本质是以共同犯罪理论为基础的共犯行为分则化，而对于煽动犯罪行为的入罪范围，刑事立法与司法的态度是一贯的，即仅可以针对侵害法益重要性程度高、危害性大的犯罪行为，作为煽动行为的关联实行行为一并作独立入罪化处理。正是基于犯罪行为的特殊性，才使得原本具有共犯性的煽动行为尽管通过独立入罪化形式实现了由刑法总则行为向刑法分则行为的转变，却始终没有脱离共同犯罪理论的影响，这也是煽动犯罪行为独立入罪化具有共犯行为实行化立法定性的根源所在。

2. 煽动非犯罪行为的章节分布

与煽动犯罪行为独立入罪化不同的是，煽动非犯罪行为独立入罪化在我国刑法分则中的罪名分布较为分散。在我国刑法分则的十章罪名中，包含涉及煽动非犯罪行为的章节共有五章，占据了章节总数的 1/2。具体而言，在第 2 章危害公共安全罪中，涉及煽动非犯罪行为的规定有 2 项，分别是宣扬恐怖主义、极端主义、煽动实施恐怖活动罪与利用极端主义破坏法律实施罪；在第 4 章侵犯公民人身权利、民主权利罪中，涉及煽动非犯罪行为的规定有 3 项，分别是故意杀人罪、故意伤害罪，以及煽动民族仇恨、民族歧视罪；在第 6 章妨害社会管理秩序罪中，涉及煽动非犯罪行为的规定有 1 项，即组织、利用会道门、邪教组织、利用迷信破坏法律实施罪；在第 7 章危害国防利益罪中，涉及煽动非犯罪行为的规定有 1 项，即战时造谣扰乱军心罪；在第 10 章军人违反职责罪中，涉及煽动非犯罪行为的规定有 1 项，即战时造谣惑众罪。

通过分析煽动非犯罪行为独立入罪化的罪名分布可以得出以下结论：

第一，煽动非犯罪行为独立入罪化的罪名分布较为分散，在刑法分则中占据的章节较多，这意味着我国刑事立法与司法对于煽动非犯罪行为独立入罪化的范围有扩大化的趋势。近年来，随着社会生活的发展与国际形势的变化，极端主义、恐怖主义常通过宣扬极端主义、恐怖主义煽惑群众，人为制造社会矛盾的危害性已经与以往大为不同。为了应对这类具有紧迫危害性的煽动行为，刑事立法与司法通过煽动非犯罪行为独立入罪化的方式，将其纳入刑事制裁的"射程"，从而实现对于这类高危害性煽动行为的管控。

第二，个人法益已经成为煽动非犯罪行为独立入罪化的法益保护对象，打破了国家法益与公共法益对于煽动行为独立入罪化法益保护范围的"垄断"。将保护法益由公法益向私法益延伸也体现了我国煽动行为独立入罪化正在探索前行，不断发展完善。

第三，在涉及煽动非犯罪行为独立入罪化的章节中，涉及该罪的罪名占章节罪名总数的比例较低，即使是在包含较多关于煽动非犯罪行为独立入罪化罪名的刑法分则第 4 章中，也仅占到了该章节罪名总数的 8%。这意味着与煽动犯罪行为独立入罪化一样，刑事立法与司法对于煽动何种非犯罪行为应当作独立入罪化处理的态度是十分谨慎的。尽管在现阶段，我国煽动非犯罪行为独立入罪化呈现扩大化的趋势，但这仅是刑事立法与司法针对具有高度危害性煽动行为所采取的特殊手段，而非普遍方式。因此，煽动非犯罪行为独立入罪化在章节罪名总数的占比始终处于低位。

第四，煽动非犯罪行为独立入罪化突破了共同犯罪理论体系，煽动非犯罪行为中的煽动行为已经由共犯行为异化发展为实行行为，煽动非犯罪行为独立入罪化的正当性来源已非共同犯罪理论，而是来源于其行为本身所具有的危害性。正因煽动非犯罪行为独立入罪化对于共同犯罪理论的脱离，使得刑事立法与司法尽管逐渐扩大其保护法益的类型，但也始终严格限制煽动非犯罪行为独立入罪化的规模，严格遵循着刑法谦抑性原则以谋求制裁犯罪与保障权利的平衡。

（二）煽动行为独立入罪化的刑罚配置

我国刑法分则中的煽动犯罪行为独立入罪化与煽动非犯罪行为独立入罪化除在罪名分布方面呈现各自的规律性特征外，在刑罚设置方面也呈现独有的规律。

1. 煽动犯罪行为的刑罚设置

煽动犯罪行为的刑罚设置可以从两个方面予以研究，分别是刑罚类型与刑罚幅度。总体而言，煽动犯罪行为的刑罚设置无论从刑罚类型角度还是刑罚幅度角度均呈现了一定规律性特点。

刑罚类型方面。在我国刑法分则中，煽动犯罪行为独立入罪化的刑罚种类主刑均为自由刑，包括管制、拘役、有期徒刑，附加刑以剥夺政治权利居多，以罚金为次要。就主刑而言，煽动犯罪行为独立入罪化共涉及罪名有 7 个，其中规定管制的罪名共有 3 个，分别是煽动分裂国家罪、煽动颠覆国家政权罪与煽动军人逃离部队罪。规定拘役的罪名有 7 个，即涉及煽动犯罪行为独立入罪化的罪名均设置有拘役。有期徒刑与拘役的情况相同。就附加刑而言，规定剥夺政治权利的罪名有 2 个，分别是煽动分裂国家罪、煽动颠覆国家政权罪，且均是以单科式规定。规定罚金的罪名仅有 1 处，即战时拒绝、故意延误军事订货罪——战时拒绝或故意延误军事订货，情节严重的，对单位判处罚金。

刑罚幅度方面。在我国刑法分则独立成罪的煽动犯罪行为中，关于刑罚幅度的规定主要存在三种情况：

第一种情况，规定于战时拒绝、逃避服役罪中，最低刑罚幅度为处 2 年以下有期徒刑或拘役。

第二种情况，规定于战时拒绝、逃避征召、军事训练罪，煽动军人逃离部队罪和战时拒绝军事征收、征用罪中，最低刑罚幅度为处 3 年以下有期徒刑、拘役，煽动军人逃离部队罪除有期徒刑与拘役以外还设置了管制的刑罚种类。

第三种情况，规定于煽动分裂国家罪、煽动颠覆国家政权罪，以及战时拒绝、故意延误军事订货罪中，最低刑罚幅度为处 5 年以下有期徒刑或者拘役。煽动分裂国家罪与煽动颠覆国家政权罪在有期徒刑与拘役以外还设置了管制与剥夺政治权利两种刑罚，而对于首要分子或罪行重大的，煽动分裂国家罪与煽动颠覆国家政权罪相应设置了处 5 年以上有期徒刑的刑罚幅度，对于造成严重后果的，故意延误军事订货罪同样将刑罚幅度提高至处 5 年以上有期徒刑。

综上，在独立成罪的煽动犯罪行为中，刑罚类型整体呈现自由刑与附加刑并存、自由刑配置全面、附加刑单科适用的刑罚设置特点。有期徒刑与拘役成为煽动犯罪行为独立入罪化的主要刑罚类型。在刑罚幅度方面，我国煽动犯罪行为独立入罪化呈现轻刑化为主、重刑化为辅的规律，以 5 年以下的自由刑为刑罚一般化规定，而加重情节的出现会突破 5 年以下自由刑的限制，将刑罚幅度提升至处 5 年以上有期徒刑。因此，受共同犯罪理论影响的煽动犯罪行为独立入罪化，从刑罚幅度角度可以反映出煽动行为作为共犯行为，刑事立法与司法仍倾向于对其设置轻于实行行为的刑罚幅度。传统共同犯罪理论的间接影响，在煽动犯罪行为独立入罪化的刑罚幅度设置上依然踪迹可循。

2. 煽动非犯罪行为的刑罚设置

煽动非犯罪行为由于罪名分布较煽动犯罪行为更为广泛，涉及罪名更为丰富，因此在刑罚设置问题上就显得复杂得多。

刑罚类型方面。煽动非犯罪行为独立入罪化的刑罚种类要略显复杂，在刑罚种类方面除上述刑罚种类外，又规定了无期徒刑、死刑，以及没收财产。具体而言，主刑方面煽动非犯罪行为独立入罪化共涉及罪名有 8 个，其中规定管制的罪名共有 6 个，除故意杀人罪与战时造谣惑众罪外，其他煽动非犯罪行为独立入罪化均有规定。规定拘役的罪名也有 6 个，与管制一样，除故意杀人罪与战时造谣惑众罪外，其他煽动非犯罪行为独立入罪化均有规定。煽动非犯罪行为独立入罪化均规定了有期徒刑。在该刑罚种类中，较为特殊的是无期徒刑与死刑，二者在煽动犯罪行为独立入罪化中并未有规定，而在煽动非犯罪行为独立入罪化中却成为主刑中的重要刑罚种类。规定无期徒刑的罪名有 4 个，分别是故意杀人罪、故意伤害罪、战时造谣惑众罪，以及组织、利用会道门、邪教组织、利用迷信破坏法律实施罪。仅有故意杀人罪规定了死刑。附加刑方面，规定剥夺政治权利的罪名有 3 个，分别是宣扬恐怖主义、极端主义、煽动实施恐怖活动罪，煽动民族仇恨、民族歧视罪，以及组织、利用会道门、邪教组织、利用迷信破坏法律实施罪。规定罚金的罪名有 3 个，分别是宣扬恐怖主义、极端主义、煽动实施恐怖活动罪，利用极端主义破坏法律实施罪，以及组织、利用会道门、邪教组织、利用迷信破坏法律实施罪。没收财产是相较煽动犯罪行为独立入罪化在附加刑部分增加的刑罚种类，仅规定在组织、利用会道门、邪教组织、利用迷信破坏法律实施罪中。

刑罚幅度方面。煽动非犯罪行为独立入罪化的刑罚幅度更为复杂。在我国刑法分则涉及煽动非犯罪行为独立入罪化的罪名中，关于刑罚幅度，主要存在四种情况的规定：

第一种情况，规定于利用极端主义破坏法律实施罪，故意伤害罪，煽动民族仇恨、民族歧视罪，战时造谣扰乱军心罪和战时造谣惑众罪中，最低刑罚幅度为处 3 年以下有期徒刑，除战时造谣惑众罪外，其他罪名均同时规定了管制与拘役的刑罚。在加重情节部分，利用极端主义破坏法律实施罪对于情节严重与情节特别严重的情形分别设置了 3 年以上 7 年以下有期徒刑并处罚金与 7 年以上有期徒刑并处罚金或者没收财产的刑罚幅度。故意伤害罪对于致人重伤与致人死亡或者以特别残忍手段致人重伤造成严重残疾的情形分别设置了 3 年以上 10 年以下有期徒刑与 10 年以上有期徒刑、无期徒刑或者死刑的刑罚幅度。煽动民族仇恨、民族歧视罪对于情节特别严重的情形设置了 3 年以上 10 年以下有期徒刑的刑罚幅度。战时造谣扰乱军心罪对于情节严重的情形同样设置了 3 年以上 10 年以下有期徒刑的刑罚幅度。战时造谣惑众罪对于情节严重与情节特别严重的情形分别设置了 10 年以上有期徒刑或者无期徒刑的刑罚幅度。

第二种情况，规定于组织、利用会道门、邪教组织、利用迷信破坏法律实施罪中，刑罚幅度为处 3 年以上 7 年以下有期徒刑，并处罚金。同时该罪分别设置了加重与减轻刑罚情节，就前者而言，该罪对于情节特别严重的情形设置了 7 年以上有期徒刑或者无期徒刑的刑罚幅度；就后者而言，该罪对于情节较轻的情形设置了 3 年以下有期徒刑、拘役、管制或者剥夺政治权利并处或者单处罚金的刑罚幅度。

第三种情况，规定于宣扬恐怖主义、极端主义、煽动实施恐怖活动罪中，刑罚幅度为处 5 年以下有期徒刑、拘役、管制或者剥夺政治权利并处罚金，对于情节严重的，该罪将刑罚幅度提升至处 5 年以上有期徒刑并处罚金或者没收财产。

第四种情况，规定于故意杀人罪中，刑罚幅度为 10 年以上有期徒刑，对于情节较轻的，该罪将刑罚幅度降低至处 3 年以上 10 年以下有期徒刑。

综上，通过对我国独立成罪的煽动非犯罪行为独立入罪化中刑罚设置的梳理，可以清楚地发现，无论在刑罚类型方面，还是从刑罚幅度角度，煽动非犯罪行为独立入罪化的刑罚设置都要较煽动犯罪行为独立入罪化的刑罚设置更为复杂。在刑罚类型方面，煽动非犯罪行为独立入罪化在主刑的配置上，覆盖了刑法中主刑的所有类型，而在附加刑的配置上，也改变了煽动犯罪行为独立入罪化所呈现的单科制状态，出现了单科制与并科制并存的状态，附加刑类型也更为丰富。

在刑罚幅度方面，同样打破了煽动犯罪行为独立入罪化呈现的轻刑化态势，尽管 3 年以下自由刑仍然是大多数罪名的刑罚幅度设置，但是从整体上看，煽动非犯罪行为独立入罪化的刑罚幅度已经逐渐由轻刑化转向重刑化。脱离了共同犯罪理论基础的煽动非犯罪行为独立入罪化，刑事立法与司法对于其刑罚类型与刑罚幅度的配置具有更大的空间与自由度。

三、煽动行为独立入罪化的立法定性

为了实现我国煽动行为的入罪规范化与量刑科学化，有必要明确煽动行为独立入罪化法律性质。从我国现行刑事立法与司法中煽动行为独立入罪化的相关规定结合煽动行为的法律性质分析，煽动行为独立入罪化的法律性质可以归结为共犯行为的实行化，而煽动犯罪行为独立入罪化与煽动非犯罪行为独立入罪化则分别对应典型的共犯行为实行化与极端的共犯行为实行化。

（一）煽动犯罪行为：典型的共犯行为实行化

共同犯罪理论下的共犯行为成立的基本前提是共犯行为的关联实行行为应当是刑法分则中的犯罪行为，如果不是，则共犯行为的行为人就失去了与实行行为的行为人成立共犯关系的基础，这种情况下的"共犯行为"并非真正意义上的共犯行为。在煽动犯罪行为独立入罪化问题中亦是如此。煽动行为的关联实行行为是刑法分则中的具体犯罪行为，此时煽动行为的性质是共同犯罪理论下的共犯行为，而煽动犯罪行为独立入罪化则可以进一步理解为共犯行为的独立入罪化。对于独立入罪化的理解，上文中已有详尽论述，煽动犯罪行为独立入罪化中独立入罪化的实质是通过刑事立法与司法途径将刑法总则中的共犯行为转变为刑法分则中的犯罪行为的过程。独立入罪化后的煽动行为，尽管从实质上看，其与关联实行行为之间仍然保持着共同犯罪理论的基础纽带，但其实已经打破了传统共同犯罪理论中共犯行为的基本构成逻辑，具备了脱离关联实行行为而独立定罪量刑的条件。这种转变意味着煽动行为与实行行为的界限越发模糊，实行化倾向越发显现。因此，结合煽动犯罪行为与独立入罪化的各自属性，煽动犯罪行为独立入罪化就是共犯行为实行化。正是由于在煽动犯罪行为独立入罪化中，煽动行为的共犯行为属性体现得直接而且鲜明，因此本书将煽动犯罪行为独立入罪化称为典型的共犯行为实行化。

不同类型的煽动犯罪行为独立入罪化的实行化程度存在一定的差异性，主要体现在两种具体呈现方式上。就以独立成罪方式呈现的煽动犯罪行为独立入罪化而言，刑法分则条文直接赋予其独立的罪名、罪状及法定刑，煽动行为的实行化表现是鲜明而又典型的。而以非独立成罪方式呈现的煽动犯罪行为独立入罪化的情况则稍显不同，通常是通过司法解释将煽动行为与关联实行行为的罪名连接起来，刑法分则条文并未直接赋予煽动行为独立的罪名罪状，定罪量刑标准表现出相对的独立性，而非像独立成罪的煽动犯罪行为所表现出的绝对独立性。由此可见，与独立成罪的煽动犯罪行为独立入罪化相比，非独立成罪的煽动犯罪行为所展现出来的实行化程度较弱，共同犯罪理论对于共犯行为定罪量刑的影响在非独立成罪的煽动犯罪行为中显现得更为清晰。因此，对于非独立成罪的煽动犯罪行为，与其称为典型的共犯行为实行化，不如称为轻度的共犯行为实行化。

（二）煽动非犯罪行为：极端的共犯行为实行化

基于共同犯罪理论的煽动行为独立入罪化，煽动内容应当是刑法分则所规定的具体犯罪行为，即煽动犯罪行为独立入罪化。但在我国刑事立法与司法中，除煽动犯罪行为独立入罪化外，还存在煽动非犯罪行为独立入罪化的相关罪名。

煽动非犯罪行为与煽动犯罪行为最大的区别在于煽动内容的性质。非犯罪行为顾名思义是指没有被刑法分则规定为具体犯罪行为的行为。正是由于煽动内容的非犯罪性，使得煽动非犯罪行为突破了共同犯罪理论的框架，其性质不再是典型的共犯行为实行化。从我国现行刑法与司法解释中煽动非犯罪行为独立入罪化的规定来看，其刑罚类型与刑罚幅度体现出的刑事打击力度均超过了煽动犯罪行为独立入罪化。煽动非犯罪行为的危害性较煽动犯罪行为有过之而无不及，刑事立法与司法对此已成共识。煽动非犯罪行为突破共同犯罪理论，由共犯性转向实行性业已为刑事立法与司法所认可。

因此，煽动非犯罪行为独立入罪化的性质已不再属于共同犯罪理论框架下的共犯行为实行化范畴，而是纯粹的实行行为。将具有严重社会危害性的煽动非犯罪行为直接犯罪化处理，是刑事立法与司法超越共同犯罪理论所采用的极端立法策略。基于此，本书将煽动非犯罪行为独立入罪化的立法定性表述为极端的共犯行为实行化。

第三章　煽动行为独立入罪化的 立法基础

煽动行为属于广义的教唆行为，正因如此，对于煽动行为的定罪量刑原本可以依据传统教唆犯定罪量刑路径实现。但我国刑事立法与司法并未作出如此选择，而是以煽动行为独立入罪化的形式实现了对煽动行为的定罪量刑。刑事立法与司法的做法看似舍近求远，却具有合理性，背后的立法动因值得深入探讨。

第一节　教唆犯视野下煽动行为的 定罪难题与出路选择

具有犯罪化必要性的煽动行为包括煽动犯罪行为与煽动非犯罪行为两种类型，不同类型下的煽动行为均表现出异于教唆行为的特征，这使得依教唆犯处理煽动行为会引发定罪难题而无法妥当解决。为了实现对煽动行为的恰当评价，刑事立法与司法不得不在教唆犯定罪机制外寻找针对煽动行为的定罪出路。

一、依教唆犯定罪引发的定罪难题

依教唆犯定罪将使煽动犯罪行为与煽动非犯罪行为陷入不同的评价困境。就煽动犯罪行为而言，主要表现为刑事谴责性的不足；就煽动非犯罪行为而言，主要表现为共犯关系割裂下的评价不能。

（一）煽动犯罪行为的定罪困境

在煽动他人实施犯罪行为的情况下，煽动行为与教唆行为具有一定程度的相似性，但这并不意味着适用教唆犯定罪处罚机制可以完全实现对煽动犯罪行为的定罪评价。

1. 依教唆犯处理引发煽动犯罪行为刑事谴责性不足

一般而言，刑法学者对于刑事谴责性的论述通常是放在犯罪基本特征的范畴之中进行探讨，[①] 但此处的刑事谴责性显然并非指作为犯罪基本特征之一的刑事谴责性。

所谓刑事责任，可以将其理解为刑法对行为人及其犯罪行为施加的否定性评价，行为人实施不同的犯罪行为需要被处以不同的罪名、承担不同的刑事责任，也就是说，需要承受不同罪名下的不同刑事谴责。[②] 就煽动犯罪行为而言，笔者之所以提出依教唆犯处理煽动行为会导致刑事谴责性不足的后果，是因为刑法罪名体系的有限性可能无法实现对全部关联实行行为的精准覆盖。在此情况下，刑事司法只能采取不得已而为之的方式，将该关联实行行为以现有罪名进行评价。然而，从罪名到刑事责任再到刑事谴责性的逻辑进程角度看，罪名的不同通常会导致刑事谴责性的程度出现差异。尽管从量刑结论角度，或许可以实现罪刑相适应，但刑事责任的内容不仅包括刑罚的适用，还包括刑事谴责性在内的无形评价，而刑事谴责性却往往因为司法裁判的罪名适用尴尬而难以实现准确体现。

---

① 参见阮齐林：《刑事司法应当坚持罪责实质评价》，载《中国法学》2017 年第 4 期。

② 参见闻亚梅：《刑罚具有惩罚性与谴责性双重价值》，载《检察日报》2004 年 12 月 8 日。

在教唆犯定罪机制下，关联实行行为的评价误差，直接影响煽动犯罪行为的定罪结论，并导致针对煽动犯罪行为的刑事谴责性不足的后果。例如，［案例4］新疆乌鲁木齐"7·5"暴恐案件，2009年7月5日17时许，200余人在乌鲁木齐市人民广场聚集，新疆警方按照工作部署和处突预案开展相应处置工作，依法强行带离现场70余名挑头闹事人员，迅速控制了局面，之后，又有大量人员向解放南路、二道桥、山西巷片区等少数民族聚居的地区聚集，并高喊口号，现场秩序混乱，19时30分许，部分人员在山西巷一家医院门前聚集，人数达上千人。19时40分许，在人民路、南门一带有300余人堵路，警方及时将这些人员控制、疏散。20时18分许，开始出现打砸行为，暴力犯罪分子推翻道路护栏，砸碎三辆公交汽车玻璃。20时30分许，暴力行为升级，暴力犯罪分子开始在解放南路、龙泉街一带焚烧警车，殴打过路行人。约有七八百人冲向人民广场，沿广场向大小西门一带有组织游窜，沿途不断制造打砸抢烧杀事件，21时许，约有200余名青年在人民广场自治区党委附近高呼口号，企图进入党委机关大院未遂后离去。① 事实证明，新疆乌鲁木齐"7·5"暴恐案件是由境外民族分裂分子遥控指挥、煽动境内组织实施的暴力恐怖犯罪事件。乌鲁木齐市中级人民法院对该案件进行了审理，最终多名被告人以故意杀人罪、放火罪等罪名被判处死刑、剥夺政治权利终身。新疆乌鲁木齐"7·5"暴恐案件即体现了上文所提及的刑事谴责性缺陷。在我国刑法分则罪名体系中，尽管几经修订，但是实施恐怖活动罪迟迟没有纳入刑法分则罪名体系的范畴，正因如此，法院对于新疆乌鲁木齐"7·5"暴恐案

---

① 《新疆披露打砸抢烧杀暴力犯罪事件当日发展始末》，载中国新闻网，https://www.chinanews.com.cn/gn/news/2009/07-06/1762907.shtml，2024年9月1日访问。

件中犯罪分子的行为认定，仅能以故意杀人罪、放火罪、故意毁坏财物罪等罪名进行评价。

诚然，现行刑法分则为故意杀人罪、放火罪设置了最高刑为死刑的法定刑，从刑罚严厉性角度看，故意杀人罪、放火罪似乎可以匹配上述案例中犯罪行为的社会危害性。然而，刑事谴责性不仅局限于刑罚的适用，刑法分则的罪名设置与罪名分布还体现了刑事立法对于不同犯罪行为所采取的不同立法态度，其中包含了对于不同罪名的不同刑事非难程度。换言之，尽管不同罪名之间的刑罚幅度或许会出现重叠的情况，但是不同罪名的刑事谴责性是不同的。暴恐行为终究不同于一般意义上的故意杀人行为，也不同于一般意义上的放火行为，其中的差异性不仅是行为"量"上的差异性，更是行为"质"上的差异性，将更具刑事谴责性的暴恐行为以故意杀人行为与放火行为所简单涵盖是不合适的。

在上述案例中，由于实施恐怖活动罪没有被纳入刑法分则罪名体系之中，司法裁判退而求其次地选择了故意杀人罪、放火罪等罪名评价犯罪分子的暴恐行为，进而导致的刑事谴责性不足问题应当予以关注。即便从煽动犯罪行为的角度看，基于对实行行为的评价结论，依教唆犯处理上述案例中的煽动犯罪行为同样存在刑事谴责性不足的问题。对于煽动实施暴恐行为的煽动者，如果以教唆犯定罪评价，结论是煽动者应当成立故意杀人罪与放火罪的教唆犯。很显然，煽动者在针对数量众多的受众群体实施带有明显民族极端主义、恐怖主义色彩的煽动行为，刑法对其的评价如果仅是成立故意杀人罪、放火罪的教唆犯，与一般意义上的教唆故意杀人行为或者教唆放火行为将无法做到刑事谴责性上的区分，缺乏一定科学性。

总而言之，依教唆犯处理煽动犯罪行为，使煽动犯罪行为的处罚结论与实行行为的评价结果直接关联，可能会造成煽动犯罪行为受到实行行为的评价牵制，导致刑事谴责性不足的后果，这是在传统教唆犯定罪机制下，煽动犯罪行为无法得到科学评价的主要表现。

2. 实行行为罪量不足引发的煽动犯罪行为定罪尴尬

罪量即罪量要素，罪量要素的概念最初是由陈兴良教授提出的。随着刑法理论的发展，关于罪量要素的争议之声渐起，包括罪量要素的存废之争、罪量要素的性质之争、罪量要素的概念之争等。就罪量要素的概念而言，刑法学者从不同角度阐述了罪量要素的概念范畴，不同视角下的罪量要素概念有所差异。王志祥教授认为："犯罪构成中的定量因素是指犯罪构成中决定犯罪的基本性质以外的、单纯反映行为对法益的侵害程度、影响犯罪成立的因素。"[1] 王志祥教授所论定罪因素即为罪量要素，其研究视角为"犯罪构成中的定量因素"。王政勋教授则认为诸如刑法第 13 条"但书"中的"情节显著轻微"，[2] 以及刑法分则罪状表述中的"情节严重""数额较大"等内容就是犯罪成立的定罪要素，[3] 屈学武教授把王政勋教授所定义的罪量要素称为犯罪成立

---

[1] 王志祥：《犯罪定量因素论纲》，载《河北法学》2007 年第 4 期。

[2] 刑法第 13 条规定："一切危害国家主权、领土完整和安全，分裂国家、颠覆人民民主专政的政权和推翻社会主义制度，破坏社会秩序和经济秩序，侵犯国有财产或者劳动群众集体所有的财产，侵犯公民私人所有的财产，侵犯公民的人身权利、民主权利和其他权利，以及其他危害社会的行为，依照法律应当受刑罚处罚的，都是犯罪，但是情节显著轻微危害不大的，不认为是犯罪。"

[3] 参见王政勋：《定量因素在犯罪成立条件中的地位——兼论犯罪构成理论的完善》，载《政法论坛》2007 年第 4 期。

的消极因素①。笔者认为,尽管在不同视角下,刑法学者对于罪量要素的定义有着不同的理解,但是久成共识的内容是罪量要素中的"量"意味着罪量要素是对犯罪行为危害性的程度描述或者说数量描述。所谓实行行为罪量不足引发的煽动犯罪行为定罪尴尬,就是指依教唆犯处理下,由于实行行为罪量要素没有达到构成某种具体犯罪的危害性的程度要求或者数量要求,否定了实行行为的犯罪性,进而使煽动犯罪行为失去入罪评价的基础,引发定罪尴尬问题。

煽动行为具有对象的不特定性,这是在实行行为罪量不足的情况下,煽动犯罪行为仍然具有较高危害性的原因,也是对煽动犯罪行为进行犯罪性评价的必要性之一。何谓对象的不特定性?简言之,教唆犯以教唆对象的明确、具体为基本成立要件,可以表述为教唆某人实施某罪,而煽动行为则不然。以传统途径实施的煽动行为通常以公开宣讲、张贴字报、群发书信等方式进行;以网络途径实施的煽动行为更是表现为文字、图像、音频、视频等方式单独进行或者结合进行。无论传统途径还是网络途径,通过上述方式实施煽动行为通常缺乏明确的对象指向,这使得煽动行为的受众群体难以特定化。煽动对象的不特定性往往会使煽动对象的数量规模极大扩充,尤其是在网络社会全面形成的背景下,网络信息的传播便利性使网络空间中煽动对象的数量规模达到了难以预计的程度,煽动行为的危害性由此极大提高。相当一些犯罪行为离开了网络,要么根本就无法生存,要么根本不可能爆发出令人关注的危害性,网络空间中的煽动行为正是后者的典型例证。反观教唆行为,教唆对象通常是特定的个人或数人,即

① 参见屈学武:《中国刑法上的罪量要素存废评析》,载《政治与法律》2013 年第 1 期。

使在网络空间中，行为人实施教唆行为亦对象明确。特定的个人或数人意味着教唆对象的数量规模十分有限，使教唆内容无法如同煽动内容一般具有无限扩散、传播的可能性，从而限制了可能由此产生的危害性加剧后果。

在实行行为罪量不足的情况下，基于教唆犯性质的不同立场，会得出两种不同结论：一是基于教唆犯的从属性立场。在此立场下，教唆犯的成立与否取决于实行行为是否成立犯罪，而没有达到罪量要素要求的实行行为并不具有犯罪性，因此，教唆行为的犯罪性同样不能予以认可。二是基于教唆犯的独立性立场，包括教唆犯相对独立性立场。在此立场下，当实行行为罪量不足而无法成立犯罪时，视实行行为的具体情况，教唆犯可能会构成未遂教唆，也可能会构成教唆未遂。由此可见，对于教唆行为而言，实行行为罪量不足引发的定罪难题似乎并不存在，原因就是依照教唆犯理论足以实现对于教唆行为的科学评价。

但当教唆犯理论面对煽动犯罪行为的关联实行行为罪量不足的情况时，无论是基于教唆犯从属性立场所得出的无罪评价，抑或基于教唆犯独立性立场所得出的犯罪未遂评价，均不能恰到好处地匹配煽动行为的危害性。这是因为即使在实行行为罪量不足的情况下，由于煽动对象的不特定性使得煽动行为的危害性并不一定因此减少，这决定了传统教唆犯评价机制已经无法适应煽动犯罪行为的定罪需求，对煽动行为的评价应当选择独立机制进行，而煽动犯罪行为独立入罪化是解决实行行为罪量不足时，煽动犯罪行为科学化评价的最佳路径。

3. 以教唆犯处理引发的单纯煽动行为定罪困境

单纯煽动行为与上文中实行行为罪量不足情况下的煽动行为有所不同：单纯煽动行为是指煽动者实施了煽动行为，而被煽动者没有接受煽动的情况，但实行行为罪量不足情况下的煽动行为仍是以被煽动者实施了具体犯罪行为为前提，只不过被煽动者所实施的具体犯罪行为由于罪量不足的原因没有成立犯罪。单纯煽动行为用教唆犯理论表达即为典型的教唆未遂。

基于煽动行为的特殊性，单纯煽动行为并不鲜见。例如，[案例 5] 阿某煽动分裂国家案，阿某利用手机或电脑通过互联网向多个 QQ 群发送涉及宗教极端思想、"圣战"、民族仇恨、"东突" 恐怖主义等内容的音频、视频，以及网站链接，南京市中级人民法院依据刑法第 103 条第 2 款判处阿某构成煽动分裂国家罪。① 阿某通过网络实施煽动分裂国家行为，该煽动行为并未产生阿某所追求的煽动效果，亦即上述 QQ 群成员并未在接受阿某发送的反动信息后，实施分裂国家行为。由于阿某的煽动行为并未产生实质上的煽动效果，属于不折不扣的单纯煽动行为。诸如阿某的单纯煽动行为，在司法实践中十分常见，研究单纯煽动行为的可罚性，以及犯罪性评价路径十分必要。

单纯煽动行为的可罚性源自煽动行为自身的危害性。在上文中笔者提出，教唆犯具有相对独立性的属性定位，就是基于教唆行为自身所具有的危害性与法益侵害性所得出的结论。煽动行为在危害性程度方面较教唆行为更为加重，网络空间中的煽动行为尤甚。因此，无论从刑法理论角度对于煽动行为的独立性定位来说，还是从司法实践中煽动行为的危害性表现来看，单纯煽动行为入罪入刑均是必要的。更何况在教唆犯相对独立性的立场下，教唆未遂尚应处罚，那么单纯煽动行为的可罚性自不必说。

既然基于教唆犯相对独立性的立场，教唆未遂的当罚性评价机制似乎也可以实现对单纯煽动行为的犯罪性评价，那么所谓的

---

① 《被告人阿某煽动分裂国家一案的刑事判决书》，载中国裁判文书网，http：//wenshu. court. gov. cn/content/content? DocID = 3a59e115 - 99b2 - 4609-bf81-0493240af34b，2017 年 10 月 21 日访问。

定罪困境从何而来？笔者认为，立足于教唆犯相对独立性立场的确可以实现对单纯煽动行为的犯罪性评价，但此时教唆行为的犯罪形态是未遂犯，而非既遂犯。反观上述评价机制在单纯煽动行为的适用，煽动行为的危害性与未遂犯处罚机制相匹配将必然导致评价不足与量刑不足问题。易言之，依教唆犯处理单纯煽动行为，尽管可以实现对于单纯煽动行为的犯罪性评价，但是该评价结论缺乏科学性与合理性，并不可取。因此，要想实现对于单纯煽动行为的科学评价，还应当跳出教唆犯的评价机制而另行谋求独立的定罪路径。

（二）煽动非犯罪行为的无法评价

依据刑法总则教唆犯规定处理煽动行为的另一弊端是煽动非犯罪行为的无法评价。无论在以德日刑法为代表的大陆法系教唆犯理论中，抑或在英美法系教唆犯理论中，被教唆者的实行行为应具有犯罪性早已是各国刑法理论的共识，是教唆犯成立最为基本的条件。[1] 例如，木村龟二主编的《刑法学词典》就将教唆犯解释为教唆他人实行犯罪的情况。[2] 然而煽动某些非犯罪行为所产生的社会危害性已为刑事立法与司法所关注，如果直接套用传统教唆犯理论，则会导致煽动非犯罪行为由于无法成立教唆犯而失去犯罪评价的基础。

例如，［案例6］艾某煽动民族仇恨、民族歧视案，该案的基本案情是艾某在上网时与名为"伊斯兰"的QQ群内的买某某结识，二人在交谈之后，买某某给艾某发出"伊斯兰之声54期"制造枪支教程以及其他书籍的下载地址，不要被卡费尔异教徒们

① 参见谭彬：《教唆犯研究》，武汉大学2015年博士学位论文。
② 参见魏东：《教唆犯的概念与成立要件问题研究》，载《中国刑事法杂志》1999年第4期。

打击，为安拉的旨意传播（附网址）"的 QQ 信息，艾某将上述信息及网址进行转发，使上述信息及网址在多个 QQ 群中传播。①在该案中，艾某传播非法信息的行为如果不以煽动民族仇恨、民族歧视罪评价，能否通过教唆犯规定实现对其行为的评价呢？笔者认为，煽动民族仇恨、民族歧视行为因其所具有的社会危害性为刑事立法所关注，将其纳入刑法分则罪名体系之中，属于典型的煽动行为独立入罪化。虽然煽动行为属于广义的教唆行为，但刑事立法却抛弃教唆犯理论而选择独立入罪化的方式实现对该行为的评价，就是因为民族仇恨、民族歧视并非刑法范畴中的犯罪行为，难以通过教唆犯评价机制定罪处罚。再如，[案例7]郭某、杨某煽动暴力抗拒法律实施案 [（2017）豫 05 刑终 614号]，该案的基本案情为 2016 年 11 月至 2017 年 2 月，出于改善环境空气质量，控制和减少林州市境内污染物排放的目的，林州市人民政府依据《中华人民共和国环境保护法》《中华人民共和国大气污染防治法》《中华人民共和国突发事件应对法》等法律法规及上级的工作部署，对林州全市范围内的污染物排放进行管理和对污染天气进行应急管控，使得林州市铸造企业生产活动因管控措施而受到影响，在此背景下，郭某与杨某利用上述企业对管控政策不满之机，在"林州铸造企业大联盟"的微信群内，通过语音、视频、文字等方式实施煽动行为，煽动群内人员到林州市红旗渠大道市政府门口堵路、聚集滋事，给政府施加压力。2017 年 2 月 9 日、10 日，大量人员到市政府门口聚集，造成了恶劣的影响。在该案中，郭某、杨某的行为与上述案例艾某的行为均属于刑法分则犯罪行为范畴以外的非犯罪行为，均排斥了教

---

① 《刚满 18 岁　煽动民族仇恨、民族歧视获刑》，载新疆法院网，http://xjfy.xjcourt.gov.cn/article/detail/2014/11/id/4662231.shtml，2024 年 9 月 5 日访问。

唆犯定罪机制的适用。然而，煽动暴力抗拒法律实施行为的危害性又使其具有刑事制裁的必要性，那么在传统教唆犯理论外寻求煽动非犯罪行为的犯罪化路径就成为刑事立法的当然选择，形成了我国刑法分则中另一处煽动非犯罪行为独立入罪化的典型罪名——煽动暴力抗拒法律实施罪。

二、煽动行为定罪路径的刑法选择

通过以上分析可以发现，跳出教唆犯视野为煽动行为谋求全新的定罪路径，是实现煽动行为刑法评价科学化的理想选择。将煽动行为进行独立入罪化处理，应当充分关注煽动行为的特殊性：煽动行为既包括煽动犯罪行为，也包括煽动非犯罪行为。对于两种不同类型的煽动行为进行独立入罪化处理，选择的定罪路径应当有所区别。对于煽动犯罪行为而言，独立入罪化更多解决的是刑事谴责性不足、实行行为罪量不足引发的定罪尴尬问题，以及单纯煽动行为的定罪问题；对于煽动非犯罪行为而言，独立入罪化更多解决的是非犯罪行为引发的煽动行为定罪难问题。因此，尽管煽动行为独立入罪化是煽动行为定罪路径的理想选择，但依然应当根据煽动行为的特殊性加以细化，有些情况下可以将传统教唆犯的定罪机制应用于煽动行为独立入罪化之中，有些情况则只能通过刑事立法设置全新的犯罪构成要件或者通过刑事司法运用共犯行为正犯化解释才能实现对于煽动行为的恰当评价。

（一）煽动犯罪行为的定罪路径

在煽动犯罪行为独立入罪化中，包含典型的共犯行为实行化与轻度的共犯行为实行化两种情况，前者尽管以共同犯罪理论为基础，但是通过独立入罪化使其完全脱离了对共同犯罪理论的依赖，表现为拥有独立的罪名与独立的犯罪构成要件。后者虽然也被纳入煽动行为独立入罪化的范畴，但是对于其定罪路径的选择并未做到完全独立，教唆犯定罪机制的影响仍然直接且显明。

1. 非独立成罪：共犯理论的直接遵循

所谓"非独立成罪"，顾名思义是指煽动行为在刑法分则中没有相应的独立罪名。在我国刑事立法与司法中，非独立成罪的煽动犯罪行为独立入罪化仅存在于司法解释中，在刑法分则条文中并无体现，而司法解释中非独立成罪的煽动犯罪行为独立入罪化又表现为两种不同的实现方式。在《最高人民法院、公安部关于公安机关管辖的刑事案件立案追诉标准的规定（一）》第 95条第 3 项、第 96 条第 3 项、第 98 条第 2 项以及第 99 条第 3 项中，煽动行为被规定为犯罪的具体情形加以处罚，在条文中并未明确提出对于煽动行为的处罚需要依据刑法总则中的共同犯罪相关规定实现。而在《最高人民法院、最高人民检察院关于办理偷税、抗税刑事案件具体应用法律的若干问题的解释》（非现行）中，对于煽动实施抗税行为的处罚被明确规定为"以抗税共犯论处"，刑法总则中的共同犯罪相关规定得以直接适用。

尽管司法解释中非独立成罪的煽动犯罪行为表现为不同的实现方式，但是在《最高人民法院、公安部关于公安机关管辖的刑事案件立案追诉标准的规定（一）》第 95 条第 3 项、第 96 条第 3 项、第 98 条第 2 项以及第 99 条第 3 项中，煽动行为被作为犯罪的具体情形看待，似乎可以认为刑事司法已将煽动行为直接等同为具体犯罪的实行行为，但实则不然。例如，第 95 条规定："预备役人员战时拒绝、逃避征召或者军事训练，涉嫌下列情形之一的，应予立案追诉：（一）无正当理由经教育仍拒绝、逃避征召或者军事训练的；（二）以暴力、威胁、欺骗等手段，或者采取自伤、自残等方式拒绝、逃避征召或者军事训练的；（三）联络、煽动他人共同拒绝、逃避征召或者军事训练的；（四）其他情节严重的情形。"其中第 3 项规定中不能忽视的关键词是"共同"，煽动者是否共同拒绝、逃避征召或者军事训练，决定了刑事司法对于煽动行为的定性。根据该条规定，如果煽动者仅实施了煽动他人拒绝、逃避征召或者军事训练的行为，对于煽动者恐难定罪，而如果煽动者在煽动内容中明确表达了将与被煽动者共同拒绝、逃避征召或者军事训练，此时的煽动者将以战时拒绝、逃避征召、军事训练罪定罪处罚。由此可见，此处的煽动者扮演了煽动行为和实行行为发出者的"双重角色"。刑事司法并非将煽动行为直接作为实行行为评价，真正进入刑事打击视野的仍是拒绝、逃避征召或者军事训练的实行行为，煽动行为的性质特点依然是共犯性。这样的结论刚好与《最高人民法院、最高人民检察院关于办理偷税、抗税刑事案件具体应用法律的若干问题的解释》（非现行）中对煽动行为的定位相吻合，可见刑事司法对于煽动行为的定性是十分明确的。

基于煽动行为的共犯性，刑事司法对于定罪模式的选择就十分清晰了：共同犯罪原理的适用是司法解释对于非独立成罪的煽动犯罪行为独立入罪化的基本定罪模式。这就意味着共同犯罪原理中的诸多规定也同样适用于非独立成罪的煽动犯罪行为独立入罪化。

一是我国共同犯罪理论中主从犯区分量刑机制可以适用于非独立成罪的煽动犯罪行为独立入罪化。在我国共同犯罪理论中，与大陆法系国家相比最具特色的当属主从犯制度。从概念的归属角度，煽动行为属于广义的教唆行为，而教唆犯的主从犯地位是相对不确定的，需要根据教唆犯在具体犯罪中所起的作用判断。如果教唆犯在具体犯罪中所起的作用是主要的，那么可以据此认定教唆犯的主犯地位，如果教唆犯在具体犯罪中所起的作用是次要的，那么可以据此认定教唆犯的从犯地位。就煽动行为而言，既然主从犯制度应当适用于非独立成罪的煽动犯罪行为独立入罪化,那么对于煽动者主从犯地位的判断也应当依据刑法总则关于教唆犯的主从犯规定进行,即根据煽动者在具体犯罪中所起的作用判断。需要注意的是,在《最高人民法院、公安部关于公安机关管辖的刑事案件立案追诉标准的规定(一)》第 95 条第 3 项、第 96 条第 3 项、第 98 条第 2 项以及第 99 条第 3 项的规定中,煽动行为与犯罪的其他具体情形并列规定,尽管此处的煽动行为仍具有共犯性,但并不存在主从犯认定问题。原因是上述司法解释从表面上看是煽动行为的入罪条款,但第 95 条第 3 项所谓"联络、煽动他人共同拒绝、逃避征召或者军事训练的"实际上规定的是共谋共同正犯的入罪问题,煽动者并非单纯的共犯行为发出者,同时也是实行行为的作出者,对于实行行为的定罪处罚则不存在适用主从犯制度的前提基础。

二是我国刑法关于教唆犯的从重处罚规定适用于非独立成罪的煽动犯罪行为独立入罪化。刑法第 29 条规定了教唆犯的从重处罚条件,即教唆未成年人犯罪的,应当从重处罚,这可以看作我国刑法对于未成年人的特殊保护条款。在司法解释的煽动犯罪行为相关条款中,尽管并未直接明确煽动未成年人实施犯罪行为应当从重处罚,但是出于对共同犯罪理论的遵循,在非独立成罪的煽动犯罪行为独立入罪化的定罪模式下,刑法总则的教唆犯从重处罚规定当然可以延伸适用其中。

总而言之,适用共同犯罪的相关规定实现对于非独立成罪的煽动犯罪行为独立入罪化的定罪处罚,是当前我国刑事司法的基本思路,而基于该思路所产生的直接影响就是共同犯罪理论中关于教唆犯的相关理论与规定,也将遵循该思路延伸适用其中。因此,尽管煽动犯罪行为独立入罪化实现了煽动行为由刑法的总则化行为向分则化行为的转变,但非独立成罪的煽动犯罪行为独立入罪化也并非绝对独立,而是相对独立。对共同犯罪理论的遵循正是非独立成罪的煽动犯罪行为定罪模式正当性的来源与根基。

2. 独立成罪：共犯理论的间接影响

独立成罪的煽动犯罪行为独立入罪化最为显著的特点是在刑法分则中拥有了独立的罪名和独立的犯罪构成要件，因此在定罪机制方面与非独立成罪的煽动犯罪行为独立入罪化表现出极大的差异。从法律性质的角度出发，无论是独立成罪的煽动犯罪行为独立入罪化，还是非独立成罪的煽动犯罪行为独立入罪化，均是共犯行为实行化的具体表现。后者由于刑法分则没有为其设置独立的罪名，只能依靠刑法总则共同犯罪的相关规定实现定罪处罚。可以说，在上述定罪模式中，共同犯罪理论的影响是直接和显性的。而在独立成罪的煽动犯罪行为独立入罪化的定罪模式中，共同犯罪理论的影响由显性转向隐性，由直接转向间接，这是由于刑法分则赋予了其独立的罪名和犯罪构成，排斥了刑法总则共同犯罪相关规定的适用，只能适用刑法分则为其设置的犯罪构成要件实现定罪处罚。

（二）煽动非犯罪行为的定罪路径

由于煽动非犯罪行为不具有共犯性，使得煽动非犯罪行为独立入罪化的定罪机制特点鲜明。之所以将煽动非犯罪行为独立入罪化定性为极端的共犯行为实行化，是因为在煽动非犯罪行为独立入罪化中，煽动行为的性质发生了异化，由共犯性转变为实行性，进而，煽动非犯罪行为独立入罪化消除了共同犯罪理论的影响，刑事立法与司法也将原本具有共犯性的煽动行为直接评价为犯罪的实行行为。因此，需要脱离共同犯罪原理重新审视煽动非犯罪行为的定罪路径，考察刑事立法与司法关于具有实行化性质的煽动行为的入罪思路。

1. 非独立成罪：实行化解释的引入

非独立成罪的煽动非犯罪行为独立入罪化在刑法分则中没有

独立的罪名与之对应，仅存在于司法解释之中。非独立成罪的煽动非犯罪行为独立入罪化的定罪机制不以共同犯罪理论为基础，而是通过实行化解释实现对于煽动非犯罪行为的定罪处罚。例如，在《最高人民法院、最高人民检察院关于办理组织和利用邪教组织犯罪案件具体应用法律若干问题的解释（二）》第9条中，邪教组织人员自杀、自残行为并不具有犯罪性，而共同犯罪的成立需要被煽动者的实行行为具有犯罪性，应当是刑法分则中规定的犯罪行为，因此煽动实施不具有犯罪性的行为则使得煽动者与被煽动者之间无法构成共同犯罪。从该条司法解释的规定看，刑事司法对于煽动非犯罪行为的定性态度已经发生转变：既然煽动非犯罪行为无法通过共同犯罪理论实现定罪处罚，那么在成立间接正犯之外，唯有将该煽动行为直接解释为不具有共犯性的实行行为，跳出共同犯罪理论的束缚，才能完成对于煽动非犯罪行为的定罪处罚。同样的思路体现在《最高人民法院、最高人民检察院关于办理组织、利用邪教组织破坏法律实施等刑事案件适用法律若干问题的解释》第2条，煽动邪教组织成员或他人不履行法定义务行为中的"不履行法定义务行为"并非刑法分则所规定的犯罪行为，因此煽动他人实施上述行为均为典型的煽动非犯罪行为。想要对非独立成罪的煽动非犯罪行为定罪处罚，必须在共同犯罪理论外另辟蹊径。从该司法解释的条文表述看，具有刑事处罚必要性的危害性行为，在刑事司法的视野中并非不履行法定义务行为和破坏国家法律法规行为，而是煽动他人实施这些行为的煽动行为。因此，该条司法解释已经将煽动行为直接作为实行行为评价，通过实行化的解释实现对于煽动非犯罪行为的定罪处罚。

2. 独立成罪：构成要件的径直适用

对于独立成罪的煽动非犯罪行为独立入罪化，我国刑事立法与司法为其选择的定罪路径是直接适用该独立罪名的犯罪构成要件实现定罪处罚。尽管均为"独立成罪",均为以直接适用独立罪名的犯罪构成要件为定罪处罚的具体方式,但是独立成罪的煽动犯罪行为与煽动非犯罪行为在定罪机制的原理上存在根本区别。

在独立成罪的煽动犯罪行为独立入罪化定罪机制中,共同犯罪理论的间接影响仍然存在,这可以从独立成罪的煽动犯罪行为的罪名结构中发现规律:其罪名均由煽动行为与刑法分则中的具体罪名组合而成。例如,刑法第103条第1款规定了分裂国家罪,在该条第2款则规定了煽动分裂国家罪。再如,刑法第105条第1款规定了颠覆国家政权罪,在该条第2款则规定了煽动颠覆国家政权罪。这就说明,尽管刑法设置了独立的犯罪构成要件,摆脱了在定罪处罚方面对于共同犯罪理论的依赖,但是从上述煽动犯罪行为独立入罪化的罪名结构中不难发现,刑事立法之所以将煽动实施特定犯罪行为以独立成罪的方式实现定罪处罚,是因为这些特定罪名的危害性极大,煽动行为的危害性也随之提升,故而具有独立入罪化处理的必要性,而非不存在共犯理论适用的基础。相比之下,煽动非犯罪行为的情况截然不同,在其罪名结构中,存在两种情况:第一种情况,由煽动行为与一般违法行为结合构成,如刑法第278条规定的煽动暴力抗拒法律实施罪,暴力抗拒法律实施行为不属于刑法分则中的犯罪行为,仅属于一般违法行为;第二种情况,由煽动行为与违反道德行为结合构成,如刑法第249条规定的煽动民族仇恨、民族歧视罪。在该罪名中,民族仇恨、民族歧视行为并不属于刑法分则中的犯罪行为,甚至连一般违法行为都不属于,仅能够将其视为违反道德行为。从上述两种情况可以得出的结论是,无论是第一种情况还是第二种情况,在煽动非犯罪行为的罪名结构中,共同犯罪理论的间接影响已经难觅踪迹。由此可见，尽管同为独立成罪，同为直接适用犯罪构成要件实现定罪处罚目的，独立成罪的煽动犯罪行为独立入罪化与独立成罪的煽动非犯罪行为独立入罪化在定罪机制的原理上仍存在明显区别，将后者作为与共同犯罪理论毫无瓜葛的刑法分则罪名加以理解更为合适。

第二节　教唆犯视野下煽动行为的量刑短板与刑法回应

在教唆犯视野下，以主从犯区分量刑机制解决煽动行为的量刑问题同样困难重重。概括而言，主要表现为煽动犯罪行为的量刑不足问题与煽动非犯罪行为的无法量刑问题。

一、依教唆犯量刑引发的量刑短板

双层区分制共犯体系是我国共同犯罪理论架构的显著特征，① 在双层区分制共犯体系下，对于教唆犯的量刑是建立在主从犯的认定与甄别基础之上的。然而，由于煽动行为的危害性有别于教唆行为，主从犯区分量刑机制并不能恰到好处地实现煽动行为的危害性与量刑结论的合理匹配，由此造成的量刑不足问题有待解决。

（一）教唆犯传统量刑机制考察

刑法第 29 条规定了教唆犯的量刑规则，即按照教唆犯在共同犯罪中所起的作用进行量刑处罚。可见，在我国刑法中，教唆犯并不被当然认定为主犯，也不被当然认定为从犯，而是需要根

---

① 参见张伟：《我国犯罪参与体系与双层次共犯评价理论》，载《刑法论丛》2013 年第 4 期。

据个案的具体情况，确定教唆犯在具体犯罪中所起的作用，在此基础上方能认定个案中的教唆犯到底应当按照主犯量刑处罚还是按照从犯量刑处罚。虽然教唆犯的量刑规定仅体现在刑法总则少数的几个条文之中，但是依然具有一定程度的复杂性，包含了基本模式、加重模式与减轻模式三种情况。

1. 基本模式：主从犯的区分量刑机制

在教唆犯的传统量刑机制中，最基本的前置工作是认定教唆犯在共同犯罪中的主从犯地位。正如上文所述，在我国刑法总则中，教唆犯在共同犯罪中的主从犯地位并未得到明确认定，这就需要根据教唆犯在个案中的具体情节加以认定。认定教唆犯在共同犯罪中的主从犯地位，其目的在于相应地套用刑法总则关于主犯、从犯的具体规定，从而实现对教唆犯的量刑处罚。刑法第26条第4款规定了对于主犯的量刑处罚规则，即根据其所参与的或者组织、指挥的全部犯罪处罚；刑法第27条第2款规定了对于从犯的量刑处罚规则，即对于从犯应当从轻、减轻或者免除处罚。

然而，在刑法理论争鸣中，作为教唆犯基本量刑机制的主从犯区分量刑机制，却不断受到冲击。有学者认为教唆犯在共同犯罪中，无论个案的具体情节如何表现，都应当将教唆犯认定为主犯。该观点从历史视角、比较法视角、学理视角分别对教唆犯的主犯定位问题予以论述，认为无论是我国古代对于造意犯的处罚规定，还是西方国家对于教唆犯的处罚规定，都将教唆犯作为主犯进行量刑处罚。同时，从学理视角观察，对于教唆犯的主犯定位是教唆犯独立性下的当然选择。对此笔者认为，将我国刑法中的教唆犯一律定位为共同犯罪中主犯的观点是不恰当的。教唆犯无论在我国刑法理论中，还是在司法实践中，均存在成立从犯的空间。上述观点存在关键的概念混淆，一是混淆了正犯与主犯的概念，二是混淆了教唆犯的独立性与教唆犯的主犯地位。就前者而言，正犯与共犯、主犯与从犯的划分是依据不同标准下的划分结论，不能直接将二者视为对应关系；就后者而言，教唆犯的独立性、从属性之争是针对教唆犯法律性质的学理争鸣，而教唆犯的主从犯定位是具有我国特色的刑法规定，与正犯与共犯、主犯与从犯两组概念之间不存在交叉关系，具有独立性的教唆犯同样可以成为共同犯罪中的从犯。独立性与从属性之争的着眼点在于教唆行为与实行行为的关系，而主犯与从犯认定的着眼点在于教唆犯在共同犯罪中的所起作用，二者存在本质上的不同。

2. 加重模式：特殊对象的刑法保护

除教唆犯的基本量刑模式外，我国刑法还赋予了教唆犯的加重量刑模式——对于未成年人的特殊保护。

刑法对未成年人权益的保护作出了较为周密的规定，其中第17条就作为犯罪主体的刑事责任年龄作出了具体规定："已满十六周岁的人犯罪，应当负刑事责任。已满十四周岁不满十六周岁的人，犯故意杀人、故意伤害致人重伤或者死亡、强奸、抢劫、贩卖毒品、放火、爆炸、投放危险物质罪的，应当负刑事责任。已满十二周岁不满十四周岁的人，犯故意杀人、故意伤害罪，致人死亡或者以特别残忍手段致人重伤造成严重残疾，情节恶劣，经最高人民检察院核准追诉的，应当负刑事责任。对依照前三款规定追究刑事责任的不满十八周岁的人，应当从轻或者减轻处罚。因不满十六周岁不予刑事处罚的，责令其父母或者其他监护人加以管教；在必要的时候，依法进行专门矫治教育。"可见，该条规定通过对刑事责任年龄的设定，将未成年人的刑事责任划分为多个层次，而无论是仅对特定犯罪行为承担刑事责任，还是从轻、减轻处罚的规定，无不体现着刑事立法对于未成年人的特殊"关照"。同时，刑法第49条规定了死刑适用对象的特殊限制，将犯罪时未满 18 周岁的未成年人排除在死刑适用的对象范围之外，这是出于对未成年人保护和刑事责任能力角度的考虑，也与我国已经批准加入的《儿童权利公约》中的有关规定相一致。此外，在刑法分则中，也有诸多罪名的设置与未成年人关联紧密。例如，刑法第 353 条引诱、教唆、欺骗他人吸毒罪将引诱、教唆、欺骗或强迫未成年人吸食、注射毒品的行为，作为该罪的加重处罚情节。再如，刑法第 359 条第 2 款引诱幼女卖淫罪，通过独立罪名的设置将引诱未满 14 周岁幼女的卖淫行为专门予以规制。

从上述种种可以看出，对未成年人的特殊保护是刑事立法的一贯侧重，其中主要的原因在于未成年人的身体与心智都未成熟，对于事物的看法与认知，对于善恶美丑的价值判断，对于真实与伪善的分辨能力都十分欠缺。在纷繁复杂的社会生活中，未成年人一方面可能成为犯罪的对象受到侵害，另一方面可能成为犯罪人侵害他人。因此，刑事立法对于未成年人应当给予特殊保护，对于未成年人犯罪应当给予特殊政策，以使未成年人获得较成年人更多的机会改正错误，完善自身。

在教唆犯的量刑机制中，同样体现着保护未成年人的立法精神。刑法第 29 条规定，教唆未满 18 周岁的未成年人犯罪的，应当予以从重处罚。正是由于未成年人生理和心理发育尚未成熟，社会阅历、社会经验也有限，面对复杂多样且具有诱惑、煽动性的教唆行为，很难作出正确的判断，难免"一失足成千古恨"。对此，刑事立法加以应对的方法是加重教唆者的刑事责任，以预防教唆未成年人实施犯罪行为情况的发生。

3. 减轻模式：教唆未遂的量刑影响

教唆犯量刑的减轻模式是刑事立法对于教唆未遂的特殊回应。关于刑法第 29 条第 2 款的规定通常存在两种解读，一种观

点将该条规定解读为"教唆未遂",另一种观点将该条规定解读
为"未遂教唆"。表面上看,两种观点的差异性仅为"教唆"与
"未遂"两个词的顺序区别,但是其背后的含义可谓大相径庭。

教唆未遂是站在教唆犯独立性说立场上的结论,是指教唆者
作出教唆行为后,被教唆者没有接受教唆或者没有犯被教唆的
罪。在教唆未遂语境下,未遂的是教唆行为,而非实行行为。正
因为实行行为没有被被教唆者实施,因此就没有造成任何的法益
侵害后果。该条规定处罚教唆行为的真正原因是基于教唆行为自
身的危害性而非基于实行行为的危害性,可见教唆行为具有独立
性的法律性质。因此,该条文也是持教唆犯独立性说学者主张教
唆犯具有独立性的有力证据。

未遂教唆是持教唆犯从属性说立场的学者通过解释论对刑法
第 29 条第 2 款进行解释之后的结论,从而使该条文与教唆犯从
属性说的立场相融洽。未遂教唆是指教唆者实施了教唆行为,被
教唆者接受了教唆行为并实施了犯罪行为,而在实施犯罪行为时
由于意志外的原因,犯罪未能既遂或者自动放弃犯罪再或者有效
防止了危害结果的发生,对于此种情况称为"未遂教唆"。可
见,未遂教唆中的"未遂"是实行行为之未遂或者中止,而不
是教唆行为之未遂。未遂教唆实质是教唆犯作出教唆行为,实行
犯接受教唆并实施了具体犯罪行为,从逻辑进程的角度看,教唆
行为可以说是"既遂"状态,而非"未遂"状态。

对于教唆犯的量刑模式而言,教唆未遂与未遂教唆之争不仅
单纯地表现为教唆行为性质之争,更表现为对被教唆者没有犯被
教唆罪的处罚结论的不同。从教唆未遂的角度看,刑法第 29 条
第 2 款正是对被教唆者没有犯被教唆罪情况的量刑处罚规定,可
以直接予以适用。而从未遂教唆的角度看,基于教唆犯从属性说
的立场,在被教唆者没有犯被教唆的罪的情况下,被教唆者没有

实施犯罪实行行为，教唆行为失去了从属基础，教唆犯也就不应当受到处罚，而不是根据刑法第 29 条第 2 款所规定的"从轻或者减轻处罚"。

对于刑法第 29 条第 2 款的条文解读，笔者认为取教唆未遂的观点较为合适。因为对于持从属性说的学者所主张的未遂教唆来说，无须刑法总则为其设置单独的量刑处罚机制即可妥善解决量刑处罚问题。根据上文所述，教唆犯在我国刑法中存在基本量刑模式，通过主从犯区分机制，认定教唆犯在共同犯罪中所起的作用，并以此量刑处罚。因此，对于未遂教唆而言，如果被教唆者犯罪中止或者没有犯罪既遂，依然可以认定教唆者与被教唆者在共同犯罪中所起的作用，犯罪未遂与犯罪中止均为刑法中明确规定的犯罪的可罚状态，不存在难以认定或者难以划分共同犯罪人作用或者缺乏量刑处罚基点的问题。刑事立法没有必要将未遂教唆单独规定，造成立法的重复与冗杂。真正的问题存在于教唆未遂的情况，在教唆未遂中，教唆行为发出后被教唆者没有犯被教唆的罪，在此情况下，二者共同犯罪的认定存在障碍，对于教唆犯的量刑处罚缺乏了实行犯的量刑处罚基点，直接依据共同犯罪原理将难以对教唆者实现合理的量刑处罚。因此，刑事立法才会将教唆未遂作为刑法第 29 条第 2 款单独列出。

总而言之，教唆未遂作为教唆犯量刑的减轻模式，与关注未成年人保护的教唆犯量刑的加重模式和基于主从犯区分量刑机制下教唆犯量刑的基本模式，共同构筑了完整的教唆犯量刑处罚体系。

（二）煽动犯罪行为的量刑不足

煽动犯罪行为的量刑不足问题可以表现为两个方面：一是适用教唆犯的主从犯区分量刑机制所引发的煽动犯罪行为量刑失衡问题；二是煽动犯罪行为适用教唆未遂法定情节所引发的量刑不

足问题。

1. 主从犯区分量刑引发的煽动犯罪行为量刑失衡

在主从犯区分量刑下，以教唆犯在共同犯罪中的主从犯地位不同，量刑结论会有所差异，而这恰恰是造成煽动犯罪行为量刑失衡的原因。详言之，刑法第 26 条第 1 款与第 27 条第 1 款规定了主犯与从犯的认定标准，即"组织、领导犯罪集团进行犯罪活动的或者在共同犯罪中起主要作用的，是主犯""在共同犯罪中起次要或者辅助作用的，是从犯"。对于教唆犯在共同犯罪中所起作用的判断，余淦才教授认为所谓所起作用在共同犯罪中无非有三种情况：第一种情况是"教唆犯主实行犯从"，第二种情况是"实行犯主教唆犯从"，第三种情况是起相同作用。① 在具体案件中，教唆犯如何实施教唆行为与实行犯如何实施实行行为都直接影响教唆犯与实行犯的主从犯地位的认定。不仅如此，教唆犯与实行犯在犯罪前、犯罪后的表现和作用同样是二者主从犯地位判断所应考虑的重要内容。因此，对于教唆犯在共同犯罪中所起作用的判断，只有通过综合考虑各方面因素才能确保所得结论的科学性。

那么，实现了教唆犯的主从犯地位判断是否意味着煽动行为可以依教唆犯量刑机制实现科学化、合理化量刑呢？答案是否定的，原因在于煽动行为的行为特点较教唆行为具有特殊性。主要体现在煽动行为与教唆行为的危害程度存在差异，即教唆犯的危害性实现逻辑重点在于行为深度，而非行为广度，煽动行为的危害性实现逻辑在于行为广度，而非行为深度。将煽动犯罪行为套用上述原理判断主从犯在共同犯罪中所起的作用，结论恐怕难以令人接受。举例言之，甲在某社交群发布了两条涉及宗教极端主

---

① 参见余淦才：《试论教唆犯的刑事责任》，载《安徽大学学报（哲学社会科学版）》1983 年第 2 期。

义、恐怖主义内容的音频、视频文件，意图煽动社交群成员实施恐怖活动，该社交群内有成员 2000 名，在甲发出信息后，群内成员乙、丙多次观看了甲发布的视频，此后经乙、丙二人谋划，分次购买了多柄砍刀，并自制雷管、炸药等爆炸物，随后乙、丙二人持上述砍刀与爆炸物前往闹市区砍伤、砍死数人，引爆爆炸物炸毁多辆汽车。在该案中，如果套用主从犯量刑机制，乙、丙成立主犯无须多论，而甲的煽动行为所起作用如何判断？甲仅发送了两条涉及宗教极端主义、恐怖主义内容的音频、视频信息，相比乙、丙二人在接收信息后的积极谋划，以及实行行为的手段、后果，甲恐怕仅具有共同犯罪中的从犯地位。在此结论下，对甲的量刑应当适用刑法第 27 条第 2 款的规定从轻、减轻或免除处罚。然而，不应忽视的是，甲实施煽动行为的空间是一个具有 2000 人数量规模的社交群。在甲实施煽动行为后，该社交群可能不会有人实施恐怖活动犯罪，但是也可能有人接受煽动实施了恐怖活动犯罪，甚至可能会发生多人、多起实施恐怖活动犯罪的情况。这些情况哪些会发生、哪些不会发生都是不可预计的，但只要具有发生的可能性，煽动行为的危害性就是现实存在的，将对国家安全、公共安全产生严重威胁。将甲作为从犯从轻、减轻甚至免除处罚显然不够恰当，难言罪刑结论实现了相适应。由此可见，主从犯区分量刑无法实现对于煽动行为的科学化、合理化量刑处罚，依据在共同犯罪中所起作用判断煽动人是否应当适用从犯的法定量刑情节得出"从、减、免"的量刑结论只会造成量刑结论与煽动犯罪行为危害性的匹配失衡。

2. 教唆未遂法定情节引发煽动犯罪行为量刑不足

刑法第 29 条第 2 款规定："如果被教唆的人没有犯被教唆的罪，对于教唆犯，可以从轻或者减轻处罚。"该条文是关于教唆未遂法定量刑情节的规定。在套用教唆犯理论处理煽动行为时，该条规定却成为导致煽动犯罪行为量刑不足的原因。对于煽动犯罪行为而言，无论是套用教唆未遂理论，还是套用未遂教唆理论，均无法实现对于煽动犯罪行为的科学化、合理化量刑。

煽动行为语境下的教唆未遂即单纯煽动行为。前文已经详细论述了单纯煽动行为的危害性。如果依据刑法第 29 条第 2 款的规定对单纯煽动行为从轻或者减轻处罚，根本无法实现量刑结论与行为危害性的合理匹配。反观未遂教唆，煽动行为语境下的未遂教唆即为被煽动者在接受煽动行为后实施了犯罪行为，但在实施犯罪行为时由于意志外的原因犯罪未能既遂或者自动放弃犯罪再或者有效防止了危害结果的发生。在这种情况下，煽动行为自身的危害性并未受到影响，实行行为既遂只能加大煽动行为的危害性，而煽动行为的危害性并不因实行行为的未遂或者中止受到影响，这一点从域外法经验上也能得到印证。例如，法国刑法就以煽动行为是否起到效果，为煽动行为规定了两种差异性显著的刑罚幅度。从另一个角度看，在单纯煽动行为情况下，实行犯并没有实施犯罪行为，此时单纯煽动行为的危害性尚与刑法第 29 条第 2 款规定的从轻或者减轻处罚不相匹配，更何况在实行犯犯罪未遂或者中止情况下，犯罪行为已经实施，且具备了一定程度的危害性，对于煽动行为的量刑如果仍然适用刑法第 29 条第 2 款的规定进行从轻或者减轻处罚，量刑不足的情况只会更加严重。

总而言之，无论对于刑法第 29 条第 2 款的规定作教唆未遂还是未遂教唆理解，煽动犯罪行为自身的危害性均不受到影响。刑事立法与司法之所以有必要对煽动犯罪行为加以制裁，所关注的恰恰是煽动犯罪行为自身的危害性。至于实行行为的危害性仅是煽动犯罪行为双重危害性中的一重，对于煽动犯罪行为危害性的影响是单向的，即只会加重而并不会削弱煽动犯罪行为的危害性。因此，适用刑法第 29 条第 2 款的规定所造成的煽动犯罪行为量刑不足的后果是难以回避的。

（三）煽动非犯罪行为的无法量刑

即使不选择独立入罪化的路径，煽动犯罪行为依然可以通过传统教唆犯理论找到定罪量刑的通路，只不过由于煽动行为特殊性的存在，为定罪与量刑制造了一些难以调和的矛盾与困境。与煽动犯罪行为不同，煽动非犯罪行为如果不选择独立入罪化的路径，恐怕无论是行为评价抑或量刑处罚都将四处碰壁。由于非犯罪行为并非刑法分则中的犯罪行为，因此，即使行为人煽动他人实施了特定非犯罪行为，煽动者与被煽动者之间也难以成立共同犯罪。例如，刑法第 278 条煽动暴力抗拒法律实施罪中，非犯罪行为是指暴力抗拒法律实施的行为。该行为仅具有一般违法性，不具有刑事犯罪性，因此，被煽动者与煽动者之间并不构成共犯关系。退一步而言，即便二者之间能够成立共犯关系，那么煽动非犯罪行为的量刑问题依然难以得到解决。因为共犯行为需要适用实行行为的法定刑才能实现量刑处罚，其基本前提是刑法分则已经为该实行行为设置了独立的法定刑。非犯罪行为意味着刑法分则中并没有罪名可以与之对应，也就不存在适用于该实行行为的独立法定刑种类和幅度，因此煽动非犯罪行为仍然难以实现量刑处罚。

二、煽动行为量刑短板的刑法补足

适用教唆犯量刑机制引发的量刑问题推动了煽动行为独立入罪化的产生，尽管如此，煽动行为独立入罪化的量刑机制依然充分体现了与教唆犯量刑机制的互动与交融，尤其在具有轻度共犯行为实行化性质的煽动行为独立入罪化之中体现得更为明显。对于具有典型共犯行为实行化与极端共犯行为实行化性质的煽动行为独立入罪化，双层区分制共犯体系下教唆犯主从犯区分量刑机制排斥适用，只能适用相应的独立量刑规则。

（一）煽动犯罪行为：教唆犯量刑机制的扬长避短

在具有典型共犯行为实行化性质的煽动犯罪行为独立入罪化中，存在独立成罪与非独立成罪两种形式，在不同形式下的煽动犯罪行为独立入罪化对于教唆犯传统量刑模式的遵循有着不同的表现。概括而言，体现为教唆犯量刑机制的扬长避短，即教唆犯量刑机制的延伸适用与排斥适用。

1. 教唆犯量刑机制的延伸适用

针对煽动犯罪行为的量刑不足问题，刑事立法与司法尽管选择了独立入罪化的途径加以解决，但也不意味着这是对教唆犯传统量刑机制的完全摒弃。就非独立成罪的煽动犯罪行为独立入罪化而言，教唆犯量刑机制在其中的延伸适用具体表现为绝对延伸与相对延伸并存。之所以出现这种情况，原因在于煽动行为与教唆行为同源异流，使得非独立成罪的煽动犯罪行为独立入罪化的量刑模式对于教唆犯的传统量刑机制既有遵循，也有所突破。

首先，在非独立成罪的煽动犯罪行为独立入罪化的量刑机制中，主从犯区分量刑机制作为基本模式应当得到适用，这是教唆犯量刑机制在非独立成罪的煽动犯罪行为独立入罪化量刑模式中的绝对延伸。煽动者与被煽动者应当按照在具体犯罪中所起到的作用分别认定主犯与从犯。如果将煽动者认定为主犯，那么应当按照其所煽动实施的全部犯罪对其进行量刑处罚；如果将煽动者认定为从犯，那么应当对其从轻、减轻处罚或者免除处罚。主从犯区分量刑机制在非独立成罪的煽动犯罪行为独立入罪化中的适用前提是被煽动者接受煽动，并实施了犯罪行为，如果煽动者没有实施犯罪行为，那么主从犯区分量刑机制就失去了用武之地，此时则应当考虑适用教唆犯量刑机制中的减轻模式。

其次，作为教唆犯加重量刑模式的未成年人特殊保护机制在非独立成罪的煽动犯罪行为独立入罪化中同样应当得到适用，这也是教唆犯传统量刑机制在非独立成罪的煽动犯罪行为独立入罪化量刑模式中绝对延伸的具体表现。如果煽动对象是未成年人，那么对煽动者应当从重处罚。但是，这里存在一个问题，在网络时代中，煽动行为的实施由现实空间向网络空间转移，而在网络空间中，网络信息的受众年龄通常参差不齐，且存在低龄化发展趋势。在这种情况下，由于煽动行为所具有的对象不特定性，使得煽动者在网络空间中发布包含煽动内容的信息，可能不具备明显的人群指向。对于未成年人是否接受煽动，可能并未引起煽动者的特殊关注。如果不区分具体情形，对煽动者直接适用教唆犯的加重量刑模式，则可能会导致在网络空间中实施煽动行为的煽动者全部需要从重处罚——因为在网络信息的庞大受众群体中，必然包含未成年人。这样的量刑处罚结论显然有失合理性，也偏离了刑法第 29 条之立法本意。笔者认为，尽管加重模式作为教唆犯传统量刑机制中的重要内容而在非独立成罪的煽动犯罪行为独立入罪化中得到适用，但是在具体案件应当如何适用仍有待考量。"对于在特定网络空间中实施的煽动行为"中的特定网络空间是指未成年人聚集的空间或平台，如由未成年人组成的微信聊天群、QQ 群，以未成年人社交为主要内容的论坛、网站，以未成年人为主要受众的自媒体平台，等等。对于此类煽动行为，笔者认为应当适用教唆犯量刑机制中的加重模式，对煽动者从重量刑处罚。而对于在非特定网络空间中实施的煽动行为，由于其受众组成的复杂性，尽管存在被煽动者中包含未成年人的可能性，但是基于网络空间有别于现实空间的特殊性，不能"一刀切"地适用教唆犯的加重量刑模式，导致得出对于煽动者过重的量刑处罚结论。

最后，作为教唆犯减轻量刑模式的教唆未遂处罚机制是否应当得到适用，需要具体考量。在上文中，笔者分析了刑法第29条第2款的条文内容，认为适用于具有独立性教唆犯的教唆未遂情况是该条文的立法本意。对于煽动未遂的内涵是什么，以及是否应当处罚的问题，结论本应当与教唆未遂的内涵所指，以及应否处罚问题的答案是相同的。但笔者认为，教唆犯减轻量刑模式在非独立成罪的煽动犯罪行为独立入罪化中的延伸适用仅是相对延伸，而非绝对延伸。之所以得出这样的结论，是因为煽动行为的认定不以被煽动者是否实施犯罪行为而受到影响，亦即对于煽动者的处罚针对的仅是煽动行为，被煽动者是否实施犯罪在所不问，这是非独立成罪的煽动犯罪行为无法继续遵循教唆犯减轻量刑模式的原因之一。

在现行刑事立法与司法关于非独立成罪的煽动犯罪行为独立入罪化规定中，共犯行为实行化的立法定位使得煽动行为的实行性得到提升。此时的煽动行为尽管本质上具有共犯性，但是已经与实行行为量刑处罚不作区分，而非当作共犯行为予以单独的量刑考虑。例如，《最高人民检察院、公安部关于公安机关管辖的刑事案件立案追诉标准的规定（一）》第95条将煽动他人共同拒绝、逃避征召或者军事训练的行为已经被作为战时拒绝、逃避征召、军事训练罪的具体情形加以规定，煽动犯罪行为的实行性有所提升，使其不再受教唆犯传统量刑机制的影响，直接适用刑法分则中具体罪名规定量刑处罚。共犯行为实行化的立法定位是非独立成罪的煽动犯罪行为独立入罪化无法继续遵循教唆犯减轻量刑模式的原因之二。尽管如此，笔者认为，教唆犯减轻量刑模式的影响可能依然存在，这更多地体现为在司法裁判中将被煽动者是否实施犯罪作为案件的具体情节在量刑时予以考虑。教唆犯减轻量刑模式在非独立成罪的煽动犯罪行为独立入罪化中的延伸并不体现为绝对延伸，而是转变为非法定量刑情节在个案裁判中得到体现，即所谓"相对延伸"。

2. 教唆犯量刑机制的排斥适用

独立成罪的煽动犯罪行为独立入罪化排斥了教唆犯主从犯量刑机制的适用，以独立的量刑机制实现对煽动行为的量刑处罚。

首先，独立成罪的煽动犯罪行为独立入罪化排斥主从犯区分量刑机制的适用。在独立成罪的煽动犯罪行为独立入罪化中，对于煽动者的量刑处罚是基于煽动行为的具体情节，从而确定应当适用的具体刑罚幅度，并不需要依据教唆犯量刑模式中的主从犯区分量刑机制确定煽动者的主从犯地位予以量刑。

其次，未成年人保护机制在独立成罪的煽动犯罪行为独立入罪化中并未得到体现。在独立成罪的煽动犯罪行为独立入罪化中，没有罪名涉及未成年人保护内容，更未设置煽动未成年人实施犯罪应当从重处罚的相关规定。

最后，独立成罪的煽动犯罪行为独立入罪化所具有的典型共犯行为实行化性质使得煽动未遂应否处罚的问题不攻自破。依据犯罪未遂理论，实行行为未遂理所应当具有可罚性，且根据刑法第23条规定，对于未遂犯的处罚，可以比照既遂犯从轻或者减轻处罚。由此可见，虽然在独立成罪的煽动犯罪行为独立入罪化中，对于煽动未遂情形的量刑处罚可能会涉及从轻或者减轻处罚的结论，但这并非基于刑法第29条第2款得出，而是基于刑法总则关于未遂犯的相关规定得出。对于教唆犯减轻量刑模式，独立成罪的煽动犯罪行为独立入罪化仍然表现出排斥适用的状态。

总而言之，通过对教唆犯量刑机制的排斥适用，独立成罪的煽动犯罪行为独立入罪化得以适用独立的量刑规则，摆脱了教唆犯主从犯量刑机制的束缚，从而使煽动犯罪行为依教唆犯量刑所产生的量刑不足问题得以妥善解决。

（二）煽动非犯罪行为：教唆犯量刑机制的绝对割裂

将煽动非犯罪行为适用教唆犯量刑机制量刑处罚已不具可能性，因此，刑事立法与司法为具有极端的共犯行为实行化性质的煽动非犯罪行为独立入罪化设置了专门的量刑路径，以实现对于煽动非犯罪行为的量刑处罚。专门量刑路径的设置表现出煽动非犯罪行为独立入罪化量刑机制对于教唆犯量刑机制的绝对割裂。

对于非独立成罪的煽动非犯罪行为独立入罪化而言，由于其不具备独立的量刑规则，所以只能适用刑法分则中具体罪名的量刑规则进行量刑处罚。例如，《最高人民法院、最高人民检察院关于办理组织和利用邪教组织犯罪案件具体应用法律若干问题的解释》第2条规定："组织和利用邪教组织并具有下列情形之一的，依照刑法第三百条第一款的规定定罪处罚：……（四）煽动、欺骗、组织其成员或者其他人不履行法定义务，情节严重的……"该条司法解释是典型的非独立成罪的煽动非犯罪行为独立入罪化，其中对于煽动他人不履行法定义务的行为并未设置独立的法定刑，只能适用刑法第300条第1款组织、利用会道门、邪教组织、利用迷信破坏法律实施罪的量刑规则实现对于上述煽动行为的量刑处罚。再如，《最高人民法院、最高人民检察院关于办理组织和利用邪教组织犯罪案件具体应用法律若干问题的解释（二）》第9条规定："组织、策划、煽动、教唆、帮助邪教组织人员自杀、自残的，依照刑法第二百三十二条、第二百三十四条的规定，以故意杀人罪、故意伤害罪定罪处罚。"该条司法解释也是典型的非独立成罪的煽动非犯罪行为独立入罪化，其中对于煽动邪教组织人员自杀、自残的行为，该条司法解释并未为其设置独立的法定刑，只能适用刑法第232条故意杀人罪或第234条故意伤害罪的量刑规则实现对于上述煽动行为的量刑处罚。

就独立成罪的煽动非犯罪行为独立入罪化而言，情况与上述独立成罪的煽动犯罪行为独立入罪化相似，教唆犯传统量刑机制受到排斥。不同罪名的煽动非犯罪行为独立入罪化拥有着各自独立的量刑规则，以确保量刑结论的恰当性与科学性，使教唆犯视野下煽动行为的量刑不足与无法量刑问题能够得到妥善回应。

第四章 煽动行为的入罪规范化 与量刑科学化

我国煽动行为独立入罪化体系的形成，是刑事立法与司法在充分认识煽动犯罪行为与煽动非犯罪行为各自特点的基础上，扬长避短地将教唆犯定罪量刑机制引入煽动犯罪行为独立入罪化，同时为难以适用该机制定罪量刑的煽动行为有针对性地创设了相应的犯罪构成要件，"量身打造"别具特色的煽动行为独立入罪化惩处模式。然而，我国刑法对于煽动行为独立入罪化的探索还在继续，仍存在有待厘清和完善的问题，规范煽动犯罪行为与煽动非犯罪行为的入罪范围与发展方向，以及科学化地调整煽动犯罪行为与煽动非犯罪行为的法定刑设置，具有重要的理论价值和现实意义。

第一节 煽动行为独立入罪化的价值平衡

着眼我国煽动行为独立入罪化的立法现状，放眼未来发展，思考如何在煽动行为独立入罪化的完善中实现刑法权利保障和惩罚犯罪的价值平衡，是一项具有重要意义的研究，是思考煽动行为入罪规范化与量刑科学化路径的必要性前置工作。

一、权利保障的实现机理

明确权利保障的实现机理，是思考如何在煽动行为独立入罪化未来发展中实现惩罚犯罪与权利保障之间价值平衡性的前提与基础，倘若对权利保障的实现机理不明晰，惩罚犯罪与权利保障的关系就无法厘清，更难言价值平衡的实现途径。

（一）权利保障刑法功能的质疑与误解

刑法的功能会随社会的发展而发生改变，就现代刑法而言，刑法的功能通常被认为包括行为规制功能、法益保护功能以及人权保障功能，而权利保障功能与惩罚犯罪功能被认为是行为规制功能的派生功能。[①] 因此，刑法学者通常认为刑法功能具有权利保障与惩罚犯罪的双重性。尽管如此，对于刑法权利保障功能的实现原理，质疑与误解的声音依然存在，主要表现为：第一，刑法以惩罚犯罪为首要功能，权利保障仅是刑法的次要功能或者第三顺位功能，这一点从刑法学者对刑法功能的论述中可见一斑。第二，就言论犯罪角度而言，刑法只规定了滥用言论权利而应当受到刑事制裁的情形，却没有规定侵犯言论权利的行使而应当受到刑事制裁的情形，[②] 足以反映出刑法在惩罚犯罪与保障权利中的倾向性。事实上，上述质疑与误解的产生并非没有道理，刑事法网的不断扩张、刑法条文的模糊性和不确定性、失当性司法裁判的时有发生，甚至新闻媒体的误导性报道，都可能使社会公众

---

① 《刑法的机能：惩罚犯罪与保障人权并重》，载正义网，http：//www. jcrb. com/xueshu/qysx/200904/t20090429_ 212948. html，2018 年 1 月 5 日访问。

② 参见班克庆：《煽动型犯罪研究——以宪法权利为视角》，苏州大学 2012 年博士学位论文。

对刑法的感情色彩受到影响。尽管如此，现代刑法将权利保障与惩罚犯罪并重作为刑法的双重功能有其内在的原理，对于刑法权利保障的质疑与误解应当通过对原理的释明消除。

（二）权利保障与惩罚犯罪的刑法侧重

作为言论犯罪的典型代表，煽动行为独立入罪化似乎成为激进权利保障主义者的靶标，作为刑法掠夺公民基本权利行使空间的例证。其实，这恰恰反映出激进权利保障主义者对于刑法权利保障功能实现原理的茫然。对此，不能简单地将刑法是否将某一行为入罪或者出罪作为评价刑事立法在权利保障与惩罚犯罪天平中有所倾斜的理由，刑法对于公民权利的侵犯也不是通过其惩罚犯罪功能加以实现的。实际上，刑法对于公民权利的侵犯真正表现于刑法条文的模糊性与不确定性，也真正表现于司法裁判基于刑法条文的模糊性与不确定性而进行的不当裁判，更真正表现于公民在面对刑法条文的模糊性与不确定性时的不知所措，享有权利却不敢行使权利的弱势状态。

刑法并非为了惩罚犯罪而惩罚犯罪，否则刑法将与报应刑主义下的"刑罚"无异。报应刑主义更多强调刑事责任的承担，基于报应刑主义的刑罚功能也因此更加强调刑罚对犯罪的反作用性，这是报应刑主义下对行为人施加刑罚的原理。然而，刑法的功能不但需要包含刑罚的功能，还应具备法律规范的一般功能，即行为指引功能。刑法以条文的形式列举了需要承担刑事责任的各种犯罪行为，警示社会公众不要逾越雷池，同时也划清了合法权利的行使界限，在界限内公民大可充分行使权利，而对于超出界限的行为，就要受到刑法严厉的制裁。刑法对于权利的保障表现为对公民充分行使权利"安全边际"的划定，而绝非表现为对冠以"行使权利"之名实则具有法益侵害性行为的纵容与漠视。由此可见，刑法保障权利功能的实现，与刑法惩罚犯罪功能密不可分，刑法惩罚犯罪是为了保障公民权利合法且充分地行使，这是掀开具有惩罚犯罪"攻击性"外表下刑法的真实意图和价值追求。

二、价值平衡的实现路径

刑法具有惩罚犯罪"攻击性"的表象特征与国家强制力保障，故而需要着力思考的并非如何更好地实现刑法的惩罚犯罪功能，相反地，如何更加科学地划定刑法的边界，避免刑法对公民权利过度干涉才是实现煽动行为独立入罪化价值平衡的关键。对此，有学者提出煽动行为立法除应遵循罪刑法定原则、责任主义原则等基本原则外，还应当遵循三个基本原则，即利益衡量原则、比例原则与分类治理原则。① 除此之外，就煽动行为独立入罪化而言，以下三个方面同样应予以重视：

（一）控制煽动行为独立入罪化的数量规模

大陆法系国家和英美法系国家的刑事立法，在限制煽动行为独立入罪化数量规模的立法态度上，取得了一定共识。例如，在德国刑法中，涉及煽动行为独立入罪化的罪名仅有 5 个，规定有煽动行为独立入罪化的章节仅占总章节数的 10%；又如，西班牙刑法尽管与德国刑法相比，煽动行为独立入罪化的数量规模有所扩大，但是就其与刑法中罪名总数的占比而言，煽动行为独立入罪化的数量规模仍然十分有限；再如，英国刑事立法中煽动行为独立入罪化的条文数量较德国刑法中的规模水平更低。由此可见，限制煽动行为独立入罪化的数量规模是域外法国家刑事立法的通行做法，这对于我国具有借鉴意义。

---

① 参见胡亚龙：《煽动犯基本问题研究》，中南财经政法大学 2017 年博士学位论文。

从权利保障角度看，刑法与司法解释中煽动行为独立入罪化数量规模的大小意味着公民行使言论权利范围的扩大或限缩，只有严格限制煽动行为独立入罪化的数量规模，审慎论证某种煽动行为独立入罪化的必要性，始终坚持仅针对具有严重危害性与侵害重要法益的煽动行为进行独立入罪化处理的原则不动摇，释放更多公民行使言论权利的空间，才能有效地实现刑法的权利保障功能。因此，笔者认为，实现煽动行为独立入罪化中惩罚犯罪与权利保障的平衡，意味着不能通过盲目扩张刑事法网的方式实现对煽动行为的囊括与打击，纵使出于维护国家利益和社会秩序的现实需求不得不扩大煽动行为独立入罪化的犯罪圈，也应当遵循刑法谦抑性原则，严谨、周密开展立法论证，否则惩罚犯罪与权利保障的天平必定会随着煽动行为独立入罪化犯罪圈的扩大而有所倾斜，破坏刑事立法的价值平衡。

（二）提升煽动行为犯罪性评价的入罪门槛

不可否认的是，犯罪性评价的范围与权利行使的范围之间的关系通常是极为紧张的，犯罪性评价范围的扩大必然导致公民权利行使范围的缩小，公民权利行使范围的缩小则难言刑法权利保障功能得到了良好实现。入罪门槛的提升意味着更多危害性不足的煽动行为将得到非犯罪化处理，公民权利行使的空间得以扩展，从而可以确保煽动行为独立入罪化条文规定的价值平衡性。煽动行为独立入罪化数量规模的扩张或缩减问题是针对未来一段时期煽动行为独立入罪化是否应当继续扩张法网以及应当针对何种煽动行为扩张法网的思考，而该提升入罪门槛则是针对某一言论行为是否应当评价为具有犯罪性的煽动行为而言的。

本书第五章中提出以注意规定形式重点提示目的要素的可行性探讨，通过明确目的要素限缩入罪范围，就是为提升煽动行为独立入罪化入罪门槛提供了一条可供探讨的路径。通过划定明确的入罪门槛，并对其加以适当提升，将批评性言论、"牢骚"性言论通通划出刑法的打击"射程"之外，厘清罪与非罪的界限，从而确保公民言论权利的充分行使。

（三）降低煽动行为独立入罪化的不确定性

刑法与司法解释条文的模糊性与不确定性可能会侵害公民权利。诸如煽动行为独立入罪化中广泛存在的"情节严重"就有可能扮演这个角色。"情节严重"等类似表述使煽动行为独立入罪化的定罪与量刑标准变得模糊，缺乏明确性。从有利于打击犯罪的角度出发，"情节严重"确实具有积极功能，可以增加刑法条文的弹性和张力，司法机关可以根据实际情况和政治考量作出更符合现实需求的裁判结论，但其弊端同样明显。刑法不单单是打击犯罪的利器，也应当是人权保障的坚盾，不仅要为受害者提供司法救济的途径，也要为守法者提供自由且充分的权利行使空间。滥用"情节严重"表述所导致的刑法条文的模糊性，一方面导致公民守法时缺乏明确的行为规范指引，另一方面导致司法裁判中法官自由裁量权的扩大化，在缺乏司法解释加以释明的情况下，法官对于"情节严重"的个案理解不同，造成了个案之间量刑结论的失衡性瑕疵。因此，减少刑法与司法解释条文的模糊性与不确定性对煽动行为独立入罪化价值平衡的实现具有重要意义，明确化的刑法与司法解释条文可以实现对于公民权利边界的划定。

总而言之，煽动行为独立入罪化价值平衡的实现，重点在于实现对公民言论权利的有效保护，而非将着眼点放在如何更进一步扩大和严密法网，将更多煽动行为纳入刑事法网的范围之中。扩大煽动行为独立入罪化的犯罪圈并非错误，但需要在确保价值平衡的前提下审慎进行。惩罚犯罪的根本目的不仅是报应犯罪人，而是为了更好地保障公民权利，更明确、更清晰地划定公民权利行使的合法性边界，让公民能够在合理化、科学化的刑法边界内自由、充分地行使宪法所赋予的各项权利，刑事立法与司法只有对权利保障加以足够重视，煽动行为独立入罪化的未来发展才不会偏离价值平衡的轨道走向极端。

第二节　煽动行为的入罪规范化

煽动行为的入罪规范化主要包含两方面内容，即煽动犯罪行为的入罪规范化和煽动非犯罪行为的入罪规范化。就前者而言，尽管关联实行行为属于刑法分则中的具体犯罪行为，但是这并不意味着煽动犯罪行为可以随意入罪评价，煽动犯罪行为的入罪化范围需要依据侵害法益的重要性程度筛选恰当的对象范围。就后者而言，非犯罪行为原本不具有犯罪性，但煽动实施该行为却应当予以刑事制裁。这看似矛盾，实则极具必要性。煽动行为所具有的叠加危害性，在煽动非犯罪行为情况下得到了充分体现，非犯罪行为所具有的轻微危害性，在煽动行为的推动和作用下，可以得到发酵和放大，刑法第249条规定的煽动民族仇恨、民族歧视罪就是典型立法例。尽管如此，我们仍然要时刻保持清醒：煽动非犯罪行为的犯罪化应当慎而又慎，假使对于煽动非犯罪行为的独立入罪化不加节制，必将影响公民言论自由权利的行使，其可能造成的言论权利过度萎缩的后果与法治精神相违背。

一、煽动犯罪行为的入罪规范化

从当前刑事立法的整体发展看，我国煽动行为独立入罪化呈扩张趋势，既然如此，接下来煽动行为的实行化方向应当是什么？是否依然应当被限定在国家法益、公共法益的框架之内？个人法益有无可能和必要纳入煽动行为独立入罪化的保护范围？这些问题都需要予以回应。在信息网络技术爆发式发展的 21 世纪，国家法益、公共法益所受到的威胁大幅提高，在网络谣言、网络诽谤盛行的网络社会中，个人法益的刑法保护必要性也随之凸显。在法益保护说下，刑事立法的目的就是保护法益，[①] 哪个法益遭受犯罪侵害的可能性大，决定了刑事立法的主要任务和重点方向。长期以来，煽动行为似乎已经成为危害国家安全犯罪、危害公共安全犯罪的项下概念，这样的认识很大程度限制了煽动行为向危害个人生命、身体安全犯罪领域的延伸，以使得教唆行为充当了危害个人生命、身体安全犯罪领域的"煽动行为"角色，可能导致定罪量刑的误差。简言之，着眼于个人法益保护的煽动行为实行化考量可以成为我国刑事立法与司法发展的未来方向。

（一）煽动犯罪行为入罪的视野转换

随着社会的不断发展，个人主义价值观的地位有所提升，随之而来的问题就是如何强化刑法对于个人法益的保护力度。就煽动犯罪行为而言，国家法益、公共法益几乎已经独享了煽动犯罪行为独立入罪化的立法资源，但这并非意味着煽动犯罪行为独立入罪化的法益保护对象仅能限定于此，法益的重要性程度应当替代法益的类型成为衡量一个法益是否应当成为煽动犯罪行为独立入罪化保护对象的标准。

1. 个人法益纳入法益保护范围的正当性

煽动犯罪行为独立入罪化是不是只能针对国家法益、公共法益实现？这是首先应当明确的问题。结合域外刑事立法例及我国煽动犯罪行为独立入罪化的立法现状，煽动犯罪行为独立入罪化与国家法益、公共法益关联紧密，有两个方面原因：一方面，基

---

① 参见张明楷：《刑法理论与刑事立法》，载《法学论坛》2017 年第 6 期。

于国家法益、公共法益的重要性。国家法益与公共法益的重要性不言而喻，从域外法刑事立法例角度看，法国刑法针对起到煽动效果的危害国家安全的煽动行为处以重刑，美国刑事立法更是针对煽动叛乱行为设置了死刑的极刑。从我国煽动行为独立入罪化的历史流变看，从79刑法中的反革命宣传煽动罪到97刑法中的煽动分裂国家罪、煽动颠覆国家政权罪，都反映出在不同历史时期下，国家法益与公共法益在煽动行为独立入罪化中的重要地位。侵害国家法益、公共法益使得煽动行为的危害性进一步提升，对其施加刑事制裁的必要性凸显，这是煽动行为独立入罪化紧紧与国家法益、公共法益挂钩的重要原因。另一方面，基于刑法的谦抑性。言论权利是受到宪法保护的公民基本权利之一，煽动行为作为典型的言论行为，对其施加刑事制裁需要谨慎并有所克制，不能一味地扩大刑法射程。只有对侵害重要法益的煽动行为才可以被刑法犯罪圈所囊括，即煽动行为独立入罪化应当追求价值平衡立法目标。总而言之，国家法益、公共法益作为煽动行为独立入罪化的传统保护法益有其立法必要性与历史必然性，以国家法益、公共法益保护为思路构建的煽动行为独立入罪化所具有的积极意义值得肯定。

那么，上述两个方面原因是否意味着煽动行为独立入罪化对个人法益的当然排斥呢？换言之，将个人法益纳入煽动行为独立入罪化的保护范畴是否具有必要性与可行性，是否有违刑法的谦抑性原则呢？对此，首先需要明确的是，将哪种煽动行为进行独立入罪化处理，取决于该煽动行为所侵害法益的重要性程度，而不取决于该煽动行为所侵害法益的具体类型。也就是说，国家法益、公共法益作为煽动行为独立入罪化的法益保护对象，其原因是国家法益、公共法益的重要性，而并非由于其所归属的法益类型。

那么，何种法益具有重要性呢？对于法益重要性程度的衡量并非易事，法益的概念在刑法理论中仍存在争议，"法益是法律所保护的社会利益"，这似乎是法学理论对于法益概念的通说，然而上述概念也并非毫无瑕疵，杨兴培教授认为："如果仅仅从他人有关'法益'的基本定义出发，'法益'不过是一种为法律所保护的社会利益。如果是此，那么人类社会到目前为止的历史，自从有了法律以后，哪一种法律不是保护某种既定的社会利益、社会制度和社会秩序？"① 由此可见，法学理论的通说对于法益概念的定义似乎过于宽泛，同时，杨兴培教授提出："'法益'不过是在评价一种行为是否需要被规定为犯罪的一种价值观念的反映，起着价值引导的作用，但它本身并不是一种事实，也不能成为特定的规范内容。"② 杨兴培教授的观点具有启发性，法益的概念是很难界定的，既然法益是价值观念的反映，这就意味着在不同历史时期、不同统治阶级下的法益概念会有所不同，而对于法益重要性程度的衡量亦是如此，立足于不同的价值立场所得结论会存在很大不同。

就个人法益而言，其重要性的提升出现在第二次世界大战结束之后。在第二次世界大战之前，国家主义价值观占据主导地位，在这种背景下，世界各国围绕国家主义价值观建立的刑法观十分普遍。随着第二次世界大战的结束，国家主义价值观所占据的主导地位慢慢发生变化，个人主义价值观逐渐兴起。在这一时期，西方有部分学者提出，个人是国家与社会的中心，保护个人法益是保护国家法益与社会法益的基础。个人法益应该是刑法最

---

① 杨兴培：《中国刑法领域"法益理论"的深度思考及商榷》，载《法学》2015 年第 9 期。
② 杨兴培：《中国刑法领域"法益理论"的深度思考及商榷》，载《法学》2015 年第 9 期。

优先保护的法益，社会法益不过是作为多数人的法益而受到一体保护，国家法益则是作为保护个人法益机构的法益而受到保护。① 诸如此类观点盛极一时，至今国际上仍有很多国家将侵害个人法益的犯罪放置在刑法分则的第 1 章，可见个人主义价值观的深远影响力。在我国，个人主义价值观的地位并未被弱化，更多地表现为与集体主义价值观的并重。既然如此，个人法益的重要性程度理应得到肯定。《最高人民法院、最高人民检察院关于办理组织和利用邪教组织犯罪案件具体应用法律若干问题的解释（二）》第 9 条的规定，② 已经为个人法益纳入煽动行为独立入罪化的保护范围提供了有益经验与有益借鉴，为刑法理论进一步探索个人法益在煽动行为独立入罪化中的未来发展奠定了重要的现实基础。

2. 多样化个人法益类型的对象选取

那么，是否所有属于个人法益范畴的法益类型都有可能被纳入煽动行为独立入罪化的保护范围呢？很显然答案是否定的。个人法益与国家法益、社会法益三者之间的并重关系使其合理且正当地拥有被纳入煽动行为独立入罪化法益保护范围的资格。但在个人法益中，多样化的法益类型依然存在，唯有重要性程度与国家安全、公共安全法益相当的个人法益才有必要纳入被煽动行为独立入罪化的保护范围。一般而言，个人法益包括生命法益、身体法益、自由法益、性法益、名誉法益、财产法益等类型，从重

---

① 参见杨春洗、苗生明：《论刑法法益》，载《北京大学学报（哲学社会科学版）》1996 年第 6 期。

② 《最高人民法院、最高人民检察院关于办理组织和利用邪教组织犯罪案件具体应用法律若干问题的解释（二）》第 9 条规定："组织、策划、煽动、教唆、帮助邪教组织人员自杀、自残的，依照刑法第二百三十二条、第二百三十四条的规定，以故意杀人罪、故意伤害罪定罪处罚。"

要性程度的角度看，通常认为生命法益在所有个人法益中重要性程度最高，身体法益、性法益次之，财产法益等可以用等价物衡量的法益类型重要性程度较低。犯罪行为对于生命法益、身体法益、性法益的侵害通常具有紧迫性，造成的损害后果多是不可逆的，很难如同财产法益、名誉法益一样实现补偿或者回转。因此，针对上述法益实施煽动行为会造成很大的社会危害性，可以达到煽动行为独立入罪化的法益保护所要求的重要性程度。

在上述三种法益类型中，性法益是否应当纳入煽动行为独立入罪化的保护范围还值得商榷，主要有两个方面的考虑：一方面，性犯罪通常表现为单人作案，单人作案与煽动行为所具有的对象不特定性特点难以融洽；另一方面，性犯罪的犯罪人通常目的性单一，从心理学角度，性犯罪的犯罪人主要可以分为放荡淫乱型、性欲疯狂型、寻求体验型、侥幸心理型、喜新厌旧型、报复泄愤型等六种心态类型，① 尽管类型多样，但是在每种类型下实施的性犯罪，犯罪人的目的性较为单一，更重要的是上述心理类型往往是基于个人的不同经历而产生的，很难通过他人所实施的煽动行为而产生，外界因素对上述犯罪心理产生的作用力较弱。因此，通过煽动特定或者不特定人实施性犯罪的实现难度极大，在司法实践中鲜有类似案件的发生。而生命法益、身体法益与性法益所具有的特性大不相同，煽动他人实施侵害生命法益、身体法益的犯罪行为无论在理论层面抑或是在实践层面均存在实现可行性。

（二）煽动犯罪行为入罪的具体方向

通过上文论述可知，个人生命法益、身体法益确有纳入我国

---

① 参见周述丹、周天俊：《性犯罪心理与行为特征及预防对策》，载《北京警院学报》1996 年第 1 期。

煽动行为独立入罪化保护范围的必要性，然而面对刑法分则中名目繁多的具体罪名，选取哪种或哪几种犯罪行为作为煽动行为的关联实行行为是合适的呢？对于此问题，从个人生命法益、身体法益遭受侵害的紧迫程度看，故意杀人、故意伤害行为的法益侵害性最大，社会危害性最强，可以作为入罪探讨的主要方向。

之所以将煽动故意杀人、故意伤害行为作为煽动犯罪行为入罪的可行方向，一方面是基于上文所论述的法益保护视野具有转换必要性角度的考量，另一方面则是基于现实需求角度的思考。从近年来发生的多起煽动他人实施故意杀人、伤人事件看，煽动故意杀人、伤人行为可以细化为两种情况：第一种情况，煽动杀害、伤害某个特定人，较为典型的例子是［案例8］温州"陈周锡"事件，陈周锡是《第一财经日报》记者，2013年以来，陈周锡连续跟踪报道了数篇关于温州经济以及温州房价相关的新闻，新闻涉及温州房价"唱衰唱跌"的内容，引发温州本地人关注。2013年10月8日，在温州本地最具有影响力的网络论坛上，一名网民，发表了一篇标题为"温州经济要挽救，先杀第一财经日报记者陈周锡"的帖子。次日，论坛管理员发现该帖子并将其删除。帖子删除并没有使该网民放弃，其又将该帖子再次编辑发表，将温州经济变差的矛头直指陈周锡，"温州经济环境的变差，与这些吃里爬外的记者有很大的关系""温州所有的负面报道都与这人有关系，尽管经济变差与这位记者没有关系，但是为了温州经济，有必要先让陈成为制度牺牲品，可以追加为烈士"，同时重新发表的帖子增加了一项网民投票，投票内容为"杀还是不杀陈周锡"，令人惊讶的是，在最终的投票结果中，表示该杀陈周锡的网民居然占到了总投票人数的20%。随后事件随着网络传播迅速发酵，陈周锡感到人身安全受到了很大威胁，遂到公安机关报案。公安机关经过组织各部门商议后决定以侮辱罪对此事件进行调查。①

在"陈周锡"事件中，有两个方面内容值得注意：一方面，该网民的行为具有对象的不特定性、言论的鼓动性、内容的明确性，符合煽动行为的一般特征，该事件的发生、发酵说明针对个人生命法益实施的煽动行为是确实存在的；另一方面，针对此类以某个特定的人作为煽动杀人、伤害对象的案件，适用侮辱罪评价案中的煽动行为显然存在刑事谴责性的不足，煽动者煽动杀人、伤害行为的危害性显然不能与侮辱罪等同，煽动杀人、伤害行为也难以评价为侮辱行为。

第二种情况，煽动杀害、伤害某一类不特定人。这一类煽动行为较第一种情况中煽动杀害、伤害某个特定人的危害性更高，因为这一类煽动行为不仅增加了不特定人遭受犯罪行为侵害的风险，而且通常与邪教组织的关联紧密性，更加大了此类行为的打击必要性。一些邪教组织通过组织控制、精神控制、利益控制、情感控制等手段可以实现对于其信徒的牢牢掌控，② 对于深陷其中的邪教信徒而言，无论是邪教组织的自杀、自害诱导，抑或杀人、伤人指令，都会心甘情愿且无条件地接受与服从。

从现有的多起邪教组织煽动其信徒杀人、伤人事件看，邪教组织煽动杀人、伤人常用的方法有两种：第一种是采用"标签化"的方法，将某一类不特定人打上"邪灵""恶魔""魔鬼""异教徒"等标签，指令其信徒杀害、伤害此类标签化的人即可"得到神的保佑"。例如，［案例9］山东招远"全能神"杀人

---

① 《杜绝网络暴力事件，记者报道温州"弃房"现象遭网络追杀》，载第一财经，http://www.yicai.com/news/3045886.html，2017年10月5日访问。

② 《"门徒会"邪教组织如何控制成员》，载孝感网，http://www.xgrb.cn/fxj/2017-12-18/250369.html，2018年1月10日访问。

案，在该案中，拒绝加入"全能神"的人都将被打上"邪灵""恶魔"的标签，被标签化的被害人吴某最终被"全能神"信徒张立冬等六人残忍杀害。① 又如，［案例10］美国佛罗里达州17岁青年，在观看极端主义视频后，对带有"异教徒"标签的朋友痛下杀手，造成一死两伤的严重后果。

第二种是采用赋予杀人、伤人某种特殊目的或意义的方法。例如，［案例11］2015年6月，"门徒会"信徒翟新勇、姚湘枝以"驱鬼治病"为由组织9名教徒轮流为患有精神病的湖北监利县农民徐元康祈祷，期间禁止徐元康进食、喝水、休息，致其病情恶化。② 而在深入了解该邪教后发现，诸如"信教能治病"的谎言蛊惑、欺骗了大量不明真相的群众加入，制造了数起血案，令人颇为震惊。赋予杀人、伤人某种特殊目的或意义也是邪教组织煽动杀人、伤人的惯用手法。

总结上述案例可以看出，邪教组织利用对其信徒的全面控制、鼓励、诱导、煽动信徒实施杀人、伤人行为具有严重的法益侵害性和社会危害性，对"标签化"或者"目的化"的某一类不特定人的生命安全已经构成了极大威胁，有必要引起刑法学界对煽动邪教组织人员杀人、伤人行为予以刑事制裁问题的重视。反观我国现有罪名体系，恐怕难有罪名可以实现对于上述行为的恰当评价，即使适用刑法第300条组织、利用会道门、邪教组织、利用迷信破坏法律实施罪中第2款的规定，即"组织、利用会道门、邪教组织或者利用迷信蒙骗他人，致人重伤、死亡的，

---

① 《揭秘山东招远"全能神"邪教成员故意杀人案细节》，载搜狐网，http：//news. sohu. com/20160514/n449413223. shtml，2018年1月10日访问。

② 《震惊！邪教组织上演"驱鬼治病"血案 背后黑幕太吓人》，载人民日报海外网，https://m. haiwainet. cn/middle/3541353/2016/0928/content_30367980_1. html，2024年9月6日访问。

依照前款的规定处罚"。似乎也存在"蒙骗"能否等同于"煽动"的司法认定问题以及以组织、利用会道门、邪教组织、利用迷信破坏法律实施罪评价故意杀人、故意伤害行为是否恰当的问题。

综上所述，《最高人民法院、最高人民检察院关于办理组织和利用邪教组织犯罪案件具体应用法律若干问题的解释（二）》第9条虽然仅规定了煽动自杀、自害行为的可罚性，但是实际上也为煽动杀人、伤人行为的入罪提供了有益借鉴与实践先例。既然煽动犯罪行为入罪化视野转向人身安全法益具有必要性，那么首先应当进入刑事立法视野的就是煽动杀人、伤人的犯罪化问题，尤其是与邪教组织关联紧密的煽动邪教组织信徒杀人、伤人行为更具入罪化处理的现实紧迫性。

二、煽动非犯罪行为的入罪规范化

煽动犯罪行为入罪的视野应当完成从国家法益、公共法益向个人法益的转换，煽动非犯罪行为入罪也有必要对个人法益有所重视。尽管如此，非犯罪行为不同于犯罪行为，煽动非犯罪行为也不同于煽动犯罪行为，后者因原本即具有犯罪性，所以独立入罪化处理并不存在社会公众的理解困难和认知障碍，而前者的独立入罪化处理则存在超出民众预期的可能。无论从历史视域还是现实视角观察，煽动非犯罪行为的犯罪圈仍存在扩大化倾向，正因如此，必须在坚守煽动行为独立入罪化价值平衡的立法取向基础上，采取审慎的立法扩张态度看待煽动非犯罪行为的入罪范围问题，以确保在扩大犯罪圈范围、发挥刑法治罪功能的同时，避免公民正当言论自由权利的行使空间遭受克减和挤压。

（一）煽动非犯罪行为入罪的基本策略

从煽动行为独立入罪化的价值平衡角度看，刑法保障权利功能的实现与刑法惩罚犯罪功能的发挥密不可分，罪刑法定原则的本质内涵是保障公民的自由，限制立法权与司法权的肆意扩张。从这一点上看，现代刑法惩罚犯罪的功能是为了保障公民权利合法且充分地行使，而并非为了惩罚犯罪而惩罚犯罪，否则刑法就会丧失内在的价值平衡而走向偏激和极端。

非犯罪行为原本不具有犯罪性，在现有的煽动非犯罪行为独立入罪化中，非犯罪行为既包括一般违法行为，也包括违反道德行为，如刑法第 249 条煽动民族仇恨、民族歧视罪中的民族仇恨、民族歧视行为，民族仇恨、民族歧视行为恐怕难以定性为一般违法行为，但是由于其与传统道德观念相违背，因而可以将其定性为违反道德行为。问题是，既然非犯罪行为通常仅表现为一般违法行为或者违反道德行为，那么刑事立法与司法为什么要将煽动他人实施非犯罪行为的煽动行为进行独立入罪化处理呢？这个问题不予明确，煽动非犯罪行为则会缺乏基本的入罪前提。究其原因，特定的一般违法行为和违反道德行为在与煽动行为相结合碰撞时，会产生"1+1＞2"的效果。具体而言，尽管非犯罪行为不具有刑事违法性，但是不能否认其所具有的危害性。当然，这里的危害性在程度上较为轻微，否则基于其较高的危害性就足以使其直接成为刑法打击的对象。

煽动行为的叠加危害性在信息网络时代尤为凸显，互联网拥有的便捷传播途径与巨大受众人群使得网络煽动行为的危害性叠加更为高效。在气象学中广为人知的"蝴蝶效应"恐怕用于形容信息网络时代下的网络煽动行为同样恰当且十分形象。在煽动行为的推动与作用下，特定的一般违法行为与违反道德行为原本所具有的轻微危害性可以得到发酵与放大。正如黑格尔所论，量变是质变的必要准备，质变是量变的必然结果，轻微危害性的叠加是量变的过程，量变与质变的转化则促使煽动非犯罪行为由一般违法性转向刑事违法性，最终成为独立入罪化的对象。

事实上，一般违法性与刑事违法性的界限原本就可以通过量变与质变的关系加以解释，这一点刑法分则与司法解释中的诸多条文都可以对此进行印证。例如，刑法第 264 条盗窃罪，盗窃数额是成立一般盗窃罪的必要条件，在《最高人民法院、最高人民检察院关于办理盗窃刑事案件适用法律若干问题的解释》第 1 条中，成立盗窃罪所应达到的财物价值被限定为 1000 元以上，这意味着行为人盗窃公私财物未达到 1000 元标准的，则不应当将其评价为盗窃罪。在该条司法解释中，盗窃公私财物的价值积累就是量变的过程，在行为人盗窃财物价值低于 1000 元时，其盗窃行为仅表现为一般违法性，只能对其处以行政处罚，而当行为人盗窃财物价值超过 1000 元时，量变的积累促使质变的发生，盗窃行为的性质也从一般违法性上升为刑事违法性，对此时的行为人仅处以行政处罚不足以匹配其行为所具有的社会危害性，刑法的介入成为理所当然的选择。

从刑事立法的历史发展角度看，煽动行为独立入罪化的演进过程实际上就是煽动行为的入罪范围不断扩大化的过程。就煽动非犯罪行为入罪范围的未来发展而言，扩大化趋势还将持续且很难得到扭转，但是这并不意味着煽动非犯罪行为的入罪范围可以肆意扩大。相反地，则是应当严格控制煽动非犯罪行为的入罪规模，仅允许筛选极具危害性的非犯罪行为作为与煽动行为相结合的对象，实现煽动非犯罪行为入罪范围的审慎扩大化。

对此，可以从两个方面理解审慎扩大化思路：一方面，并不是所有煽动非犯罪行为通过危害性量变的积累都可以实现质变的飞跃。特定法益与特定社会发展背景决定了煽动非犯罪行为的选取标准。法律是特定历史时期的产物，即使是现行刑法分则与司法解释中的犯罪行为，也可能随着社会的发展与制度的革新而失去犯罪性。另一方面，采取审慎态度的主要原因是基于保障公民言论自由角度的考量与民主原则的要求。煽动犯罪行为的入罪化不难理解，因为犯罪行为作为早已纳入刑法打击范围的对象，即使不通过独立入罪化处理，也依然可以通过教唆犯加以评价（尽管存在评价与量刑不足的问题）。将煽动犯罪行为进行独立入罪化处理，不至于产生影响公民言论自由的后果。但是煽动非犯罪行为的入罪化则大不相同，非犯罪行为原本不具有刑事违法性，公民对煽动非犯罪行为成立犯罪难有充分的感性认知和理性判断。如果不采取审慎的态度，肆意扩大煽动非犯罪行为的入罪范围，则可能超出公民对于刑法罪名的基本预期。不仅可能掣肘公民权利的行使，也有违罪刑法定原则中民主主义思想的基本要求。

（二）煽动非犯罪行为入罪的司法探索

《最高人民法院、最高人民检察院关于办理组织和利用邪教组织犯罪案件具体应用法律若干问题的解释》《最高人民法院、最高人民检察院关于办理组织和利用邪教组织犯罪案件具体应用法律若干问题的解释（二）》分别颁布于 1999 年 10 月和 2001年 6 月，从颁布背景看，以"邪教""法轮功"为关键词的多起自杀、自焚事件无疑是促使两部司法解释颁布的直接原因。自1999 年 7 月民政部正式宣布取缔非法组织"法轮大法研究会"以来，① 我国多省份相继发生了多起邪教组织人员自杀、自焚事件。例如，1999 年 7 月 25 日，山西省屯留县李进忠和常旭驰自焚事件；2000 年 4 月 4 日，吉林省九台市法轮功痴迷者阎继刚自

---

① 《"法轮功"是地地道道的邪教（1999 年 11 月 3 日）》，载人民网，http://www.people.com.cn/GB/channel1/10/20000710/137148.html，2018 年 3 月 20 日访问。

焚事件；2000 年 4 月 7 日，河南省息县曹丽携子自焚事件；2001 年 2 月 16 日，北京市海淀区万寿路谭一辉自焚事件；最为震惊中外的当数"1·23"自焚事件，2001 年 1 月 23 日王进东等 7 名"法轮功"痴迷者在天安门广场举火自焚，最终造成了两死三重伤的严重后果。[①] 骇人听闻的自焚事件背后，发人深省的是"法轮功"等邪教组织利用极具煽动蛊惑性的歪理邪说对其信徒的"洗脑"已经达到了思想控制的程度，邪教人员在信奉邪教后，自判能力丧失，陷入邪教组织勾画的幻境中难以自拔。尽管如此，由于自杀、自害行为属于非犯罪行为，不同于具有犯罪性的杀人、伤人行为，依照当时刑法教唆犯的规定，很难实现对于教唆、煽动邪教组织人员自杀、自害行为的定罪处罚，即使适用间接正犯理论，也很难恰当地囊括各种煽动情形，同时间接正犯理论的复杂性也会为定罪评价制造障碍和困惑。《最高人民法院、最高人民检察院关于办理组织和利用邪教组织犯罪案件具体应用法律若干问题的解释》《最高人民法院、最高人民检察院关于办理组织和利用邪教组织犯罪案件具体应用法律若干问题的解释（二）》将组织、策划、煽动、教唆、帮助邪教组织人员自杀、自残的行为，直接定性为故意杀人行为与故意伤害行为，从而跨越以间接正犯评价煽动者的不确定性，完成了对于煽动自杀、自残行为的定罪处罚。

在特定历史时期，《最高人民法院、最高人民检察院关于办理组织和利用邪教组织犯罪案件具体应用法律若干问题的解释》《最高人民法院、最高人民检察院关于办理组织和利用邪教组织犯罪案件具体应用法律若干问题的解释（二）》的颁布，对于

[①] 《回顾法轮功信徒发生多起自焚事件》，载中国经济网，http://www.ce.cn/xwzx/fazhi/201401/26/t20140126_2211659.shtml，2018 年 3 月 20 日访问。

打击邪教组织、消减邪教组织人员自杀、自害行为而言，具有相当积极的意义。但不应忽视的问题是，两部司法解释仅是刑事司法在特定历史时期迫切打击邪教组织、遏制邪教组织人员自杀、自害事件的权宜之计。从规定的内容看，浓厚的时代色彩使该条司法解释缺乏对于煽动自杀、自害行为的系统化展开，同时也缺乏对煽动自杀、自害行为设置独立的定罪量刑机制。2017 年 2 月，《最高人民法院、最高人民检察院关于办理组织、利用邪教组织破坏法律实施等刑事案件适用法律若干问题的解释》颁布施行，上述两部司法解释同时废止，遗憾的是通过独立入罪化惩处煽动自杀、自害行为的探索实践在这部司法解释中没有得到延续。

（三）煽动非犯罪行为入罪的具体方向

煽动非犯罪行为入罪应当遵循严控入罪范围的基本策略，但是这并不意味着煽动非犯罪行为的犯罪圈发展的停滞不前，审慎的入罪态度也并不意味着煽动非犯罪行为失去了犯罪化的具体方向。在《最高人民法院、最高人民检察院关于办理组织和利用邪教组织犯罪案件具体应用法律若干问题的解释（二）》既有经验的基础上，煽动非犯罪行为的具体方向逐渐清晰。煽动自杀、自害行为具有入罪化处理的必要性，但不应当将行为对象限定为邪教组织人员，也不应当将语境限定在邪教组织犯罪的语境之下，而是应当立足于当前社会发展的新动向、新变化，重新梳理煽动自杀、自害行为的入罪化问题。对此，可以从以下两个角度着手进行。

一是从行为主体角度的梳理。从《最高人民法院、最高人民检察院关于办理组织和利用邪教组织犯罪案件具体应用法律若干问题的解释（二）》第 9 条的规定可以看出，该条司法解释将煽动自杀、自害行为的行为主体限定于邪教组织，时至今日，这一行为主体的限定仍具有合理性。需要进一步考量的问题是，独立入罪化后的煽动自杀、自害行为，行为主体范围是否应当得到一定程度的扩张，以回应现阶段社会发展所面临的新型风险。更进一步，在自杀式恐怖袭击已经成为恐怖组织的主要行为模式之一的当今社会，① 是否有必要考虑将煽动恐怖组织人员自杀、自害的情况入罪化处理？本书的观点是没有这样处理的必要。

在自杀式恐怖袭击中，与煽动邪教组织人员自杀、自害情况相似，被煽动者均是在思想被控制的情况下实施的自杀、自害行为。二者所不同之处在于，煽动邪教组织人员自杀、自害对他人生命财产、国家安全或者公共安全的威胁较小。但是煽动恐怖组织人员自杀、自害却大不相同。众所周知的美国"9·11"事件，就是典型的自杀式恐怖袭击案件，该案造成的人员伤亡后果与经济损失，至今依然对美国政府与民众存有影响。由此可见，煽动恐怖组织人员自杀、自害所带来的不仅是被煽动者死亡的后果，还会对国家安全、公共安全造成严重侵害。在煽动恐怖组织人员自杀、自害情况下，被煽动者从中扮演了两个角色，即自杀、自害者与恐怖袭击者；煽动者从中也扮演了两个角色，即煽动非犯罪行为的行为人与煽动犯罪行为的行为人。从这个角度分析，煽动恐怖组织人员自杀、自害行为的定罪处罚问题就较为清晰了，以煽动实施恐怖活动罪评价煽动者即可，并无必要另行创设罪名，就可以实现对煽动恐怖组织人员自杀、自害行为的定罪评价。

二是从行为对象角度的梳理。即从被煽动者角度看待煽动非犯罪行为的入罪范围与合理性问题。正如上文所论，现行刑法分则与司法解释中的煽动行为独立入罪化以其不同立法定性，可以

① 参见谢磊：《自杀性恐怖主义的行动模式及其根源》，载《国家安全研究》2014 年第 4 期。

概括为典型的共犯行为实行化与极端的共犯行为实行化。煽动非犯罪行为独立入罪化属于后者的范畴，因此现行煽动非犯罪行为独立入罪化在定罪量刑方面排斥教唆犯定罪量刑机制的适用。尽管如此，教唆犯量刑机制中的特殊对象保护理念在探讨煽动非犯罪行为的入罪范围问题时仍有借鉴意义。从刑事立法的基本理念看，刑法一直遵循着保护罪错未成年人和保障社会安全秩序的双向保护理念。[①]

从煽动未成年人自杀、自害行为入罪的现实需求看，起源于俄罗斯并向全球范围蔓延发展的"蓝鲸游戏"凸显了煽动未成年人自杀、自害行为入罪的必要性（[案例12]）。"蓝鲸游戏"虽名为"游戏"，但是其过程却远没有一般意义上游戏所能带给玩家的轻松和愉快。"蓝鲸游戏"的受众人群为 10~14 岁的青少年，通常为刑法意义上无刑事责任能力的未成年人，"蓝鲸游戏"通过"对那些脆弱的青少年进行为期 50 天的洗脑，促使他们完成看恐怖电影、在奇怪的时间起床甚至自残等游戏任务"，[②]"完成第 50 个任务——自杀！并上传视频证据就算赢得游戏"[③]。"蓝鲸游戏"已悄然入侵我国多个省份，引发多人实施自残行为的严重后果。事实上，"现象立法"并不值得倡导，但是对于"蓝鲸游戏"而言，则不应当仅将其作为独立的现象来看待。"蓝鲸游戏"可以作为某一类煽动行为的代表，这一类煽动行为

---

① 参见张静雅、柳忠卫：《立足刑法修正案（十一）完善未成年人司法处遇》，载《检察日报》2022 年 9 月 28 日。

② 《蓝鲸：走向现实的死亡游戏》，载民主与法制网，http://www.mzy-fz.com/cms/benwangzhuanfang/xinwenzhongxin/zuixinbaodao/html/1040/2017 - 06-06/content-1273218.html，2024 年 6 月 20 日访问。

③ 《警惕"4：20 叫醒我"！"蓝鲸"游戏诱导青少年自杀》，载央视网，http://news.cctv.com/2017/05/12/ARTIGFSNshP4pI6d5BjYYwCA170512.shtml，2024 年 6 月 20 日访问。

在某种特定目的的驱动下，专门利用未成年人的好奇与无知，利用家庭、学校对未成年人监护疏漏，蛊惑未成年人思想，最终造成未成年人自杀、自害的后果，具有极大的社会危害性和打击必要性。

综上所述，审慎扩大化煽动非犯罪行为的入罪范围，可以重点从煽动邪教组织人员自杀、自害（由司法解释条文上升为刑法分则罪名）与煽动未成年人实施自杀、自害的两个角度着手。既可以使颁行多年的司法解释条文得到刑法的确认，持续推动司法解释向法律条文的转化升级，加大打击邪教犯罪的力度，也可以使刑法的未成年人保护理念得到进一步彰显，更积极充分地回应在当今复杂多变的社会环境下，未成年人所面临的诸多以生命安全为代价的现实风险。

第三节　煽动行为的量刑科学化

煽动行为的量刑科学化同样包括两个方面内容。一是以煽动犯罪行为为角度的分析，主要涉及反思独立成罪的煽动犯罪行为的两档法定刑设置，以实现惩处煽动犯罪行为的罪刑相适应；二是以煽动非犯罪行为为角度的分析，主要涉及检视煽动非犯罪行为独立入罪化中常见的"情节严重"要件，提出量刑标准明确化的可行性思路，以实现惩处煽动非犯罪行为的量刑均衡化。

一、煽动犯罪行为的法定刑科学化

在独立成罪的煽动犯罪行为独立入罪化中，造成罪刑适应性困境的主要原因是煽动犯罪行为通常具有异变的危害性。解决该问题，既有赖于坚持当前两档法定刑的立法安排，也有赖于更新第二档法定刑的适用条件。

（一）煽动犯罪行为的罪刑适应性反思

在现行刑法中，独立成罪的煽动犯罪行为独立入罪化通常设置有多个法定刑幅度，不同法定刑幅度的适用条件在不同罪名中不尽相同。例如，刑法第 103 条第 2 款煽动分裂国家罪，该罪是以"罪行重大"与"首要分子"作为第二档法定刑的适用条件。再如，刑法第 120 条之三的宣扬恐怖主义、极端主义、煽动实施恐怖活动罪，① 该罪则是以"情节严重"作为第二档法定刑的适用条件。然而，煽动犯罪行为独立罪名中现有的法定刑档适用条件，从体系性角度看，呈现较为混乱、复杂的状态，具有进一步明确化和统一化的需要；从煽动行为特殊性角度看，亦没有使煽动犯罪行为的特殊性得到充分展现，法定刑档的适用与刑罚量的设置均未能实现与不同危害性下煽动犯罪行为的科学化匹配。

1. 第二档法定刑适用障碍引发的罪刑失衡问题

就煽动分裂国家罪与煽动颠覆国家政权罪而言，两个罪名均以"首要分子或者罪行重大"作为第二档法定刑的适用条件。不应忽视的问题是，煽动分裂国家罪与煽动颠覆国家政权罪均为 97 刑法创设，时至今日已逾 20 年，在信息网络时代全面来临的背景下，以"首要分子"或"罪行重大"作为第二档法定刑的适用条件是否依然科学有待进一步考量。

现如今，信息网络已经成为煽动者实施煽动行为的首选方式和理想空间，网络煽动行为在凸显信息传播优势的同时，实施煽

---

① 宣扬恐怖主义、极端主义、煽动实施恐怖活动罪较为特殊，本书第二章基于我国刑法分则没有实施恐怖活动罪的原因，将该罪置于煽动非犯罪行为类别中。然而，该罪的关联实行行为虽然并非刑法分则中的独立罪名，但是实施恐怖活动行为本身具有一定概括性，刑法分则中的诸多暴力犯罪均可以成为煽动恐怖活动罪中的关联实行行为，因此，此处笔者将该罪予以一并讨论。

动行为的主体形式也较传统煽动行为发生了深刻的变化——犯罪集团已经不再是网络空间中煽动行为实施主体的主要形式，而是由个体煽动者作为实施主体的"独狼式"煽动行为所取代，"首要分子"的适用窘境越发显现。

此外，"罪行重大"的刑法表述同样存在疑问。在煽动犯罪行为独立入罪化语境下，"罪行重大"的表述过于涵盖与笼统，并不能精准地呈现刑事立法究竟针对何种情况下的煽动行为加重处罚的立法态度，也很难将不同情况下煽动行为的危害性作出实质性区分。就宣扬恐怖主义、极端主义、煽动实施恐怖活动罪而言，该罪是以"情节严重"作为第二档法定刑的适用条件，而此处的"情节严重"与煽动分裂国家罪、煽动颠覆国家政权罪中的"罪行重大"如出一辙。因此，"情节严重"也存在与"罪行重大"相同的疑问有待进一步解决。

2. 煽动行为危害性异变引发的罪刑失衡问题

通常而言，煽动行为的危害性异变表现为两种情况：一是由关联实行行为引发的煽动行为危害性异变，二是由煽动行为在传播过程中通过危害性的叠加引发的危害性异变。

就第一种情况而言，被煽动者实施了具体犯罪行为，是否影响煽动者的量刑？张明楷教授认为，责任加重是法定刑的升格根据。[1] 有学者认为，增加刑事责任的根据是加重的犯罪构成，[2] 也有学者提出，影响刑事责任大小应当是包括犯罪事实、行为人主观恶性、犯罪前后的社会危害性在内的多种因素的综合作用的

---

① 参见张明楷：《论升格法定刑的适用根据》，载《法学论坛》2015年第4期。

② 参见彭辅顺：《论刑事责任量的法律根据》，载《福建警察学院学报》2012年第2期。

结果。① 笔者的观点是，犯罪行为的危害性程度是影响刑事责任大小的重要因素，是法定刑升格的主要根据，而包括犯罪事实、行为人主观恶性、犯罪前后的社会危害性在内的多种因素的综合作用可以在升格后的法定刑幅度内确定最终的量刑结论。周光权教授曾对此有过精辟论述："由于犯罪的本质特征是社会危害性，罪质之有无和大小都决定于社会危害性程度，而情节减轻犯或情节加重犯中的减轻或加重情节标志着一定犯罪的社会危害性程度的减小或增加，所以其法定刑应相应地降格或者升格。"② 由此可见，社会危害性对于法定刑的适用结论有着深刻的影响。既然如此，如果关联实行行为的实施可以使煽动行为危害性增加，那么就意味着对于此时的煽动行为，刑法应当相应地设置较重的刑罚加以应对，否则就会引发罪刑失衡问题。事实上，刑法第 29条的规定已经从另一个侧面揭示出实行行为实施与否对教唆犯量刑的影响即由于实行行为没有实施，所以教唆行为的危害性得到了降低，因此对教唆犯应当从轻或者减轻量刑处罚。

反观煽动行为，关联实行行为的实施与否对煽动行为的危害性影响同样存在。但与教唆行为不同的是，刑法对于教唆犯定罪量刑机制是围绕"教唆成功"（被教唆者接受教唆并实施被教唆的罪）的情形设置的，当教唆未遂发生时，则应当在教唆成功所对应刑罚量的基础之上从轻或者减轻处罚。而我国刑事立法与司法中的煽动行为独立入罪化则并非围绕"煽动成功"的情形设置的，故在被煽动者接受煽动并实施犯罪行为时，煽动行为的危害性已经由煽动行为的"一重"危害性，异变为煽动行为与实行行为的"二重"危害性。因此，在被煽动者接受煽动并实施

---

① 参见林荫茂：《论刑事责任》，载《学术季刊》1993 年第 1 期。
② 周光权：《法定刑研究》，中国人民大学 1999 年博士学位论文。

犯罪行为的情况下，刑法应当通过加重的刑罚量回应煽动行为的加重危害性，以确保罚当其罪。

就第二种情况而言，煽动行为与教唆行为同源异流，煽动行为具备了诸多教唆行为所不具备的特殊性，其中叠加的危害性较为典型。在信息网络时代全面来临的今天，网络空间将煽动行为的叠加危害性展现得更为彻底。在网络空间中，煽动行为所具有的虚拟性、隐匿性、传播便利性等特点，无疑推动了煽动行为危害性叠加效应的加速形成，使煽动行为能够在短时间内形成极大的网络空间影响性，这恰恰是传统煽动行为所难以具备的。

煽动行为的影响性强弱也是反映煽动行为是否发生危害性异变的指标。即使煽动者的煽动行为没有引发被煽动者实施犯罪的后果，抑或根本无法判断该煽动行为是否引发了被煽动者实施犯罪的后果，但只要此类煽动行为在传播过程中形成了极大的影响，在危害性叠加效应影响下，社会矛盾被严重激化，国家安全、公共安全受到了严重威胁，基于煽动行为本身所具有的法益侵害性，刑事立法同样应当对此类煽动行为作出回应。否则，如果将发生此类危害性异变的煽动行为等同于传统煽动行为看待，仅适用法定刑幅度中的较低刑档，就可能导致罪刑失衡的后果。

（二）实现罪刑适应性的既有经验与探索

实现惩处煽动犯罪行为的罪刑适应性，不仅要立足于我国刑事立法的发展实际，还要不断开阔视野与思路，善于从域外刑事立法中汲取养分。

1. 实现罪刑适应性的他国经验

法国刑法中的两档法定刑模式具有一定借鉴意义。在法国刑法中，并非所有煽动行为的相关罪名都设置了两档法定刑，仅在第 412-8 条与第 431-6 条两个罪名中有所体现，其中第 412-8 条规定："煽动武装反抗国家政权或对抗部分人民群众的，处 5

年监禁并科 75000 欧元罚金。煽动产生效果的，刑罚加重至 30
年监禁并科 450000 欧元罚金。通过纸质或视听传媒进行煽动的，
确定责任人时应适用有关法律特别规定。"第 431-6 条规定：
"通过公开叫喊或公众演讲、张贴或散发文字材料或者其他任何
传播文字、话语或图像的手段，直接教唆武装聚众的，处 1 年监
禁并科 15000 欧元罚金。教唆成功的，刑罚加重至 7 年监禁并科
100000 欧元罚金。"

　　法国刑法对于独立入罪的煽动行为所设置的法定刑特点鲜
明：一方面，第 412-8 条与第 431-6 条将煽动行为细分为产生煽
动效果的煽动行为与未产生煽动效果的煽动行为，针对不同情形
分别设置所对应的法定刑幅度。另一方面，法国刑法并未针对所
有独立入罪的煽动行为均设置两档法定刑，而是仅从中选取了两
个罪名，这意味着对于两档法定刑设置的必要性应当进行个罪考
量，这一点是非常有参考价值的。第 412-8 条与第 431-6 条分别
对应的煽动行为具体情形是煽动武装反抗国家政权或对抗部分人
民群众与直接煽动武装聚众，这两个具体情形都包含了犯罪手段
的武装性与侵害对象的重要性（国家安全），是国家实现发展和
稳定所面临的最严峻挑战，一旦煽动者实施的煽动行为产生了其
所追求的煽动效果，危害性难以预计，更难以补救和挽回。这与
法国刑法第 413-4 条的情形有所不同，第 413-4 条规定："旨在
危害国防，以任何手段煽动军人或任何形式服兵役的人员不服从
命令的，处 5 年监禁并科 75000 欧元罚金。通过纸质或视听传媒
进行煽动的，确定责任人时应适用有关法律特别规定。"很显然，
第 413-4 条中的煽动行为尽管具有危害性，但是"不服从命令"
与"武装反抗国家政权或对抗部分人民群众"，以及"武装聚
众"相比煽动内容相对平和，不具有武装性，危害程度、范围相
对有限，这或许就是法国刑法对同为煽动行为独立入罪化条款的

第413-4条没有与第412-8条、第431-6条一样设置两档法定刑的立法考虑。

2. 实现罪刑适应性的既有探索

在煽动行为独立入罪化的现行规定中，存在一处法定刑设置与法国刑法异曲同工的罪名——煽动暴力抗拒法律实施罪，但是该罪并非煽动犯罪行为的独立入罪化。刑法第278条规定："煽动群众暴力抗拒国家法律、行政法规实施的，处三年以下有期徒刑、拘役、管制或者剥夺政治权利；造成严重后果的，处三年以上七年以下有期徒刑。"其中"造成严重后果"与法国刑法中"煽动效果"的含义大体相当，可以进行如下解读：造成严重后果即煽动行为起到严重妨碍法律、行政法规实施的效果；或者导致被煽动者在使用暴力抗拒国家法律实施过程中，造成人身伤亡或者财产损失；或者造成工作、生产、教学、经营、科研活动不能正常进行；或者导致部分地区社会秩序混乱、社会动荡不安；或者造成了十分恶劣的社会影响；等等。由此可见，造成严重后果其实是产生煽动效果的另一种表述方式。刑法第278条煽动暴力抗拒法律实施罪的规定为煽动犯罪行为的两档法定刑设置提供了立法先例，也说明刑事立法对煽动行为可能引发的异变危害性的重视和关注，其中的积极意义值得肯定。但是，法国刑法第412-8条、第431-6条采用的两档法定刑呈现"断档式"特点，亦即两档法定刑幅度之间并非连贯的，而我国刑法第278条的法定刑规定显然采用了连贯式的两档法定刑，二者表现出的差异之处反映了法国刑法对于煽动后果危害性和罪刑适应性的立法判断，以及加大对煽动行为震慑处罚力度的立法导向。

（三）煽动犯罪行为的罪刑适应性完善

域外立法经验与我国刑事立法的前期探索为我国煽动犯罪行为独立入罪化实现罪刑适应性提供了有益借鉴与经验积累，通过完善法定刑设置，强化行为危害性与行为人责任后果的科学化匹配，可以从以下两个方面着力。

一是应当继续坚持我国煽动犯罪行为独立入罪化的两档法定刑模式。正如上文所论，犯罪行为的危害性与犯罪人所应承担的刑事责任关系密切，犯罪行为的危害性越大则犯罪人所应承担的刑事责任越重，反之亦然。我国刑法和司法解释对煽动行为独立入罪化的规定，并不等同于教唆行为，其行为危害性与刑罚量的关系是单向的，即煽动行为危害性的增加能够加重对于煽动者的处罚，而在被煽动者没有实施犯罪的情况下，并不会造成煽动行为原有危害性的降低，也不会使煽动者得到从轻或者减轻的处罚。由此看来，在煽动者实施煽动行为后，如果发生了煽动行为危害性异变的情况，煽动者理应被处以加重的刑罚，即适用第二档法定刑。因此，我国煽动犯罪行为独立入罪化的两档法定刑模式应当得到支持，煽动行为的异变危害性可以在两档法定刑中得到妥当回应，两档法定刑设置是实现惩处煽动犯罪行为罪刑相适应的前提和基础。

二是煽动犯罪行为独立入罪化第二档法定刑的适用条件应当得到统一和进一步明确。正如上文所论，现行煽动犯罪行为独立入罪化第二档法定刑的适用条件滞后性与混乱性并存，第二档法定刑存在一定适用障碍。笔者认为，将煽动犯罪行为第二档法定刑的适用条件由现有的"首要分子""罪行重大""情节严重"调整为"煽动效果"似乎更为妥当，即在煽动行为起到煽动效果时，对于煽动者应当适用第二档法定刑。

首先，以煽动效果作为第二档法定刑的适用条件可以消除煽动犯罪行为第二档法定刑的适应障碍。在信息网络时代中，"独狼式"煽动行为已经成为煽动行为实施主体的常见形式，而在刑法第103条、第105条中作为第二档法定刑适用条件的"首要分子"显然对于"独狼式"煽动行为力不从心。在"独狼式"煽动行为愈渐多发的当今社会，是否依然有必要将"首要分子"作为第二档法定刑的适用条件值得反思。退一步讲，即便是在犯罪集团实施煽动行为的情况下，煽动者应否被科以重刑，似乎也不应将"首要分子"作为煽动者法定刑升格的条件。如果煽动行为并未取得煽动效果，对于犯罪集团的首要分子适用第二档法定刑并无必要性，相反地，只有在煽动行为起到煽动效果时，煽动者才真正值得被科以重刑。

其次，以煽动效果作为第二档法定刑的适用条件可以恰当反映煽动行为的危害性异变过程。笔者认为，煽动者实施煽动行为后，煽动行为的危害性并非一成不变，在特定情形下，煽动行为的危害性会发生异变的后果。关联实行行为实施与否引发的煽动行为危害性异变，以及煽动行为在传播过程中通过危害性叠加引发的自身危害性异变则应当是所谓特定情形的具体所指。从现有第二档法定刑的适用条件看，"罪行重大"与"情节严重"极具概括性，并不难将上述特定情形囊括其中，但二者根本无法对煽动行为的危害性异变进行清晰的诠释。换言之，"罪行重大"与"情节严重"不仅可以应用于煽动犯罪行为之上，还可以应用于教唆行为、帮助行为甚至任何实行行为之上。在我国共同犯罪双层区分制下，刑事立法与司法之所以选择了独立入罪的方式处理煽动行为，正是基于对煽动行为特殊性的考虑。显而易见的是，"罪行重大"与"情节严重"根本无法将煽动行为在危害性方面所展现出的特殊性进行全面展现。因此，宜以煽动效果代替"罪行重大"与"情节严重"，对于起到煽动效果的煽动行为，适用第二档法定刑予以制裁。

最后，既然以煽动效果作为第二档法定刑的适用条件可以实现量刑结论对煽动行为异变危害性的科学反馈，那么针对具有不同危害性的煽动行为适用不同的法定刑幅度自然更加有利于实现刑罚结论的科学性。综上所述，以"煽动效果"代替现有"首要分子""罪行重大""情节严重"作为第二档法定刑的适用条件更为妥当，即将煽动分裂国家罪、煽动颠覆国家政权罪以及宣扬恐怖主义、极端主义、煽动实施恐怖活动罪中第二档法定刑的适用条件修改为"起到煽动效果的，处……"。

二、煽动非犯罪行为的量刑科学化

独立成罪的煽动非犯罪行为独立入罪化通常设置了两档或者三档法定刑幅度，分别对应基本情节或者加重情节，其中以"情节严重"与"情节特别严重"的罪状表述较为常见。但由于相关司法解释的滞后，长期以来，"情节严重"与"情节特别严重"始终具有模糊性，而量刑标准模糊性所带来的最为直接的影响就是司法裁判中出现同案不同罚的现象。因此，明确煽动非犯罪行为独立入罪化的基本情节与加重情节是实现其量刑科学化的重要途径。

（一）煽动非犯罪行为的量刑均衡化反思

"'情节严重'似乎成为一种只可意会不可言传的'专业术语'，依赖于司法人员操作，而不为一般民众所了解。"[①] 如此表述直接道出了在量刑标准中扮演关键角色的"情节严重"因其模糊性造成的公民守法障碍以及司法实践的操作困难与误差，导致司法裁判量刑均衡化遭到破坏。例如，［案例13］在鲜奋英煽动民族仇恨、民族歧视案中，经查明的犯罪事实为鲜奋英在鲜氏牛肉面馆内，两次使用其微信在拥有149人的微信好友朋友圈内

---

① 田然：《论"情节严重"的法律地位及其解释规则》，华东政法大学2014年硕士学位论文。

转发涉及煽动民族仇恨、民族歧视内容的信息。新疆生产建设兵团莫索湾垦区人民法院作出判决，认定"被告人鲜某某通过微信朋友圈向他人传播煽动民族仇恨、民族歧视的信息，情节严重，其行为已触犯《中华人民共和国刑法》第二百四十九条的规定，构成煽动民族仇恨、民族歧视罪"。① 鲜奋英被判处有期徒刑 6 个月。在该刑事判决书中，法院并未对"情节严重"加以阐释，而是依据鲜奋英的行为认定其符合煽动民族仇恨、民族歧视罪的构成要件，径直适用该罪的基本量刑幅度。

又如，［案例 14］在排提日丁·伊敏托合提煽动民族仇恨、民族歧视案中，经查明的犯罪事实为排提日丁·伊敏托合提通过互联网将具有宣扬民族仇恨的恐怖组织旗帜的 3 张图片发送至其个人 QQ 空间供他人观看。北京市朝阳区人民法院作出判决，认定"排提日丁·伊敏托合提无视国法，通过互联网发送涉及宣扬民族仇恨的图片信息，煽动民族仇恨，情节严重，其行为触犯了刑法，已构成煽动民族仇恨罪，依法应予惩处"。② 排提日丁·伊敏托合提被判处有期徒刑 1 年。与鲜奋英案一样，在排提日丁·伊敏托合提案中，法院依然没有阐明排提日丁·伊敏托合提究竟"情节严重"在何处。

需要注意的是，在鲜奋英案中，鲜奋英的基本行为事实是两次使用其微信在拥有 149 人的微信好友朋友圈内转发涉及煽动民族仇恨、民族歧视内容的信息，即两次在个人朋友圈转发非法信

---

① 《鲜奋英煽动民族仇恨、民族歧视罪刑事判决书》，载北大法宝，http://www.pkulaw.cn/case/pfnl_a25051f3312b07f34aa64fd5cf3e3d286d0abb492745e345bdfb.html？match=Exact，2017 年 11 月 10 日访问。

② 《排提日丁·伊敏托合提煽动民族仇恨、民族歧视罪一案》，载北大法宝，http://www.pkulaw.cn/case_es/pfnl_a25051f3312b07f35bef5ff654aeb3411e1fea5a1c6aba61.html？match=Exact，2017 年 11 月 5 日访问。

息。而在排提日丁·伊敏托合提案中，排提日丁·伊敏托合提的
基本行为事实是在个人 QQ 空间内上传 3 张载有非法内容的照
片，两个案件的基本犯罪事实差异性不大，但新疆生产建设兵团
莫索湾垦区人民法院与北京市朝阳区人民法院分别作出的刑事判
决书在量刑结论方面却存在显著差异，其中原因一方面可能与法
官的自由裁量有关，另一方面可能与"情节严重"的量刑标准
有关，"情节严重"的模糊性也使得量刑差异化的原因难以阐述
清楚，造成了个案之间的量刑不均衡现象。

再如，［案例 15］在吐尔洪某煽动民族仇恨、民族歧视案
中，经查明的犯罪事实为吐尔洪某通过其手机登录个人 QQ，下
载宣传宗教极端思想等非法音频、视频、图片，后多次向其 QQ
好友和 QQ 群发送、传播。浙江省慈溪市人民法院作出判决，认
定"吐尔洪某宣扬、散布、传播宗教极端和暴力恐怖思想，煽动
民族仇恨、民族歧视，情节严重，其行为已构成煽动民族仇恨、
民族歧视罪"。① 吐尔洪某被判处有期徒刑 10 个月。在吐尔洪某
案中，吐尔洪某的基本行为事实较鲜奋英与排提日丁·伊敏托合
提更为严重，吐尔洪某向多人多次直接传播非法信息，其煽动行
为的危害性远远超过鲜奋英与排提日丁·伊敏托合提以在微信朋
友圈、QQ 空间上传非法信息供他人浏览的方式传播非法信息所
带来的危害性。但慈溪市人民法院对吐尔洪某判处的刑罚却轻于
排提日丁·伊敏托合提，究其原因，"情节严重"仍然很可能是
"罪魁祸首"，不同地域法院、不同主审法官对于"情节严重"
的不同理解造成了不同案件量刑结论失衡。

① 《吐尔洪某煽动民族仇恨、民族歧视罪一审刑事判决书》，载慈溪
市人民法院网，http://www.fayuan.cixi.gov.cn/art/2017/4/20/art_78765_
1416659.html，2018 年 1 月 5 日访问。

（二）量刑标准明确化的基本策略与方向

面对煽动非犯罪行为量刑不均衡问题，明确量刑标准的具体内容十分必要。由此产生的问题是"情节严重"能否被明确化，明确化的基本策略又是什么？笔者认为，"情节严重"可以被相对明确化，而不能被绝对明确化。有学者的论述道尽其中缘由："如果认为刑法规定'情节严重'就是对罪刑法定原则的违反，那么时至今日，任何一个国家都难以把刑法精确到能够罗列现实生活中可能发生的所有情形程度，也难以实现保护法益和保障人权的平衡。"① 在我国刑法分则中，"情节严重"出现率极高，不仅在煽动行为独立入罪化之中，在刑法分则其他罪名中"情节严重"同样发挥着重要的定罪量刑作用。在我国刑事立法与司法中，"数"与"情节严重"是判断某个行为是否成立犯罪，应当处以何种刑罚的主要依据，这里的"数"可以是"次数"，也可以是"数量"，还可以是"数额"，总之"数"是刑法条文与司法解释中可以被量化的代名词。"数"与"情节严重"的关系极为微妙。"数"具有明确性，十分便利于司法实践的操作，也有利于量刑均衡的实现，但是这些优势是"情节严重"恰恰不具备的。那么是否可以认为"数"应当替代"情节严重"成为刑事立法与司法的唯一罪量标准呢？事实上，如果"情节严重"如此百害而无一利，刑事立法也不会将其大规模应用于定罪量刑体系中。

不可否认的是，"情节严重"的积极价值仍然十分显著："情节严重"可以增加刑法条文的弹性，以确保僵化的刑法条文

---

① 余双彪：《论犯罪构成要件要素的"情节严重"》，载《中国刑事法杂志》2013 年第 8 期。

更好地应对日益变化发展的现实社会生活，① 这正是"数"所不能具备的价值。因此，"情节严重"不可废，"数"与"情节严重"应当在刑法与司法解释中相得益彰，而刑法学者应当做的是如何对其加以完善，即采用什么策略限缩"情节严重"的模糊性与不确定性，增加其可预测性与可操作性。对此笔者认为，将"情节严重"绝对明确化会使"情节严重"变得与"数"无异，这使得拥有"情节严重"的刑法条文原本具备的弹性彻底消失。

为了实现刑法条文的明确化而将"情节严重"绝对明确化是不可行的。相比较之下，"情节严重"的相对明确化既能规避"情节严重"的模糊性短板，又能在一定程度上增加其明确性，较为适合我国刑法话语体系和发展环境。所谓"情节严重"的相对明确化是指既要保持刑法条文弹性，又要明确属于"情节严重"的典型情形，而该典型情形的确定还应当就不同类型的犯罪行为进行具体分析。就煽动非犯罪行为独立入罪化而言，"情节严重"的相对明确化，可以是针对煽动对象的明确化，可以是针对煽动行为的明确化，还可以是针对煽动内容的明确化等，具体明确化内容应当结合法益保护要点以及煽动效果确定，并科学设置兜底条款，对与已明确化情形具有相当危害性的煽动行为适度保持立法弹性。

_____

① 参见薛芳：《论定罪意义上的情节严重》，山东大学 2017 年硕士学位论文。

第五章 煽动行为独立入罪化的域外立法与镜鉴思考

国际社会对于煽动行为的特殊性有着普遍且深刻的认识，煽动行为独立入罪化并非我国刑事立法与司法所独创。在不同法系下的不同国家中，煽动行为独立入罪化表现各不相同且各具特色的刑法条文，系统考察域外立法经验对于实现我国煽动行为独立入罪化的规范化与科学化具有重要的参考价值与借鉴意义。

第一节 煽动行为独立入罪化的国际视野

大陆法系与英美法系国家均存在丰富的煽动行为独立入罪化立法例，本节将分别选取其中具有代表性的国家进行考察分析。

一、大陆法系国家的煽动行为独立入罪化

煽动行为独立入罪化在大陆法系国家刑事立法中普遍存在。笔者重点选取了德国、法国、西班牙等国家作为研究对象。在所选取的大陆法系国家刑事立法中，刑法总则部分对于教唆行为通常作出了明确的规定，但是除西班牙刑法外，其他国家对于煽动行为在刑法总则部分鲜有规定，这与我国刑法相一致，即煽动行

为仅以独立入罪化的形式规定于刑法分则中。故此部分将重点分析大陆法系各国刑法分则部分煽动行为独立入罪化的条款，而西班牙刑法在总则部分就明确规定了煽动行为，这在大陆法系国家中并不多见，也具有一定程度的代表性，因此对西班牙刑法总则部分中的煽动行为也将一并予以分析评介。

（一）大陆法系刑事立法例的梳理评介

鉴于同属大陆法系，德国、法国、西班牙刑法中关于煽动行为独立入罪化的规定，对我国煽动行为独立入罪化的国际化完善具有一定启发意义。

1. 德国

德国刑法总则部分关于教唆行为的规定较为丰富，而煽动行为则被规定在刑法分则部分，可以看出德国刑事立法并未将煽动行为视为典型的共犯行为。

（1）德国刑事立法例梳理。一是德国刑法分则第 1 章"背叛和平犯罪、内乱罪和危害民主法治国家犯罪"中的煽动行为独立入罪化。德国刑法分则第 1 章名为背叛和平犯罪、内乱罪和危害民主法治国家犯罪。第 1 章又分为 4 个小节，分别是第 1 节背叛和平犯罪，第 2 节内乱罪，第 3 节危害民主法治国家犯罪，第 4 节共同规定。与煽动行为相关的小节是第 1 节与第 3 节。

在第 1 节中，德国刑法第 80 条 a 规定："行为人在本法的空间效力范围内，在集会中或者通过散发文书煽动进行侵略战争的，处 3 个月以上 5 年以下的自由刑。"从该条规定可以看出：第一，该条规定的罪名为煽动侵略战争罪，即该条规定是以独立成罪的方式实现的煽动行为独立入罪化。第二，该条规定限定了煽动行为的行为方式，仅对集会中的煽动行为与散发文书方式的煽动行为加以惩处，在一定程度上提高了罪名罪状的明确性，限制了煽动行为的成立范围，为公民言论自由权利的行使释放了一定空间。第三，德国刑法为煽动侵略战争罪设置了一档法定刑，且起刑点较低，最高刑和我国刑法中同类罪名的第一档法定刑上限相当，表明德国刑事立法者对于言论犯罪采取了审慎科刑的立法态度。在第 3 节中，德国刑法第 86 条规定了传播违法宣传物罪。① 该罪名的罪状表述中，并未使用"煽动"一词，而是使用了"传播"（"Verbreiten"），但根据该条规定，传播的物品是违法宣传物，目的是使接收到违法宣传物的民众实施破坏民主法治国家行为，因此，这里的传播行为与煽动行为并无二致，该罪名可以看作德国刑法中的煽动行为独立入罪化条款。同时，该罪名还规定了免予处罚的情况，即如果责任轻微，法院可以以此实现对煽动行为的出罪化处理，进一步压缩了煽动行为的入罪空间。

---

① 　德国刑法第 86 条规定："1. 行为人在国内散发或者为在国内或者国外散发而制作、储存、输入或者输出，或者在公众能够利用的数据储存器中储存（1）被联邦宪法法院解释为违反宪法的政党的或者被无争辩地判断为这种政党的替代组织的政党的或者社团的，（2）因为其违反符合宪法的秩序或者违反民众间谅解的思想而被无争辩地禁止的社团的或者被无争辩地判断为这种被禁止的社团的替代组织的，（3）在本法空间效力范围之外为第 1 项和第 2 项所标示的政党或者社团的目的而活动的政府、社团或者机构的，（4）根据其内容被确定为继续以前的民族社会主义组织的努力的宣传物的，处三年以下的自由刑或者罚金。2. 其内容违反自由的民主的基本秩序或者违反民众间谅解的思想的文书，也是第 1 款意义上的宣传物。3. 如果该宣传物或者行为，服务于国家市民的教育、艺术、科学、教学、对事件或者历史事件的报道以及类似目的的，不适用第 1 款规定。4. 如果责任轻微，法院可以根据本款免于处罚。"

二是德国刑法分则第6章"危害国家权力犯罪"中的煽动行为独立入罪化。德国刑法第111条公开诱导犯罪罪（"Öffentliche Aufforderung zu Straftaten"）是以独立成罪形式呈现的煽动行为独立入罪化的典型条文,① 规定于第6章危害国家权力犯罪之中。该罪名有三个方面内容值得关注：第一，该罪名中的公开诱导行为与第80条a中的煽动行为的表现方式相同，均为在集会中或者通过文书的散发实施煽动行为。第二，该罪名提出了煽动行为应与教唆犯同样处罚，同时也强调了如果煽动行为未导致危害结果发生也具有可处罚性，明确认可了煽动行为具有独立性的法律属性。第三，该条第2款规定了危害结果未发生情形，并明确了危害结果未发生情形下对煽动者的处罚要求。有学者提出煽动型犯罪中煽动行为的性质是未完成罪，该条规定即可视为对此观点的立法回应。

三是德国刑法分则第7章"危害公共秩序犯罪"中的煽动行

---

① 德国刑法第111条规定："公开诱导犯罪罪。1. 行为人公开地在集会中或者通过文书的散发（第11条第3款）促使违法的行为的，与教唆犯相同处罚。2. 如果该诱导未导致危害结果发生，处五年以下的自由刑或者金钱刑。其刑罚不得重于对其诱导造成结果的所处刑罚；适用第49条第1款第2项的规定。"

为独立入罪化。德国刑法第 130 条、① 第 130 条 a②，是德国刑法分则又一处煽动行为独立入罪化的规定，规定于第 7 章危害公共秩序犯罪之中，罪名分别为煽动叛乱罪（"Volksverhetzung"）与煽动他人犯罪罪（"Anleitung zu Straftaten"）。在煽动叛乱罪与煽动他人犯罪罪中，煽动行为与教唆行为的差异性被进一步明确，此处主要涉及一个问题，即煽动与教唆在外语中使用的单词可能存在重叠，在这种情况下，应当如何区分煽动行为与教唆行

①　德国刑法第 130 条规定："煽动叛乱罪。1. 行为人以适合于扰乱公共和平的方式，激起对居民一部分的仇恨或者要求对其采取暴力或者专横措施或者通过辱骂、恶意致其被轻蔑或者中伤而攻击其他人的尊严的，处三个月以上五年以下的自由刑。2. 如果行为人（1）a. 散发 b. 公开陈列、张贴、放映或者让他人得到 c. 向十八岁以下的未成年人提供、转让或者让其得到或者 d. 为了使用它或者由它所得到的 a 至 c 意义上的片段或者为了使他人能够使用而制作、得到、提供、贮存、供给、通告、吹嘘、输入或者输出，激起对居民的一部分或者对一个民族的、种族的、宗教的或者由其民众特性而确定的群体的仇恨的、要求对其采取暴力或者专横措施的、或者通过辱骂、恶意致其被轻蔑或者中伤而攻击其他人的尊严的文书（第 11 条第 3 款），或者（2）通过广播散发第（1）项所标明的内容的，处三年以下自由刑或者金钱刑。3. 行为人以适合于扰乱公共和平的方式公开地或者在集会中赞同、否认或者低估在国家支配下实施的第 220 条 a 第 1 款所标明种类的行为的，处五年以下的自由刑或者金钱刑。4. 第 2 款也适用于第 3 款中所标明内容的文书。5. 在与第 4 款相联系的第 2 款的情形中和在第 3 款的情形中，相应地适用第 86 条第 3 款的规定。"

②　德国刑法第 130 条 a 规定："煽动他人犯罪罪。1. 行为人散发、公开陈列、张贴、放映或者其他让人得到有助于第 126 条第 1 款所言的违法行为和根据其内容被确定用于诱导他人实施这种行为而进行准备的文书的，处三年以下的自由刑或者金钱刑。2. 如果行为人为诱导他人实施这种行为进行准备而（1）散发、公开陈列、张贴、放映或者其他让人得到有助于指示第 126 条第 1 款所言的违法行为的文书或者（2）公开地或者在集会中给第 126 条第 1 款所言的违法行为提供指示。3. 相应地适用第 86 条第 3 款的规定。"

为呢？对于二者的区分有时不宜单纯从用词角度进行，还应当充分结合刑法条文语境进行整体判断。行为公开性与对象不特定性为德国刑法第 130 条与第 130 条 a 所重点表述的内容，而这些要素恰恰是煽动行为的行为特征。此外，从章节设置看，煽动叛乱罪与煽动他人犯罪罪都被设置在德国刑法分则第 7 章危害公共秩序犯罪之中，公共法益是煽动行为侵害的主要法益类型之一，这也可以为煽动行为的判断提供依据。因此，尽管在单词词义上，可能会出现一词多义的情况，但是结合刑法条文整体内容不难对该罪名针对的究竟是煽动行为还是教唆行为作出判断。此外，从刑法条文的表述看，德国刑法对煽动行为的行为方式、行为内容、侵害法益等都作出了非常细致的规定，这与我国刑法中煽动行为独立入罪化的规定具有较大区别。在我国刑法中，无论是独立成罪的煽动行为抑或其他煽动行为独立入罪化条款，罪状表达通常较为简洁，对于涉及煽动行为认定的诸多要素和内容都缺乏描述，以至于司法实践中对于煽动行为的认定存在一定偏差。德国刑法中煽动行为的罪状描述体现了较高的立法技术水平，更有利于提升刑法条文的明确性和司法实践的可操作性，值得我国刑事立法与司法借鉴学习。

（2）德国刑事立法例评介。在大陆法系国家中，德国刑法理论的影响力极大，德国刑法中关于煽动行为独立入罪化的规定十分具有研究价值。在德国刑法中，独立成罪是煽动行为独立入罪化的常见形式，且特色鲜明：一方面，严格限制了煽动行为的行为方式，压缩了煽动行为成立犯罪的空间。从大陆法系国家的刑事立法可以看出，对于能够成立犯罪的煽动行为，各国都采取了谨慎态度。如何使煽动犯罪得到制裁的同时，又使言论自由权利得到保障为大陆法系国家对煽动行为进行独立入罪化处理时所共同面临的难题。另一方面，严格限制了煽动行为的刑罚幅度，一般将煽动行为独立入罪化的刑罚幅度锁定在 5 年以下自由刑，或者规定对于煽动行为的刑期不得超过实行行为的刑期。我国刑法中煽动行为独立入罪化的刑罚幅度与德国刑法规定有着很大不同，通常规定了多档法定刑，刑罚设置偏严厉，这体现出两国刑事立法对于煽动行为危害性的不同认识。我国刑法是否应当适当缩减惩处煽动行为的刑罚幅度，需要在衡量煽动行为本土化危害性基础上得出结论。此外，量刑规定的差异还体现在德国刑法通常设定了煽动行为的刑罚上限，而对于情节特别严重的煽动行为，我国刑法则更偏好设定煽动行为的刑罚下限，以实现加重处罚目的。

2. 法国

在法国刑法中，煽动行为独立入罪化最鲜明的特色是引入了煽动目的要素以及在起到煽动效果情况下对煽动者的加重处罚。

（1）法国刑事立法例梳理。一是法国刑法"暴动罪"和"篡夺指挥权、招募武装力量和煽动非法武装罪"中的煽动行为独立入罪化。法国刑法中第一处煽动行为独立入罪化的规定出现在刑法分则第 412-4 条，① 规定于第 4 卷第 1 编第 2 章第 2 节暴动罪之中。正如上文所论，独立入罪并不意味着独立成罪，独立成罪并不是煽动行为独立入罪化处理的唯一形式，该条规定即如此。该条规定中的煽动行为独立入罪化并不是以独立成罪形式呈现的，而是将煽动行为作为具体犯罪的构成要件以实现独立入罪化处理。与德国刑法相关条文相比，该条规定并未限定实施煽动

---

① 法国刑法第 412-4 条规定："参加暴动并有下列行为的，处 15 年监禁并科 225000 欧元罚金：1. 修筑街垒或防御工事，建造任何旨在阻止或妨碍公共力量采取行动之工事；2. 公然使用暴力或诡计占据、毁坏任何建筑或设施；3. 为暴动分子提供交通、给养或通信保障的；4. 采取任何手段，煽动暴动集会；5. 本人携带武器；6. 取代合法当局。"

行为的具体手段，实现了刑法对于煽动行为各种行为方式的全面覆盖。该章第 3 节篡夺指挥权、招募武装力量和煽动非法武装罪中第 412-8 条,① 是该章第二处煽动行为独立入罪化的规定。该条规定以煽动行为是否产生了煽动效果区分量刑标准和幅度，对于煽动行为产生煽动效果的煽动者，设置了绝对确定的法定刑，处以极为严厉的刑罚。

二是法国刑法"危害军事力量安全罪及危害涉及国防之保护区域罪"中的煽动行为独立入罪化。法国刑法第 413-3 条是独立成罪的煽动行为独立入罪化条款,② 规定于第 4 卷第 1 编第 3 章第 1 节危害军事力量安全罪及危害涉及国防之保护区域罪中。与第 412-4 条相同，该条规定中也未限定煽动行为的具体实施手段。但是对于以纸质和视听传媒为手段实施煽动行为的，应该以相关法律的特别规定确定责任人，这又与第 412-8 条的规定相同，主要是为了解决煽动行为的实施者与帮助者的认定问题。

三是法国刑法"违法参与聚众罪"中的煽动行为独立入罪化。法国刑法第 431-6 条是又一处煽动行为独立入罪化的条款,③ 规定于法国刑法第 4 卷第 3 编第 1 章第 2 节违法参与聚众

---

① 法国刑法第 412-8 条规定："煽动武装反抗国家政权或对抗部分人民群众的，处 5 年监禁并科 75000 欧元罚金。煽动产生效果的，刑罚加重至 30 年监禁并科 450000 欧元罚金。通过纸质或视听传媒进行煽动的，确定责任人时应适用有关法律特别规定。"

② 法国刑法第 413-3 条规定："旨在危害国防，以任何手段煽动军人或任何形式服兵役的人员不服从命令的，处 5 年监禁并科 75000 欧元罚金。通过纸质或视听传媒进行煽动的，确定责任人时应适用有关法律特别规定。"

③ 法国刑法第 431-6 条规定："通过公开叫喊或公众演讲、张贴或散发文字材料或者其他任何传播文字、话语或图像的手段，直接教唆武装聚众的，处 1 年监禁并科 15000 欧元罚金。教唆成功的，刑罚加重至 7 年监禁并科 100000 欧元罚金。"

罪中。有学者将该条规定中的煽动行为译为教唆行为，但诚如上文所述，对于刑法中，尤其是对于刑法外语译作中的煽动行为与教唆行为，不能仅以用词区分二者，因为在外语中，煽动与教唆往往包含在一个单词的词义之中，难以区分。对此，应当结合条文整体分析行为性质。在该条规定中，所谓"教唆行为"的行为方式被明确规定为公开叫喊、公众演讲、张贴文字、散发图片等方式，其行为的公然性、对象的不特定性、侵害法益类型特定性等特征都表明该所谓"教唆行为"实为煽动行为，该条规定属于以独立成罪形式呈现的煽动行为独立入罪化条款。同时，在该条规定中明确了煽动成功会导致刑罚加重的后果，亦即煽动行为的关联实行行为是否实施，可能会影响煽动行为的量刑结论，但是不会影响刑法对于煽动行为的定罪与定性。

（2）法国刑事立法例评介。法国刑法中的煽动行为与德国刑法中的煽动行为最大的不同是：法国刑法不限定煽动行为的行为方式与实施手段。从刑事立法角度，法国刑法对于煽动行为打击范围更为广泛，在犯罪手段日益复杂多样的当今社会，法国刑法的规定更有利于实现侵害特定法益类型的煽动行为的打击惩处。我国刑法亦未具体明确煽动行为的行为方式与实施手段，这与法国刑法颇有相似之处。但是，更为宽泛的入罪条件通常需要设置某种出罪机制予以平衡，尤其是对于煽动行为这种言论犯罪而言，秩序与权利的平衡应该是任何国家规制煽动行为的立法取向，从这一角度看，法国刑法与我国刑法在煽动行为的出罪考量方面似乎均有所欠缺。

3. 西班牙

与德国刑法、法国刑法不同，西班牙刑事立法中的煽动行为已经不仅是分则化行为，还在刑法总则部分针对煽动行为作出了专门性规定。

（1）西班牙刑事立法例梳理。德国刑法与法国刑法在总则部分都未将煽动行为明确列入其中，仅规定了教唆行为。煽动行为通常以独立入罪的方式规定在分则部分，煽动行为的共犯行为地位在刑法总则中没有得到明确规定。但西班牙刑法在总则部分将煽动行为明确予以规定，并且规定"煽动只有在法律特别规定时才处以惩罚"。

在西班牙刑法分则部分，关于煽动行为独立入罪化的内容规定于第2卷犯罪与刑罚的第1编杀人罪、第3编伤害罪、第6编侵犯自由罪、第7编之一贩卖人口罪、第13编侵犯财产和扰乱社会经济秩序罪、第17编危害公共安全罪、第21编违反宪法罪、第22编破坏公共秩序罪、第23编叛国和危害国家和平独立罪与国防相关罪及第24编侵犯国际社会罪中。从法益侵害对象角度看，一方面西班牙刑法不仅打击侵害国家法益、公共法益的煽动行为，还打击侵害个人法益的煽动行为。另一方面尽管西班牙刑法将个人法益也纳入煽动行为独立入罪化的法益保护范围，但是仍然仅针对个人法益中的生命安全法益、身体健康法益等重要法益类型。

一是西班牙刑法总则中的煽动行为独立入罪化。西班牙刑法第18条是煽动行为在总则部分的规定。① 该条规定首先界定了煽动行为的定义，规定于第1款之中，重点明确了煽动行为的实施方法，强调煽动行为的实施方法应当具有公开性的特点。对于煽

---

① 西班牙刑法第18条第1款规定："煽动是指通过印刷品、广播以及其他为犯罪公开传播提供便利或在群众集会时实施行为而可以产生类似效果的方式直接唆使他人犯罪。本法典对于在集会场合或使用任何公开媒体宣扬颂扬罪行、美化罪犯的思想或理论的行为亦构成煽动。本类推仅限于使用煽动的方式，并且其性质和情节已经构成直接唆使他人犯罪的违法行为。"第2款规定："煽动只有在法律特别规定时才处以刑罚。如因煽动而造成后续的犯罪行为的，视同煽动。"

动行为的行为内容，该条规定则简单明了：直接唆使他人犯罪。
从西班牙刑法总则关于煽动行为的规定看，对于煽动行为与教唆
行为的区别主要体现在行为是否具有公开性以及对象是否具有不
特定性方面，这与法国刑法采取的区别标准大体相似。第 18 条
第 2 款规定了煽动行为的处罚原则，即只有在法律特别规定时才
可予以处罚。此外，第 17 条也明确规定了教唆行为同样适用上
述处罚原则。① 这样的规定在大陆法系国家的刑法中并不多见，
这意味着在西班牙刑法中，煽动行为与教唆行为并未采用共同犯
罪说项下的从属性说或者独立性说，而是采用了独立犯罪说，完
全通过刑法分则中的独立罪名实现对于煽动行为与教唆行为的定
罪处罚。

　　二是西班牙刑法分则中的煽动行为独立入罪化。西班牙刑法
分则中涉及煽动行为独立入罪化的罪名章节分布较为分散。"煽
动实施本章规定之罪，按照各条规定减轻一级至二级处罚"是西
班牙刑法中煽动行为独立入罪化的经典表述，采用该立法表述的
刑法条文有第 141 条、② 第 151 条、③ 第 168 条、④ 第 177 条之一

　　①　西班牙刑法第 17 条第 1 款规定："合谋是指两人或两人以上协商
执行并共同实施犯罪。"第 2 款规定："教唆是指力邀他人或多人参与实施
犯罪。"第 3 款规定："合谋和教唆犯罪的，只有在法律特别规定时才处以
刑罚。"
　　②　西班牙刑法第 141 条规定："唆使、煽动他人实施以上三条规定的
犯罪行为的，分别按各条规定减轻一级至两级处罚。"
　　③　西班牙刑法第 151 条规定："唆使、煽动他人实施本章规定的犯罪
行为的，分别按各条规定减轻一级至两级处罚。"
　　④　西班牙刑法第 168 条规定："唆使、煽动他人实施本章规定的犯罪
行为的，分别按各条规定减轻一级至两级处罚。"

第 8 款、① 第 269 条、② 第 304 条、③ 第 373 条、④ 第 477 条、⑤ 第
488 条、⑥ 第 519 条、⑦ 第 548 条、⑧ 第 585 条、⑨ 第 615 条⑩。上
述刑法条文均明确规定对于煽动者的处罚应当轻于实行犯的处
罚，可以看出西班牙刑事立法在衡量煽动行为与实行行为的危害
性时，认为在同一犯罪中煽动行为的危害性要低于实行行为，应
当比照实行行为减轻处罚。其中，第 548 条是关于煽动实施叛乱

---

① 西班牙刑法第 177 条之一第 8 款规定："煽动、预谋、策划贩卖人口罪的，分别按照相应情形减轻一级至两级处罚。"

② 西班牙刑法第 269 条规定："煽动、合谋、建设他人触犯盗窃罪、抢夺罪、诈骗罪或侵占罪的，按所触犯的刑法条文处罚，减轻一级至两级处罚。"

③ 西班牙刑法第 304 条规定："唆使、煽动他人实施触犯第 301 条至第 303 条规定的犯罪行为的，分别按各条规定减轻一级至两级处罚。"

④ 西班牙刑法第 373 条规定："唆使、煽动他人实施触犯第 368 条至第 372 条规定的犯罪行为的，分别按各条规定减轻一级至两级处罚。"

⑤ 西班牙刑法第 477 条规定："唆使、煽动他人实施或合谋实施构成叛乱罪行为的，将予以前条所处的剥夺权利处罚，并按罪犯所犯罪行的法定刑，减轻一级至两级处罚。"

⑥ 西班牙刑法第 488 条规定："唆使、煽动他人实施或合谋实施构成对抗君权罪行为的，将予以前条所处的剥夺权利处罚，并按罪犯所犯罪行的法定刑，减轻一级至两级处罚。"

⑦ 西班牙刑法第 519 条规定："唆使、煽动他人实施或合谋实施构成非法结社罪行为的，按依照以上各条的规定，对应罪犯的法定刑，减轻一级至两级处罚。"

⑧ 西班牙刑法第 548 条规定："唆使、煽动他人实施或合谋实施构成叛乱罪行为的，将予以前条所处的剥夺权利处罚，并按罪犯所犯罪行的法定刑，减轻一级至两级处罚。行为已经构成叛乱罪的，依照第 545 条第 1 款的规定处罚。"

⑨ 西班牙刑法第 585 条规定："唆使、煽动他人实施触犯本章规定的行为的，分别按各条规定减轻一级至两级处罚。"

⑩ 西班牙刑法第 615 条规定："唆使、煽动他人实施本编前列诸章规定的犯罪行为的，分别按各条规定减轻一级至两级处罚。"

罪的规定，规定于第 23 编破坏公共秩序罪的第 1 章叛乱罪中。该章名为叛乱罪，与第 21 编第 1 章的叛乱罪并非相同含义。第 21 编第 1 章所指叛乱罪主要针对的是公然武装叛乱以破坏宪法实施或者推翻政府的行为，而第 23 编中的叛乱罪主要针对意图暴力抗拒法律实施或者抗拒国家工作人员行使职权的行为。第 548 条关于煽动叛乱罪的规定，除煽动内容外，基本上与第 21 编中煽动行为相关条款的处罚机制相同，同时值得注意的是，该条明确了煽动行为过限的问题，即对于煽动行为的本身已经超出了煽动行为应有的范畴而直接构成叛乱罪的，应当直接以叛乱罪定罪处罚。

与上述刑法条文表述不同的是第 473 条第 1 款，① 规定于第 2 卷第 21 编第 1 章叛乱罪中。该条主要针对的是煽动叛乱首要分子的情形。类似的还有第 515 条第 5 款是关于煽动实施非法结社罪的规定，② 规定于第 21 编第 4 章侵犯基本权利和公共自由的犯罪中。具体而言，第 515 条规定了非法结社罪的犯罪构成要件，其中第 5 款规定的是煽动组成针对他人或其他组织的仇视、侮辱或者攻击的组织，将构成非法结社罪。在该条规定中，煽动行为并非以独立成罪的形式实现独立入罪化的，而是以非法结社罪的具体构成情形实现独立入罪化的，正因如此，对煽动行为适用的罪名依然是非法结社罪。可见，独立犯罪说下的煽动行为，并非

---

① 西班牙刑法第 473 条第 1 款规定："煽动、推动或支持叛乱的首要分子的，处十五年至二十五年徒刑，并予以相同时间的完全剥夺权利处罚。下级行使指挥权者，处十年至十五年徒刑，并处相同时间的完全剥夺权利处罚。普通参与者，处五年至十年徒刑，并剥夺其担任公职及从事职业的权利六年至十年。"

② 西班牙刑法第 515 条第 5 款规定："助长或煽动因种族主义、反犹太及其他意识形态、宗教和信仰、家庭状况、不同民族和种族、出生国家、性别、性倾向、疾病或残疾等，针对他人、某派别和某组织的仇视、侮辱或攻击的组织。"

意味着拥有独立的罪名，依据实行犯罪名处罚也是独立犯罪说下煽动行为的处罚方式之一。

（2）西班牙刑事立法例评介。西班牙刑法中关于煽动行为的相关规定，有两个方面内容令人印象深刻。

一方面，刑法总则部分明确"煽动只有在法律特别规定时才处以惩罚"，此为出罪化规定，而非入罪化规定。在我国刑法中，第15条第2款关于过失犯的处罚也有着相似立法表述。笔者认为，西班牙刑法总则中对于煽动行为的处罚规定，表明了其以处罚煽动行为为例外的立法态度。正如我国刑法学者为"处罚故意犯罪为原则，处罚过失犯罪为例外"的经典表述寻求刑事立法的实质性理由，西班牙刑法中关于处罚煽动行为为例外的规定同样存在实质性理由，而这些理由恰好可以为我国煽动行为的刑事立法与司法发展提供借鉴。

西班牙刑法总则中关于煽动行为处罚原则的规定，主要出于两种立法目的：第一，人权保障的目的。言论自由作为一项国际社会公认的基本宪法权利，意味着刑法对于煽动行为的惩处必须采取审慎的态度。过于宽泛的刑事处罚范围，必然会导致言论自由权利的行使空间受到压缩，使得公民行使宪法赋予的权利遭受阻碍。因此，只有当煽动行为具有严重的法益侵害性时，刑事立法才能将其规定为犯罪予以处罚。第二，刑法谦抑性原则的遵循。刑法谦抑性原则的基本内涵是刑事制裁手段应当具有补充性，即如果对于危害行为通过其他手段仍可以达到法益保护的目的，那么刑事手段即是应当舍弃的。[①] 在西班牙刑法中，煽动行为的量刑轻于与之关联的实行行为，意味着煽动行为具有相对较低的危害性。从刑法谦抑性的原理出发，对于具有较低危害性的

---

① 参见叶亚杰：《论刑法谦抑性的价值与整合》，载《河北法学》2016年第12期。

煽动行为仅应选取具有严重法益侵害性的情形或者侵害特殊法益的情形加以处罚，而对于其他煽动行为的不予处罚正是遵循刑法谦抑性原理的结果。

西班牙刑法总则中关于煽动行为处罚原则对于我国煽动行为独立入罪化具有借鉴价值。一方面，我国刑事立法与司法不应当肆意扩大煽动行为独立入罪化的范围，妨碍公民言论自由权利的行使。另一方面，对于一些具有严重社会危害性的、侵害特殊法益的煽动行为，应当通过刑事立法与司法途径对其进行独立入罪化处理，以使刑法治罪功能得以充分发挥，确保重要法益免受犯罪侵害。

另一方面，西班牙刑法将个人法益纳入煽动行为独立入罪化保护法益的范围之内，具有一定突破性，打破了一直以来对于煽动行为独立入罪化仅能适用于国家法益、公共法益的传统理论。在我国，煽动行为独立入罪化的保护法益被限定于国家法益与公共法益，个人法益始终游离于煽动行为独立入罪化的范畴之外，而煽动行为对于个人法益的侵害性是客观存在的，西班牙刑事立法例为我国煽动行为独立入罪化的未来发展提供了崭新的思路。

（二）大陆法系刑事立法例的特征分析

煽动行为独立入罪化在大陆法系代表性国家中呈现不同的特点，体现出各国刑事立法的"个性"，但是其中暗含的共同性也十分突出。

1. 罪名分布规律与法益保护共识

大陆法系代表性国家对于煽动行为独立入罪化保护法益的倾向和共识可以从罪名分布情况中发现规律。

（1）罪名分布情况。德国刑法分则部分共有 30 章，其中煽动行为独立入罪化主要规定于第 1 章背叛和平犯罪、内乱罪和危害民主法治国家犯罪，第 6 章危害国家权力犯罪及第 7 章危害公共秩序犯罪之中。具体而言，在德国刑法分则第1章中，煽动行为独立入罪化涉及2个条文，分别规定在第1节背叛和平犯罪与第3节危害民主法治国家犯罪之中；在第6章中，煽动行为独立入罪化涉及1个条文；在第7章中，煽动行为独立入罪化涉及2个条文。德国刑法中规定有煽动行为独立入罪化的章节仅占总章节数的10%，德国刑事立法对于煽动行为独立入罪化的范围进行了严格的控制，并未广泛地将煽动行为进行独立入罪化处理。同时，煽动行为独立入罪化在德国刑法分则中章节分布较为均衡，并未呈现"此多彼少"的分布态势，也并未对煽动行为侵害法益表现出过多的立法保护倾向。

表1　德国刑法煽动行为独立入罪化章节分布情况

章节	数量（个）
第1章　背叛和平犯罪、内乱罪和危害民主法治国家犯罪	2
第6章　危害国家权力犯罪	1
第7章　危害公共秩序犯罪	2

　　法国刑法分则共分为5卷，每卷分为若干编、章、节，涉及煽动行为独立入罪化的内容规定于刑法分则第4卷危害民族、国家及公共安全安宁之重罪与轻罪之中。具体而言，在该卷第1编危害国家基本利益罪中，煽动行为独立入罪化涉及3个条文，分别规定在第2章其他危害共和国制度或国家领土完整罪、第3章其他危害国防罪之中；在该卷第3编危害国家权威罪中，煽动行为独立入罪化涉及1个条文，规定在第1章危害公共安宁罪之中。由此可见，法国刑法中的煽动行为独立入罪化仅集中规定在第4卷之中，和德国刑法一样，煽动行为独立入罪化的范围被严格限定。在第4卷之中，涉及条文又显得相对分散而均衡，共计

4个条文分别规定于2编3章之中，法益保护倾向性不明显。但以"卷"项下的"编"为视角观察，法国刑法对于国家基本利益的保护较为重视。因此，在第1编危害国家基本利益罪中，煽动行为独立入罪化的数量大大超过了第3编危害国家权威罪中煽动行为独立入罪化的数量。

表2　法国刑法煽动行为独立入罪化章节分布情况

章节			数量（个）
第4卷　危害民族、国家及公共安全安宁之重罪与轻罪	第1编　危害国家基本利益罪	第2章　其他危害共和国制度或国家领土完整罪	2
		第3章　其他危害国防罪	1
	第3编　危害国家权威罪	第1章　危害公共安宁罪	1

西班牙刑法第2卷犯罪与刑罚部分共分为24编，涉及煽动行为独立入罪化的内容规定于第2卷犯罪与刑罚的第1编杀人罪、第3编伤害罪、第6编侵犯自由罪、第7编之一贩卖人口罪、第13编侵犯财产和扰乱社会经济秩序罪、第17编危害公共安全罪、第21编违反宪法罪、第22编破坏公共秩序罪、第23编叛国和危害国家和平独立罪与国防相关罪及第24编侵犯国际社会罪中。具体而言，在第2卷第1编杀人罪、第3编伤害罪、第6编侵犯自由罪、第7编之一贩卖人口罪、第17编危害公共安全罪中，煽动行为独立入罪化在每编中各涉及1个条文；在第13编侵犯财产和扰乱社会经济秩序罪中，煽动行为独立入罪化涉及2个条文；在第21编违反宪法罪中，煽动行为独立入罪化涉及5个条文，分别规定在该编第1章叛乱罪、第2章对抗君权罪与第4章侵犯基本权利和公共自由的犯罪之中；第22编破坏

公共秩序罪中，煽动行为独立入罪化涉及 1 个条文，规定于该编第 1 章叛乱罪中；在第 23 编叛国和危害国家和平独立罪与国防相关罪中，煽动行为独立入罪化涉及 1 个条文，规定于该编第 1 章叛国罪中；在第 24 编侵犯国际社会罪中，煽动行为独立入罪化涉及 1 个条文，规定于该编第 4 章共同规定中。西班牙刑法中涉及煽动行为独立入罪化的编数仅占总编数的 42%，西班牙刑事立法对于煽动行为独立入罪化的范围进行了一定程度的扩大，将煽动行为作为特殊的犯罪行为进行了广泛的独立入罪化处理，这与德国、法国立法情况截然不同。在西班牙刑法中，煽动行为独立入罪化在第 21 编违反宪法罪中的规定较为丰富，条文数量明显超过其他编中煽动行为独立入罪化规模。西班牙刑法的法益保护倾向性较为明显，国防利益尤为受到关注。

表3　西班牙刑法煽动行为独立入罪化章节分布情况

章节		数量（个）
第 1 编　杀人罪		1
第 3 编　伤害罪		1
第 6 编　侵犯自由罪	第 1 章　非法拘留和监禁罪	1
第 7 编之一　贩卖人口罪		1
第 13 编　侵犯财产和扰乱社会经济秩序罪	第 10 章　共同规定	2
	第 14 章　窝藏罪和洗钱罪	
第 17 编　危害公共安全罪	第 3 章　违反公共卫生罪	1
第 21 编　违反宪法罪	第 1 章　叛乱罪	2
	第 2 章　对抗君权罪	1
	第 4 章　侵犯基本权利和公共自由的犯罪	2

续表

章节		数量（个）
第 22 编　破坏公共秩序罪	第 1 章　叛乱罪	1
第 23 编　叛国和危害国家和平独立罪与国防相关罪	第 1 章　叛国罪	1
第 24 编　侵犯国际社会罪	第 4 章　共同规定	1

（2）法益保护倾向。检视大陆法系代表性国家煽动行为独立入罪化的罪名分布可以看出，尽管章节名称不同，但是煽动行为独立入罪化分布相对集中，且刑事立法对于某些法益的保护倾向性明显。例如，在德国刑法中，刑法分则部分共有 30 章，而煽动行为独立入罪化仅规定在其中的 3 章之中；在法国刑法中，刑法分则部分共分为 5 卷，而煽动行为独立入罪化仅规定在其中的第 1 卷之中；在西班牙刑法中，刑法犯罪与刑罚部分共分为 24 编，虽然煽动行为独立入罪化分布于其中 10 编，但是在 10 编中也存在分布不均衡现象。因此，煽动行为独立入罪化章节分布集中化态势逐渐在德国、法国、西班牙等国家刑法中形成。此外，煽动行为独立入罪化所在章节名称在德国、法国、西班牙等国家刑法中尽管差异鲜明，但对保护重点法益的认识却不谋而合。在德国刑法中，国家法益、公共法益是煽动行为独立入罪化的法益保护对象，同样的情况也存在于法国刑法之中。在西班牙刑法中，尽管有多达 10 编规定涉及煽动行为独立入罪化的条文，但是关于国家法益、公共法益的内容占据 10 编中的 5 编，条文数量更是占据了煽动行为独立入罪化条文总数的 60%。因此，虽然德国、法国、西班牙等国家刑法中涉及煽动行为独立入罪化的章节名称形形色色，但法益保护均不谋而合有所侧重。

在德国、法国、西班牙等国家刑法中，对于煽动行为的行为方式及煽动内容的具体描述各有不同，但各国刑事立法的共识是严格限制煽动行为的成立范围，仅将侵害重要法益的煽动行为纳入刑事打击"射程"。其中主要包括国家法益和公共法益，西班牙刑法也涵盖了个人法益中的生命安全法益和身体健康法益，而对于侵害其他法益的煽动行为，出于对保护言论自由权利的目的没有将其进行独立入罪化处理。在我国，煽动行为独立入罪化的保护法益要比德国、法国刑法的法益保护范围更为广泛，与西班牙刑法相类似。我国刑法分则共有 10 章，而规定有煽动行为独立入罪化的共有 6 章之多，占据了章节总数的 60%，保护法益可以细化为多个法益类型。在当前立法态势下，这种立法模式有利于实现对于煽动行为的惩治覆盖，但对于言论权利的侵害风险也随之提升。

总而言之，煽动行为独立入罪化在大陆法系代表性国家刑事立法中的共性表现对于我国煽动行为独立入罪化的完善和发展具有重要的借鉴意义，如何在法益保护与权利自由中谋求平衡是我国煽动行为独立入罪化走向规范化、科学化面临的重要课题。

2. 刑罚设置的差异性与共同性

煽动行为独立入罪化的刑罚设置可以进一步反映出德国、法国、西班牙等国家刑事立法对于煽动行为的危害性程度评价以及对煽动行为与实行行为的危害性衡量。

（1）刑罚幅度的差异性。在刑罚幅度方面，德国刑法中煽动行为独立入罪化的刑罚幅度较为清晰。在德国刑法中，涉及煽动行为独立入罪化的罪名共有 5 个，5 个罪名均设置了自由刑，其中第 86 条传播违法宣传物罪、第 130 条煽动叛乱罪与第 130 条 a 煽动他人犯罪罪设置了具有选择性的罚金刑。从自由刑的设置看，德国刑法中煽动行为独立入罪化的最高刑均被设置在 5 年以下，其中第 80 条 a 与第 130 条第 1 款设置了最低刑 3 个月，刑罚幅度均为 3 个月以上 5 年以下的自由刑。第 86 条、第 130 条第 2 款与第 130 条 a 的刑罚幅度均为 3 年以下的自由刑。第 111 条与第 130 条第 3 款的刑罚幅度均为 5 年以下的自由刑。

在法国刑法中，煽动行为独立入罪化不仅存在独立成罪形式，还存在将煽动行为规定为某一实行行为的加重情节的独立入罪化形式。但在此种情况下，刑事立法并未针对煽动行为作独立判定，而是将煽动行为与实行行为结合在一起进行整体评价，因此，此种情况下针对煽动行为的刑罚幅度实际上是针对实行行为的刑罚幅度。例如，法国刑法第 412-4 条，该条中的煽动行为仅是实行行为的加重量刑情形，不是独立的评价对象，该条对参加暴动并煽动暴动集会的行为设置了 15 年的自由刑。除该条情况较为特殊外，法国刑法中其他涉及煽动行为独立入罪化的情况均专门设置了针对煽动行为的法定刑。与德国刑法不同的是，法国刑法对于煽动行为的刑罚设置没有采用类似德国刑法中相对确定的法定刑，而是采用了绝对确定的法定刑，同时所有针对煽动行为的法定刑均同时由自由刑和罚金刑构成。具体而言，第 412-8 条针对煽动武装反抗国家政权或对抗部分人民群众的行为，设置了 5 年自由刑与 75000 欧元的罚金刑，对于起到效果的煽动行为，该条将刑罚加重至 30 年自由刑与 450000 欧元的罚金刑。第 413-3 条针对煽动军人或者其他形式服兵役的人员不服从命令的行为，设置了 5 年自由刑与 75000 欧元的罚金刑。第 431-6 条针对煽动武装聚众的行为，设置了 1 年自由刑与 15000 欧元的罚金刑，对于起到效果的煽动行为，该条将刑罚加重至 7 年自由刑与 100000 欧元的罚金刑。

在西班牙刑法中，煽动行为独立入罪化的刑罚设置与德国刑法、法国刑法中截然不同。在西班牙刑法中，除第 473 条对于煽动叛乱的首要分子设置了 15 年至 25 年的自由刑与相同时间的剥夺权利刑外，其他煽动行为独立入罪化条款均未在条文中直接设置针对煽动行为的刑罚。西班牙刑法第 141 条、第 151 条、第 168 条、第 177 条之一第 8 款、第 269 条、第 304 条、第 373 条、第 477 条、第 488 条、第 519 条、第 548 条、第 585 条、第 615 条为煽动行为设置了减轻于实行行为一级至二级的刑罚。而从西班牙刑法第 70 条的规定看，所谓减轻一级是指在原法定刑幅度下限的基础上减少下限的一半，因此，尽管西班牙刑法中关于煽动行为的刑罚幅度存在不确定性，但是对于煽动行为的处罚要轻于实行行为是确定的。此外，西班牙刑法第 477 条、第 488 条与第 548 条对于煽动行为设置了剥夺权利刑，剥夺权利刑的设置数量占煽动行为独立入罪化条文总数的 20%。

（2）刑罚设置的共同性。刑罚设置的共同性表现主要体现在自由刑与附加刑两个方面。自由刑方面，煽动行为独立入罪化的刑罚幅度在德国、法国、西班牙等国家刑法中基本处于相对低位。如果以法国刑法第 131-1 条、第 131-3 条、第 131-4 条规定作为基准，那么法国刑法对于煽动行为的刑罚设置基本处于重罪与轻罪类别中的轻罪范畴；如果以西班牙刑法第 33 条规定作为基准，那么西班牙刑法对于煽动行为的刑罚设置基本处于重刑、较重刑、轻刑类别中的较重刑范畴。附加刑方面，在德国、法国、西班牙等国家刑法中，煽动行为独立入罪化的刑罚设置通常以自由刑与罚金刑或者剥夺权利刑组合搭配的形式出现，德国刑法与法国刑法对于附加刑设置以罚金刑为主，而西班牙刑法设置的剥夺权利刑也与我国刑法分则中对于煽动行为独立入罪化的附加刑设置相类似。因此，从德国、法国、西班牙等国家刑法对于煽动行为独立入罪化自由刑与附加刑的设置看，煽动行为与实行行为的危害性在这些国家刑法中并未等同评价，煽动行为的危害性被认为低于实行行为的危害性，其刑罚幅度也普遍低于后者。尽管如此，煽动行为的危害性并非不受重视，对煽动行为设置了并科的罚金刑或者剥夺权利刑，正是各国刑事立法正视煽动行为危害性的结果，也是为剥夺煽动者再犯能力，防止其再次实施煽动行为的预防措施。

二、英美法系国家的煽动行为独立入罪化

与我国及其他大陆法系国家刑事立法不同，煽动行为独立入罪化在英美法系国家刑事立法中，并非表现为刑法分则的独立入罪化，而是通过在独立法案中对煽动行为进行独立入罪化处理的方式实现。尽管如此，其实质内容并未标新立异，国家安全与公共安全仍然被作为煽动行为独立入罪化最为主要的法益保护对象。此外，将煽动目的引入犯罪构成要件之中，成为煽动行为的犯罪性评价门槛在英美法系国家刑事立法中较为普遍。这与法国刑法的规定颇有殊途同归的意味，对于限缩煽动行为相关犯罪的成立范围具有重要价值。

（一）英美法系刑事立法例的梳理评介

英美法系国家刑事立法通常采用非法典化形式，煽动行为独立入罪化条款也散见于各个单行刑事法律规范之中。法律规定的相对零散为刑事立法例的梳理制造了障碍。鉴于本部分内容仅是在梳理域外法基础上为我国煽动行为独立入罪化的发展与完善提供借鉴与指引，因此，笔者拟从英美法系国家刑事立法中选取重点条文作为研究对象，抓大放小。尽管可能存在梳理的遗漏，但是可以使研究分析更具针对性，研究目的更为突出。

1. 英国

英国普通法中煽动行为独立入罪化的立法例已踪迹难寻，但在英国多部刑事法案中，煽动行为独立入罪化的条文规定依然发挥着重要作用。

（1）英国刑事立法例梳理。刑事法律针对煽动行为的打击与制裁在英国由来已久，1797 年颁布的《煽动叛乱法案 1797》（Incitement to Mutiny Act 1797）即为针对煽动叛乱行为设置的专门性法律，其中就有"任何人试图引诱任何海军士兵或者其他士兵脱离职守，或者煽动他进行叛乱"的表述。《重罪法案 2007》（Serious Crime Act 2007）第 2 部分用专章规定了鼓励或协助犯罪的具体情形，而值得注意的是，《重罪法案 2007》在此处并未使用"Incitement"，而是使用了"Encouraging"，即用"鼓励"替换了"煽动"。有学者认为，《重罪法案 2007》第 2 部分的内容也是关于煽动行为独立入罪化的规定。对此笔者认为，词语上的变换还不足以认定煽动行为在英国刑事立法中失去了存在的例证，对于"鼓励"能否成为煽动行为的指代还应当从具体行为的表现入手，比照煽动行为的典型特征得出最终结论。从《重罪法案 2007》第 2 部分内容看，涉及鼓励他人犯罪的条文主要体现在第 44 条、① 第 45 条、② 第 46 条,③ 而分析这 3 个条文的具体内容可以看出,所谓鼓励行为并不具有通常意义上煽动行为所具有的典型特征,即对象不特性、内容限定性、行为对象犯意有

---

① 《重罪法案 2007》第 44 条规定:"故意鼓励或协助犯罪

(1) 某人犯下罪行——

(a) 他的行为能够鼓励或协助实施犯罪;和

(b) 他打算鼓励或协助其犯罪。

(2) 但不能认为他的意图仅仅是鼓励或协助犯罪,因为这种鼓励或帮助是他行为的可预见后果。"

② 《重罪法案 2007》第 45 条规定:"故意鼓励或协助犯罪并相信该犯罪会被实施

某人犯下罪行——

(a) 他的行为能够鼓励或协助实施犯罪;和

(b) 他相信——

(i) 犯罪将会发生;和

(ii) 他的行为将鼓励或协助其犯罪。"

③ 《重罪法案 2007》第 46 条规定:"鼓励或协助犯罪并相信其中一项或多项将会实施 (1) 某人犯下罪行——

(a) 他的行为能够鼓励或协助犯下一项或多项犯罪行为;和

(b) 他相信——

(i) 这些罪行中的一项或多项将会犯下 (但不相信哪一项);和

(ii) 他的行为将鼓励或协助其中的一项或多项犯罪。

(2) 该人是否相信哪项罪刑将被鼓励或协助对于本节 (1) (b) (ii) 款而言是不重要的。

(3) 如某人被控犯第 (1) 款所订罪行——

(a) 那么控告必须具体说明该罪行属于该节第 (a) 款中提到罪行;但

(b) (a) 款所描述的情形并未要求指明所提到的罪行中可能潜在包含的全部罪行。

(4) 就本条所订的罪行而言,在针对具体罪行的控告中所指控的罪行,应当是第 (3) (a) 款中指明的罪行。"

无不要性等。不仅如此，仔细比对不难发现，第 44 条、第 45 条、第 46 条中的鼓励行为反而更加符合教唆行为的行为特征。因此，《重罪法案 2007》第 2 部分所涉及的鼓励或协助犯罪的内容，实质上是针对教唆行为与帮助行为的具体规定，而非本文所谓的煽动行为。将《重罪法案 2007》第 2 部分内容作为煽动行为独立入罪化的例证是不正确的。

尽管《重罪法案 2007》第 2 部分并非煽动行为独立入罪化的立法例，但并不意味着英国刑事立法忽略了煽动行为的危害性及可罚性。从整体上看，英国刑事法律中涉及煽动行为独立入罪化的罪名主要有煽动种族仇恨罪（acts intended or likely to stir up racial hatred）、鼓励恐怖主义罪（encouragement etc. of terrorism）。

煽动种族仇恨罪规定于《公共秩序法案 1986》（Public Order Act 1986）之中。《公共秩序法案 1986》共分为 6 个章节，[①] 其中第 3 章名为种族仇恨罪，第 3 章下列第 17 条至第 29 条共计 12 个条文，该 12 个条文主要涉及 4 个方面内容：第一是种族仇恨的含义，第二是意图挑起种族仇恨的行为，第三是拥有种族仇恨材料的行为，第四是补充规定。具体而言，涉及意图挑起种族仇恨内容的条文是第 18 条至第 22 条，这 5 个条文主要列举了 5 个煽动种族仇恨的典型行为方式，包括 1. 文字、行为或展示书面材料。2. 出版、传播书面材料。3. 公开表演。4. 播放录音。5. 广播或包括有线服务的节目。除行为方式外，《公共秩序法案 1986》还在第 18 条至第 22 条中强调了煽动目的的必要性。例

---

① 2006 年颁布的《种族与宗教仇恨法》将煽动宗教仇恨罪作为独立内容加入《公共秩序法案 1986》第 3 章之后，成为独立章节 Part 3A。因此，《种族与宗教仇恨法》颁布后，《公共秩序法案 1986》的章节总数由 5 个扩充为 6 个。

如，在第 18 条中规定，认定煽动种族仇恨罪的成立以煽动者具有煽动目的为必要，如果煽动者没有煽动种族仇恨的目的，那么则不能认定其成立犯罪。同时，第 18 条还强调了煽动种族仇恨行为的实施场所，将私人场所纳入煽动种族仇恨罪的空间范畴，这反映出《公共秩序法案 1986》对于煽动行为实施空间"公共性"的突破，也体现出在英国民族矛盾尖锐化背景下，其刑事立法严厉打击煽动种族仇恨行为，极力遏制种族冲突的立法倾向。

鼓励恐怖主义罪规定于《恐怖主义法案 2006》（Terrorism Act 2006）之中，《恐怖主义法案 2006》共分为 3 个章节，其中第一个章节的第一部分是涉及鼓励恐怖主义罪的内容。具体而言，鼓励恐怖主义罪包含 3 项具体行为，或者说具体犯罪：第一是鼓励恐怖主义行为，第二是传播恐怖主义出版物罪行为，第三是通过网络实施鼓动恐怖主义行为或者传播恐怖主义出版物罪行为。《恐怖主义法案 2006》中的鼓励恐怖主义罪，虽然也使用了"鼓励（encouragement）"的表述方式，但是根据该罪名的内容可以看出其完全符合煽动行为的典型特征。例如，该罪名的罪状表述很明显指向的是鼓励行为本身，被鼓励人是否存有犯意，以及是否接受鼓励均在所不问，即"行为人的鼓励行为是否真正煽惑被鼓励人实施了犯罪，对于该罪的成立而言并不重要"。尤其是第三项具体行为，通过网络实施鼓动恐怖主义行为或者传播恐怖主义出版物，被鼓励人是否犯罪更是难以判断和证明的。同时，该罪不仅明确了鼓励恐怖主义罪的成立不以被鼓励人实施犯罪为必要，而且也不以被鼓励人事先犯意的有无作为判断犯罪成立的标准，完全符合煽动行为的典型特征。

（2）英国刑事立法例评介。通过对英国刑事立法例的梳理，仅从内容角度可以看出煽动行为独立入罪化在英国刑事立法中的表现与在德国、法国、西班牙等大陆法系国家刑法中的表现大体相近，均不约而同地选择了特定法益作为煽动行为独立入罪化的保护对象，列举典型行为方式的立法形式也成为煽动行为独立入罪化的共性特征。从英国刑事立法中煽动行为独立入罪化的规定看，有以下方面内容值得引起关注：

首先，煽动目的是否具备成为判断煽动民族仇恨罪成立与否的重要条件，这与法国刑法的规定颇为相似。煽动目的的引入提高了犯罪成立门槛，同样反映出英国刑事立法对于煽动行为定罪处罚的审慎态度，以及尽可能保障公民自由行使言论自由权利的立法取向。

其次，严格限制了煽动行为独立入罪化的犯罪圈。从现有资料看，英国刑事立法所选取的具有独立入罪化处理必要性的煽动行为无疑均与重要法益息息相关，甚至可以说其所选取的法益仅是重要的还不够，而且必须是特定的，这也就是英国刑事立法中煽动行为独立入罪化数量较少的原因。

最后，网络煽动行为受到了英国刑事立法的关注，具有立法前瞻性。《恐怖主义法案2006》中规定了利用网络实施煽动恐怖主义犯罪行为的可罚性，这对其他国家的刑事立法而言具有借鉴意义，网络煽动行为的危害性应当受到刑事立法的重视，这在网络社会和现实社会"双层社会"已经形成的背景下极具现实性、紧迫性和必要性。

总而言之，英国刑事立法中的煽动行为独立入罪化虽然分属不同法案，但是依然特点鲜明、杂而不乱，煽动目的在其中表现出的积极作用更是值得引起我国刑事立法的关注和思考。

2. 美国

美国刑事立法中的煽动行为独立入罪化规定较之英国更为丰富，针对不同法益保护对象的刑罚幅度波动是美国刑事立法中煽动行为独立入罪化的一大特色。

（1）美国刑事立法例梳理。美国刑事立法中的煽动行为独立入罪化分布法案繁多，从联邦法规到各个州法规，都能发现煽动行为独立入罪化的规定。对此笔者拟从联邦刑事立法中选取典型的煽动行为独立入罪化罪名作以分析。

《美国法典》第 18 卷犯罪与刑事诉讼的第 2385 节规定了颠覆政府罪（advocating overthrow of government）。该罪名原被规定于《史密斯法案 1940》（Smith Act of 1940）之中，后被编入《美国法典》。颠覆政府罪包含 3 种煽动行为的具体情形，这种列举式立法模式与英国《公共秩序法案 1986》中煽动种族仇恨罪的立法模式十分相似。具体而言，第一种情形是煽动使用暴力手段颠覆美国政府、州政府的行为，构成煽动颠覆政府罪需要煽动者具备明知与故意的主观要件，煽动行为在该情形中被多样化表述为"劝告""怂恿""提倡"等形式。第二种情形是实施发行煽动颠覆政府出版物的行为，该情形与英国《恐怖主义法案 2006》鼓励恐怖主义罪中规定的传播恐怖主义出版物罪相似，均将发行、出版行为作为煽动行为的主要实施方式。第三种情形是组建煽动颠覆政府组织的行为，该情形在其他国家刑法中较为罕见。一般而言，煽动者通常以个体形式出现，社团、集团等形式并不是常见的煽动行为实施主体，而《美国法典》第 18 卷第 2385 节的规定，意味着将刑事打击视野由个体转向社团，同时，该情形的列举使得刑事打击对象由煽动行为前移至煽动行为前的组织行为。从上述两点可以看出，《美国法典》第 18 卷第 2385 节对于煽动颠覆政府行为采取了从严打击、扩大覆盖的立法态度，这与其他国家相对审慎的立法态度存在一定程度的差异。

叛乱罪（sedition）中包含的煽动叛乱罪（guilty of sedition）是美国刑事立法中一处典型的煽动行为独立入罪化，规定于《美国军事司法统一法典》第 94 条，编入《美国法典》第 10 编

"武装力量"分编 A 第 2 部分 "人员" 的第 47 章第 894 节之中。该法典第 94 条（a）（2）规定："受军事义务约束的任何人以推翻政府为目的，与其他人联合实施反对该政府的煽动、暴力或者破坏行为的，构成叛乱罪。"在该罪中，煽动叛乱行为是作为叛乱犯罪的具体情形之一出现的，行为人与其他人联合实施反对该政府的暴力行为或者破坏行为，也可以构成叛乱罪。构成叛乱罪除行为人需要满足上述具体情形外，还应当具备目的要素，即以推翻政府为目的，否则即使行为人实施了上述具体情形中的行为，也不能认定其构成叛乱罪。基于叛乱罪严重的危害性，美国刑事立法为该罪设置了极为严重的刑罚，"被判定犯有企图叛变、叛乱、煽动叛乱的人，抑或未能镇压或举报叛乱或煽动叛乱的人，应受到死刑或军事法庭的审判"。

另一处美国刑事立法中煽动行为独立入罪化的立法例是《美国法典》第 18 卷犯罪与刑事诉讼的第 2101 节规定的暴动罪。该罪列举了共 4 项可以构成暴动犯罪的具体情形，其中第 1 项即为煽动实施暴动的行为。可见，煽动行为在该罪中仅是作为实行行为的一种具体情形存在的。独立成罪形式并非煽动行为独立入罪化的唯一表现方式，如上述暴动罪中将煽动行为作为实行行为的具体情形同样属于煽动行为独立入罪化的范畴。

此外，在《美国法典》第 18 卷犯罪与刑事诉讼的第 1091 节（c）中，还规定了种族灭绝罪（genocide），与上述暴动罪中煽动行为独立入罪化采用的方式相同，煽动种族灭绝行为被作为具体情形之一规定于该罪之中，以非独立成罪形式呈现了煽动行为的独立入罪化，煽动种族灭绝罪的罪状内容较为简明，在此不赘。

（2）美国刑事立法例评介。美国刑事立法中的煽动行为独立入罪化较英国而言，数量上更为丰富。仅《美国法典》中煽动行为独立入罪化的条文数量就已经超过了英国刑事立法中的条文数量，更何况还有各个州的相关法规。

从内容角度看，美国刑事立法中的煽动行为独立入罪化也有着鲜明的特点。首先，《美国法典》中煽动行为独立入罪化主要与危害国家安全犯罪以及种族灭绝犯罪相关联，对于其他犯罪而言，煽动行为的可罚性并未得到确认。其次，《美国法典》中的煽动行为独立入罪化以国家安全作为主要保护对象，法益保护的倾向性十分明显。再次，《美国法典》中有些煽动行为独立入罪化的罪名成立需要行为人具备煽动目的要素。由此可见，无论是法国刑法，还是英国《公共秩序法案1986》，抑或美国刑事立法对于将煽动目的引入煽动行为独立入罪化之中均采取了积极态度。最后，《美国法典》第18卷第2385节的规定将煽动行为的可罚性主体引向自然人个体以外的社会团体，体现出美国刑事立法对于社会团体实施煽动行为危害性的重视与关注。

除数量规模差异性外，美国刑事立法中的煽动行为独立入罪化无论从法益保护对象角度，还是从犯罪成立要件的取舍角度，与英国刑事立法中的煽动行为独立入罪化共同点颇多，甚至与上文所列举的大陆法系国家刑法中关于煽动行为独立入罪化的规定也存在很多呼应之处。由此可见，尽管世界各国分属法系不尽相同，但是刑事立法在对于煽动行为的犯罪化态度上却不谋而合，提升煽动行为的入罪门槛已成共识。对此，我国刑事立法也应当立足于我国煽动行为的本土化发展特点，以及我国刑事立法与司法中煽动行为独立入罪化的立法特点，着重思考入罪门槛的科学设计，构建罪刑相适应的刑事制裁体系，在有效应对煽动型犯罪的同时，保障公民言论自由权利的充分行使，实现打击犯罪与保障人权的统一和平衡。

（二）英美法系刑事立法例的特征分析

整体而言，英国与美国刑事立法就煽动行为独立入罪化的规定存在一定相似之处，但各自立法倾向也很鲜明，在法益保护方面表现得尤为突出。

1. 法益保护的倾向性

英国与美国刑事立法中的煽动行为独立入罪化在法益保护倾向性上差异较为明显。英国刑事立法中的煽动行为独立入罪化主要规定于《公共秩序法案 1986》与《恐怖主义法案 2006》之中，分别为煽动种族仇恨罪和鼓励恐怖主义罪。从保护法益角度看，煽动种族仇恨罪中的种族含义较为丰富，包含颜色、民族、国籍等方面内容，煽动行为表现方式即为煽动他人针对不同种族人实施辱骂、侮辱等冒犯行为，进而引发不同种族之间的仇恨，对公共秩序造成危害，其保护法益为不同种族之间平等、民主及社会公共秩序的安定有序。而刑法学者对于恐怖主义犯罪侵害法益的争议较大，我国刑法将涉恐怖主义犯罪放置在刑法分则第 2 章中，公共安全则是我国刑法语境下恐怖主义犯罪的保护法益，这个结论也得到了很多刑法学者的认可。基于上述分析可以看出，英国刑事立法中煽动行为独立入罪化的保护法益重心已经向公共秩序、公共安全等法益类型倾斜。《重罪法案 2007》第 2 章的内容尽管涉及国家安全保护的内容，但是由于其仅属于教唆行为独立入罪化的典型规定，因此不能纳入煽动行为独立入罪化的研究范围。

反观美国，在美国刑事立法中，国家安全是煽动行为独立入罪化法益保护的重中之重。《美国法典》中共有 4 个涉及煽动行为独立入罪化的罪名，其中有 3 个罪名以国家安全作为保护法益，仅有煽动种族灭绝罪以其他法益类型作为该罪的保护法益。虽然美国各个州法规也存有大量煽动行为独立入罪化的立法例证，如新泽西州法规中规定的煽动种族、宗教仇恨罪，但是从整体上看，国家安全无疑是美国刑事立法最为重点的法益保护对象，这与英国刑事立法将国家安全和公共安全并重的法益保护策略有所区别。

　　2. 刑罚设置的严厉性

　　英国刑事立法中煽动行为独立入罪化的刑罚设置较为统一，在《公共秩序法案 1986》中，针对煽动种族仇恨罪设置了两档刑罚，规定在该法案第 3 部分的补充条款之中，具体内容为："任何人犯本部分所规定犯罪：（a）一经公诉程序定罪，可判处七年以下监禁或罚款，或两者兼施；（b）一经简易程序定罪，可判处六个月以下监禁或罚款不超过法定最高限额，或两者兼施。"在《恐怖主义法案 2006》中，鼓励恐怖主义罪被具体区分为 3 种具体情形，尽管如此，该罪的刑罚设置并不因三种具体情形的不同而改变，在《恐怖主义法案 2006》第 1 部分中明确规定："一经公诉程序定罪，可判处七年以下监禁或罚款，或两者兼施。"

　　美国刑事立法中煽动行为独立入罪化的刑罚设置要显得更为严厉，其中《美国法典》第 18 卷第 2385 节规定了煽动颠覆政府罪的刑罚内容："被判处罚款或二十年以下监禁，或两者兼施，在定罪后的五年内，在美国政府或其他任何部门或机构不能被雇用。如果两个或两个以上的人，通谋犯本节所列举的任何罪行的，每个人将被判处罚款或二十年以下监禁，或两者兼施，并且在定罪后的五年内，在美国政府或其他任何部门或机构不能被雇用。"需要注意的是，煽动颠覆政府罪不仅为煽动颠覆政府行为设置了上限为 20 年的自由刑与罚金刑，还为其设置了在一定年限内限制行为人就业权利的刑罚，在提高自由刑上限的基础上，更强调了对行为人权利和资格的限制与剥夺，该罪刑罚设置的严厉性可见一斑。规定于《美国法典》第 10 编 "武装力量"第 894 节的叛乱罪的刑罚设置则更为严厉，正如上文所述，实施煽动叛乱行为被认定为叛乱罪可能被判处最高刑为死刑的刑罚，如此严厉的刑罚设置无论在英美法系国家中，抑或大陆法系国家中都是极为罕见的。对于煽动暴动罪与煽动种族灭绝罪而言，刑罚严厉性在这两个罪名中趋于正常，恢复到与英国刑事立法中煽动行为独立入罪化的刑罚严厉性相当的水平。具体而言，实施煽动暴动行为，"将被处以罚款，或五年以下监禁，或两者兼施"，而实施煽动种族灭绝行为，"将被处五十万元以下罚金或五年以下监禁"。

由此看来，美国刑事立法对于煽动实施具有武装暴力性质的犯罪的煽动行为采取了严厉制裁的立法态度，并为此设置了严苛的法定刑。而对于煽动具有非武装暴力性质的犯罪的煽动行为，美国刑事立法又为其设置了较轻的法定刑——5 年以下自由刑，而英国刑事立法中煽动行为独立入罪化常见的刑罚幅度是 7 年以下自由刑。综上所述，"重其重罪轻其轻罪"是美国刑事立法中煽动行为独立入罪化的刑罚严厉性表现，而温和性和统一性则是英国刑事立法中煽动行为独立入罪化所具备的法定刑特点。

第二节　煽动行为独立入罪化的我国镜鉴

我国煽动行为入刑、入罪的历史虽然悠久，但是在罪刑法定时期方始形成的煽动行为独立入罪化与域外国家相比起步较晚，尽管经历了快速的发展过程，现行刑事立法与司法解释中的煽动行为独立入罪化初具规模，却仍有许多有待完善之处。借鉴域外立法经验是一条加速我国煽动行为独立入罪化发展完善的捷径。然而，这也并不意味着我国刑事立法要采用"拿来主义"，而是应当在批判与反思的基础之上去糟存精，根据我国国情与社会发展现实，研究确定借鉴的内容与方向。

一、域外立法中目的要素的功能与价值

从域外立法例看，目的要素的明确化是煽动行为相关罪名中的主要特色，发挥了限缩煽动行为独立入罪化成立范围、提高入罪门槛的重要作用，最大限度地保障了公民言论自由权利的行使。将目的要素引入我国煽动行为独立入罪化的犯罪评价机制是否具有必要性值得进一步研究分析。

（一）目的要素的域外法经验

大陆法系国家对于煽动行为成立犯罪应当具备目的要素较为认同，不具备目的要素的煽动行为通常难以评价为犯罪。例如，德国刑法第 130 条煽动叛乱罪，"……d. 为了使用它或者由它所得到的 a 至 c 意义上的片段或者为了使他人能够使用而制作、得到、提供、贮存、供给、通告、吹嘘、输入或者输出……"在该条罪名中，煽动叛乱罪的认定除行为方式、危害后果等条件外，犯罪主观方面还需要满足目的要素的要求。法国刑法对于煽动行为需要具备目的要素的规定较为丰富，如法国刑法第 412-4 条规定："参加暴动并有下列行为的，处 15 年监禁并科 225000 欧元罚金：1. 修筑街垒或防御工事，建造任何旨在阻止或妨碍公共力量采取行动之工事……"在该条罪名中，"旨在阻止或妨碍公共力量采取行动之工事"即是成立该罪的目的要素。又如，法国刑法第 413-4 条规定，"旨在危害国防，以任何手段煽动军人或任何形式服兵役的人员不服从命令的，处 5 年监禁并科 75000 欧元罚金。通过纸质或视听传媒进行煽动的，确定责任人时应适用有关法律特别规定"。在该条罪名中，"旨在危害国防"即为典型的目的要素，是成立该罪所必需的要件要素之一。除此之外，

英美法系国家刑事立法也表现出对于目的要素定罪价值的肯定，如英国《公共秩序法案 1986》中的煽动种族仇恨罪以及《美国法典》第 10 编中的叛乱罪等，都将目的要素作为犯罪成立的必要条件。

（二）目的要素的功能与价值

在域外立法中，目的要素在煽动行为独立入罪化中扮演了极为重要的角色，其主要功能在于通过特定目的的设定，为煽动行为的定罪处罚设置更严格的门槛条件，实现批评性言论与煽动性言论的区分。

首先，目的要素使煽动行为的入罪门槛得到进一步提高。在《法国刑法总论精义》中，法国刑法学家卡斯尔·斯特法尼指出法国刑法在规定犯罪时，通常并不将犯罪动机（目的）作为考虑的对象，仅考虑犯罪故意就已足够，无论动机（目的）有无，均不影响对犯罪的制裁，但这也并非绝对，法国刑法同时规定了在处理某些特殊犯罪时，犯罪目的应当作为考虑的对象。① 换言之，在法国刑法中，对于已经明确规定犯罪目的的特殊犯罪，在行为人不具备这些犯罪目的时，仅有犯罪故意并不足以评价其行为的犯罪性，这就意味着煽动行为的入罪门槛在目的要素的作用下得到了提高。

其次，目的要素的加入将批评性言论排除在具有犯罪性的煽动行为范畴之外。随着信息传播途径的极大便利，公民个人在获取信息的方式上更为多样化，这使得很多社会事件通过网络得以发酵，引发了众多网友的关注和讨论，其中不乏批评性言论。一般而言，批评性言论与具有犯罪性的煽动行为较容易区分。然

① 参见［法］卡斯尔·斯特法尼：《法国刑法总论精义》，罗结珍译，中国政法大学出版社 1998 年版，第 253-255 页。

而，无论在现实社会中抑或网络空间中，总有一些批评性言论会出现偏激、极端的倾向，同时伴随着一定程度的煽动性。尽管如此，不具有任何煽动目的的批评性言论是难言犯罪性的，因此需要刑法为其设置某种路径实现出罪化处理。目的要素的入罪限缩功能正是针对此类批评性言论发挥作用，从而将其划出刑事制裁的"火力网"。

最后，目的要素的入罪限缩功能有利于实现刑事立法保障权利与制裁犯罪的价值平衡。就刑法权利保障与打击犯罪的功能而言，后者无疑是更为容易实现的。打击犯罪是刑法的"长矛"，保障权利是刑法的"盾牌"，长矛是主动出击，盾牌是被动防御。主动出击比被动防御更具侵略性，这就使刑法如果不谨守谦抑性原则，则很可能沦为权利的侵害者。因此，对于刑法的"长矛"必须加以限制，在打击犯罪与保障权利中谋求的合理平衡。目的要素恰好可以提高煽动行为的入罪门槛，使刑法打击范围进一步缩小，使公民言论权利行使环境更为自由、通畅，彰显刑法保障公民权利的价值取向。

二、借鉴目的要素的可行性路径与方式

在我国现行涉及煽动行为的独立罪名中，"情节严重"多是入罪门槛角色的主要扮演者，另行引入目的要素作为入罪门槛，如此"双重门槛"恐怕将大幅削弱刑法治罪功能。对此，引入目的要素的目标应当是将具有犯罪性的煽动行为纳入刑事制裁的范围，对于不具有犯罪性的其他言论行为则受到刑法的保护，确保公民可以自由、充分行使合法的言论自由权利。

（一）引入目的要素的现有基础

借鉴目的要素使其在我国刑事立法与司法中发挥实效，一方面得益于目的要素在现有犯罪性评价中的重要作用，另一方面得

益于司法实践对于目的要素的既有探索。

1. 目的要素在犯罪性评价中的角色定位

从内涵上看，所谓目的一般是指预先设想的行为结果。而在德国刑法学者汉斯·韦尔策尔看来，行为是对目的活动执行的结果，目的活动是被人有意识地引向目标的一种作用。① 在煽动行为独立入罪化语境中，目的即为煽动目的，是预先设想的煽动行为能够实现的具体内容，而该具体内容由于与法律规范相违背，使煽动目的具有不法特征。

当前，煽动行为独立入罪化中的目的要素多是通过犯罪的客观方面推断所得，在对犯罪主观方面的认定中，煽动目的往往不受重视，并未成为单独考察对象。忽略煽动目的所导致的弊端十分明显：犯罪认定过于向犯罪客观方面倾斜，可能会造成刑法打击面的扩大化。正如梅传强副教授所论："犯罪目的不同，不仅表明行为人的主观恶性有差异，所构成的犯罪类型不同，而且在犯罪目的是犯罪构成必备要件的情形下，它还是区分罪与非罪的标志。"② 笔者认为，对于犯罪客观方面的判断尽管直接、简单，但是容易造成判断结论的片面与僵化，尤其在对不法言论科处刑罚的背景下，对行为人主观恶性的全面考察也同样重要。仅关注行为客观危害性，将会导致不具有任何煽动目的的批评性言论或者其他言论被刑法"误伤"，模糊罪与非罪的界限。刑法的合理性与科学性就是要在看似矛盾的价值中谋求平衡，所谓平衡即是指将具有犯罪性的行为加以制裁，对于不具有犯罪性的行为加以

---

① 参见［德］汉斯·韦尔策尔：《目的行为论导论——刑法理论的新图景（增补第4版）》，陈璇译，中国人民大学出版社2015年版，第1—5页。

② 梅传强：《双重视野中的犯罪目的》，载《现代法学》2004年第3期。

保护，"宁错勿放"早已不再是现代刑法所应树立的价值立场。就煽动行为而言，煽动行为的犯罪性既表现为外在的客观危害性，同时也表现为内在的主观恶性，主观恶性的有无与强弱都与目的要素紧密相关，对于不具煽动目的的言论行为难言刑事制裁，因此目的要素在犯罪性评价中的重要作用不应被忽视。

2. 司法实践对目的要素的既有探索

在我国现行刑法与司法解释中，煽动行为独立入罪化所涉及的相关罪名并没有目的要素的规定，对于目的要素的判断是纳入犯罪故意的判断之中一并完成的。尽管如此，目的要素却是司法实践中不折不扣的"常客"。一方面，在多数涉及煽动行为的刑事案件辩护意见中，被告人不具有煽动目的是辩护人重点论述的内容。① 例如，［案例16］郭泉煽动颠覆国家政权案，在该案辩护意见中也以被告人不具有煽动目的作为主要的辩护理由："国家政权是指人民对国家政权机构的控制，郭泉并无颠覆人民对国家机构的控制的主观目的。"② 另一方面，在不同法院对于煽动行为的认定中，是否应当包括煽动目的，意见并未统一。例如，［案例17］李秦华煽动颠覆国家政权案，在该案二审刑事判决书中，二审法院对于李秦华煽动行为的认定表述为："上诉人李秦华在互联网上设立个人主页，并在该主页登载具有煽动颠覆国家政权的反动文章，供网民浏览、下载，其行为已构成煽动颠覆国家政权罪。"③ 可见，二审法院对于李秦华煽动行为的认定，依

---

① 参见陈小彪：《言论自由的刑法边界》，西南政法大学2012年博士学位论文。

② 《郭泉颠覆国家案辩护词》，载法邦网，https://lawyer.fabao365.com/10334/article_41602/，2024年6月25日访问。

③ 《李秦华煽动颠覆国家政权案》，载法律服务网，http://www.fl160.com/case_browse.php? id=1502177130，2017年11月2日访问。

据的是李秦华所实施的客观行为，并未重点关注和论述李秦华成立犯罪是否应当具备主观目的，目的要素在该案判决中被彻底忽略。也有一些法院的刑事判决书中体现出了对于目的要素的重视，如上文提及的巴敦煽动颠覆国家政权案，在该案刑事判决书中，法院对于巴敦煽动行为的认定表述为："被告人巴敦因不能正确对待组织安排而对社会主义制度不满，出于颠覆国家政权的目的，与境外敌对组织和个人建立联系，长期收听境外敌对广播宣传并向他人进行传播，提议组建反动组织。"其中"出于颠覆国家政权的目的"则是该案法院对目的要素的司法表述。在该案中，尽管判决所依据的刑法条文并没有涉及煽动目的要求，但该案法院依然在判决书中对煽动目的进行了强调，这充分体现出司法实践对于目的要素定罪价值的肯定。

（二）引入目的要素的路径探讨

有学者在对于煽动型犯罪的研究中指出，我国煽动型犯罪（主要针对煽动分裂国家罪，煽动颠覆国家政权罪，煽动民族仇恨、民族歧视罪）均需要在罪状表述中明确特定的目的要素。[①]也就是说，根据这一观点，应当将目的要素作为积极的构成要件要素全面引入我国煽动型犯罪之中。笔者对此持不同意见。在罪状表述中明确规定目的要素，势必将与"情节严重"这个已有入罪门槛形成"双重门槛"，对煽动行为的刑法治理而言，无疑是极为不利的。由此可见，域外法国家中的目的要素，恐怕不能通过"拿来主义"引入我国，较为妥当的做法是将目的要素作为注意规定以实现其功能价值。

积极的构成要件要素与消极的构成要件要素是刑法理论对于

---

① 参见班克庆：《煽动型犯罪研究——以宪法权利为视角》，苏州大学 2012 年博士学位论文。

构成要件要素的分类方式之一，前者是指构成要件中从正面肯定犯罪的要素，后者是指构成要件中从反面否定犯罪的要素。① 例如，刑法第 389 条关于行贿罪的规定即同时包含了积极的构成要件要素与消极的构成要件要素，其中第 1 款规定："为谋取不正当利益，给予国家工作人员以财物的，是行贿罪。"该款规定即为积极的构成要件要素。第 3 款规定："因被勒索给予国家工作人员以财物，没有获得不正当利益的，不是行贿。"该款规定即为消极的构成要件要素。在上文中，笔者列举了相关域外法国家关于目的要素在煽动行为独立入罪化中的法律规定，不难发现的是，这些国家刑事立法中的目的要素，通常是作为积极的构成要件要素存在的，我国煽动行为独立入罪化引入目的要素是否应当遵循此规律值得思考。

笔者的观点是，目的要素不宜作为积极的构成要件要素单独规定于煽动行为独立入罪化的相关罪名中。一方面，在危害国家安全犯罪、危害公共安全犯罪中引入目的要素作为成立犯罪的积极构成要件要素，不利于实现重要法益的刑法保护，与现有刑事政策背道而驰。有学者在论及危害国家安全犯罪时认为，"法律并没有特别要求行为人主观方面必须出于故意以外，还需附加具有危害国家安全的特殊目的"。② 这是从实然法角度对危害国家安全犯罪定罪评价的整体考量。刑事立法为什么会选择煽动分裂国家行为与煽动颠覆国家政权行为作为危害国家安全罪中的独立罪名，既是基于国家安全法益具有超过其他法益类型的重要性程度，刑事立法通过增设罪名的方式织密法网，强化法益保护的效

---

① 参见张明楷：《犯罪构成体系与构成要件要素》，北京大学出版社 2010 年版，第 128-129 页。

② 赵秉志主编：《危害国家安全罪暨相关犯罪的法律适用》，中国法制出版社 2015 年版，第 68 页。

果，也是出于诸如"打早打小"刑事政策的考虑，提前刑法的介入时间，不仅要打击分裂国家、颠覆国家政权的实行行为，而且要打击煽动实施分裂国家、颠覆国家政权的煽动行为，进一步强化国家安全法益的刑法保护效果。将目的要素作为积极的构成要件要素，另行在煽动行为独立入罪化中进行明确，势必将大幅增加司法证明难度。正如刑法学者所论，"一旦犯罪主观要件成为辩方的抗辩理由，证明就成为一个异常艰难的任务，有限的证明手段让控方处于相当不利的境地，也使事实审理者难辨真伪"。①

另一方面，在我国刑法理论中，目的要素可以进而划分为作为直接故意核心内容的目的以及"目的犯"中的特定目的，② 尽管从相关域外法国家关于煽动行为独立入罪化中目的要素的规定可以看出，目的要素是刑事立法在规定犯罪时重点考虑的内容，但从我国刑法理论的视角看，相关域外法国家关于目的要素的规定恐怕与目的犯中的特定目的仍存在差别。所谓特定目的，在我国现行刑法中主要体现为"以营利为目的""以牟利为目的""以非法占有为目的""为谋取不正当利益"等，这些特点目的与相关域外法国家中"旨在危害国防""旨在阻止或妨碍公共力量采取行动之工事"等目的要素的规定很难形成体系性的融洽，对于作为积极构成要件要素的目的要素而言，尚不能与目的犯中的特定目的等同看待，如果将煽动行为独立入罪化中的目的要素涵盖于犯罪故意之中，成为直接故意的核心内容，似乎也多此一举——此时煽动行为独立入罪化中作为直接故意核心内容的目的

---

① 吴丹红：《犯罪主观要件的证明——程序法和实体法的一个联接》，载《中国刑事法杂志》2010 年第 2 期。

② 参见阮齐林：《刑法学（第三版）》，中国政法大学出版社 2011 年版，第 108-109 页。

要素已经作为积极的构成要件要素而存在。在对煽动行为进行犯罪性认定时，作为犯罪构成主观方面的犯罪故意是犯罪成立必须具备的要件，另行引入目的要素并无必要。

事实上，将目的要素作为消极的构成要件要素在罪名罪状中单独加以规定也是不合适的。正如上文所论，在我国刑法语境下，涉及煽动行为的独立罪名中目的要素并非目的犯中的特定目的，而是作为直接故意中的一项核心内容存在的，其本身具有积极的构成要件要素性质。这意味着，无论是从积极的、正面的角度明确某些目的要素是成立犯罪的必备要素，抑或是从消极的、反面的角度明确某些目的要素会带来否定犯罪的后果，其本质并非积极的构成要件要素或者消极的构成要件要素，仅是属于注意规定的范畴。因为倘若将目的要素作为消极的构成要件要素，参考印度刑法第 124 条（A）的附加说明，表述为"不赞成政府措施的评论，其目的在于以合法手段变更这项措施，而未煽动或企图煽动仇恨、蔑视或不满情绪的，不构成本罪"，① 这等同于强调了该罪仅能由故意构成，煽动者若出于上述目的实施所谓的煽动行为，则表明煽动者并不具有犯罪故意，因而否定其行为的犯罪性。由此可见，若要发挥目的要素的入罪限缩功能，以积极或者消极的构成要件要素在罪名罪状中单独规定似乎都不可取。

在笔者看来，现阶段我国刑事立法与司法较为妥当的路径是以注意规定的形式对目的要素加以明确。以注意规定的形式明确目的要素，既可以避免因目的要素的定位引发的理论争议与纠结，也可以确保目的要素应有价值功能的发挥。通过对目的要素的强调，提示司法人员在办理涉及煽动行为的案件时，应当重点注意区分具有合法性的批评性言论与具有犯罪性的煽动性言论，

---

① 赵秉志主编：《英美刑法学》，科学出版社 2010 年版，第 488 页。

从而达到释放公民言论自由权利行使空间，保障公民言论权利行使自由的最终目的。

笔者认为，通过司法解释针对涉及煽动行为的独立罪名作出注意规定是较为简单可行的，对刑法分则条文体系影响较小。同时，注意规定的内容有两个角度可供选择：第一个角度是直接明确成立犯罪应当具备的目的要素；第二个角度是直接明确否定犯罪成立的目的要素。

从域外法经验看，各国刑事立法对于目的要素的规定角度不尽相同，上述所列举的法国、美国、英国等国家通常采用了第一个角度，即直接在法律条文中规定成立犯罪所应当具备的目的要素。除此之外，其他国家也有从正反两个角度同时对目的要素加以明确，如加拿大刑法第 59 条第 4 款即规定，"任何人，实施下列行为，应被推定有煽动性意图：发表或传播书面材料主张在未经法律许可时，使用武力，作为在加拿大境内变更政府之手段"。同时，加拿大刑法第 60 条规定，"尽管有第 59 条第 4 款的规定，不得因任何人出于善意目的实施下列行为，而视为其具有煽动性目的：表明女王陛下之措施已被误导或出现错误；指出错误或缺点存在于加拿大政府或宪法或某个省中，或议会或省立法机构中，或加拿大司法中；以合法手段，促使或变更加拿大政府之事务；为消除而指出引发或可能引发加拿大不同阶层人民之间敌对感情或敌视情绪之事项"。① 再如，上面所提到的印度刑法第 124 条（A）的规定，即煽动叛乱罪中的犯罪意图包含引起或企图引起对印度政府仇视或藐视的目的或煽动或企图煽动对印度政府的不满情绪的目的。该条附加说明指出，不赞成政府措施的评论，其目的在于以合法手段变更这项措施，而未煽动或企图煽动仇

---

① 参见赵秉志主编：《英美刑法学》，科学出版社 2010 年版，第 488 页。

恨、蔑视或不满情绪的，不构成本罪；不赞成政府行政或其他措施的评论，而未煽动或企图煽动仇恨、藐视或不满情绪的，不构成本罪。①

　　笔者认为，目的要素的价值功能主要体现为提高入罪门槛与保障公民权利行使自由，从这一角度看，加拿大与印度刑法的规定从正反两个角度对目的要素加以明确，既明确指出成立相关犯罪所应具备的目的要素，也明确指出在例外情况下，出于所列举目的实施行为的不应当认定具有犯罪目的。目的要素的价值功能在正反两个角度的规定下可以得到最大限度的彰显。就我国刑事立法与司法而言，加拿大与印度刑法的有益经验值得借鉴，通过司法解释为涉及煽动行为的独立罪名设置注意规定，从正反两个角度明确目的要素的内容，是相对简单易行的目的要素引入路径。

---

　　① 参见赵秉志主编：《英美刑法学》，科学出版社 2010 年版，第 488页。

第六章　煽动行为独立入罪化的发展方向与趋势研判

针对煽动行为在双层区分制共犯论体系下出现的定罪量刑问题，以煽动行为独立入罪化实现煽动行为的有效制裁无疑是现阶段以及未来很长一段时期我国刑事立法与司法的理想选择。随着信息网络时代的来临，互联网逐渐成为煽动行为的主要实施工具与传播空间。展望煽动行为独立入罪化的未来发展，网络煽动行为的高发频发应该引起重视。分析网络煽动行为与传统煽动行为的异同，是实现有效防治网络煽动行为的前提基础，也是研判煽动行为独立入罪化犯罪圈变化趋势的重要依据。

第一节　双层区分制下煽动行为独立入罪化的必要性

我国刑法共犯体系以双层区分制为特色。第一层以共同犯罪人的不同分工，分为实行犯、教唆犯、帮助犯，第二层根据共同犯罪人在犯罪中的不同作用分为主犯与从犯。我国刑法共犯体系的双层区分制与大陆法系刑法理论中所谓"单一正犯"概念以及"二元共犯"概念有着明显不同。在我国双层区分制共犯体系下，对煽动犯罪行为与煽动非犯罪行为的定罪量刑存在诸多难以回避的定罪尴尬与量刑不足问题。因此，通过独立入罪化途径实现煽动行为的入罪评价规范化与量刑结论科学化具有重要的现实意义。本节即为在双层区分制共犯体系视角下，对煽动行为独立入罪化的必要性重申。

一、独立入罪化与煽动行为的入罪规范化

在双层区分制共犯体系中，第一层级解决了共同犯罪参与人的定罪评价问题，而在第一层级中依照大陆法系传统共犯理论又存在"单一正犯"与"二元共犯"之争。所谓"单一正犯"是指将对构成要件实现有贡献之人均理解为正犯，对实行、帮助以及教唆不作区分;[1] 所谓二元共犯是指对作用于同一犯罪事实的所有犯罪人，根据其参与的形式分为正犯与共犯，并且不仅就犯罪之成立在概念上区分正犯和共犯，在刑罚评价上同样对二者加以区分，即正犯的处罚通常重于共犯。[2] 笔者认为，我国刑法中的共犯参与体系并不能够完全归入单一共犯或二元共犯之中。一方面，我国刑法并未明确将共犯参与人划分为所谓实行犯、帮助犯与教唆犯，刑法第 27 条中的"起辅助作用的"共犯参与人与大陆法系传统共犯理论中的帮助犯不能完全等同，起辅助作用的正犯是完全可能存在的。同时，我国刑法也并未为帮助犯、教唆犯单独设置从轻或者减轻于正犯（实行犯）的法定刑，这却恰恰是二元共犯体系的鲜明标志。对于共同犯罪参与人的量刑处罚在我国刑法中是第二层级所要讨论的问题。即以共同犯罪参与人在犯罪中的参与程度、所起作用不同，区分主犯、从犯、胁从

---

[1]　参见刘洪：《我国刑法共犯参与体系性质探讨——从统一正犯视野》，载《政法学刊》2007 年第 4 期。

[2]　参见刘明祥：《论中国特色的犯罪参与体系》，载《中国法学》2013 年第 6 期。

犯，从而实现量刑处罚，主犯与从犯并不必然对应实行犯、帮助犯与教唆犯。因此，我国刑法并没有采用二元共犯体系。

另一方面，我国刑法第 29 条规定为教唆未遂情况单独设置了量刑处罚机制，认为我国刑法是以单一正犯构建了共同犯罪参与体系的观点，显然也并不恰当。对此笔者认为，我国共犯参与体系倾向于单一正犯，但并未完全割裂与二元共犯的关联，可以说是介乎于二者之间的共同犯罪参与体系。如此一来，既可以免除苦于区分帮助犯、教唆犯、正犯的困境，又可以避免一味从轻、减轻处罚帮助犯、教唆犯所造成的量刑不足问题。

事实上，即便如此，我国双层区分制共同体系的第一层级也无法妥当解决煽动行为的入罪规范化问题，传统教唆犯定罪机制对于煽动行为的定罪评价疲态已现。煽动行为较教唆行为所表现出的特殊性，使得套用教唆犯模式解决煽动行为的定罪问题困难重重，煽动行为入罪范围的规范化发展方向更是无从谈起。因此，实现煽动行为的入罪规范化需要依靠独立入罪化的途径完成。

（一）煽动犯罪行为的入罪规范化需要依靠独立入罪化完成

煽动犯罪行为的定罪评价需要依靠独立入罪化完成。煽动行为的特殊性决定了其关联实行行为的范畴远远超过教唆犯的关联实行行为，实行行为罪量不足与单纯煽动行为引发的定罪难题，持续困扰着传统教唆犯模式对于煽动犯罪行为的适用。依教唆犯评价煽动犯罪行为引发的刑事谴责性不足问题也同样难以回避和解决，而通过独立入罪化的途径，则可以妥善实现对于煽动犯罪行为的恰当评价。

煽动犯罪行为的犯罪圈划定需要依靠独立入罪化完成。煽动行为的犯罪圈划定涉及刑法治罪功能与公民言论自由权利之间的博弈与平衡，因此刑事立法与司法应当以谨慎的态度面对煽动行为的犯罪化问题。在教唆犯语境下，对于教唆行为的处罚主要依据刑法第 29 条的规定，也就是说，除刑法分则涉及教唆行为的独立罪名外，其余教唆行为的惩处都应当依据刑法第 29 条完成。由此引发的问题是，如果套用教唆行为的定罪机制处理煽动行为，针对所有法益类型的煽动行为都将纳入犯罪性评价范畴。然而，对于煽动行为的入罪入刑应当仅限于侵害重要法益类型的煽动行为早已为各国刑事立法所共识，套用教唆犯处理煽动行为将造成煽动行为犯罪圈的模糊化，将直接影响刑法权利保障功能的实现。因此，唯有将煽动行为进行独立入罪化处理，通过刑法分则与司法解释明确列出应当予以刑事制裁的煽动犯罪行为，以实现煽动犯罪行为犯罪圈的清晰化。

总而言之，相比教唆犯的传统定罪机制，独立入罪化能够更好地规范煽动犯罪行为的入罪评价。在我国双层区分制共犯体系下，煽动犯罪行为独立入罪化的必要性应当予以肯定。

（二）煽动非犯罪行为的入罪规范化需要依靠独立入罪化完成

煽动非犯罪行为的入罪规范化包括两个方面内容：一方面，在煽动非犯罪行为情况下，煽动者与被煽动者之间并不成立共犯关系，因此利用双层区分制共犯体系下教唆犯评价机制无法实现对于煽动非犯罪行为的定罪处罚，而通过独立入罪化却可以恰到好处地解决煽动非犯罪行为的定罪处罚问题。另一方面，煽动行为独立入罪化的犯罪圈扩大化趋势逐渐形成，煽动非犯罪行为的入罪范围也将随之变化，煽动未成年人自杀、自害行为的入罪化需求越发紧迫。如何能够针对煽动未成年人自杀、自害行为的具体特点，在遵循刑法未成年人保护理念的基础之上，进一步明确煽动未成年人自杀、自害行为的内涵与外延，完备罪名罪状表述，科学设置法定刑种类与幅度，这些问题都难以通过双层区分制共犯体系下教唆犯定罪评价机制加以解决。因此，无论从回应现阶段煽动非犯罪行为的处罚需求角度，还是从预置未来煽动非犯罪行为的打击手段角度，独立入罪化都是实现煽动非犯罪行为入罪规范化的最佳选择。

二、独立入罪化与煽动行为的量刑科学化

在双层区分制共犯体系中，第一层级解决了共同犯罪参与人的定罪评价问题，第二层级解决了共同犯罪参与人的量刑处罚问题，即主从犯区分量刑机制的适用。然而，主从犯区分量刑机制很难科学地实现煽动行为的量刑处罚。煽动者与被煽动者成立共同犯罪情况下的量刑不足问题，以及煽动者与被煽动者无法成立共同犯罪情况下的无法量刑问题，都是双层区分制共犯体系中第二层级难以摆脱的量刑困境。双层区分制共犯体系既不能实现对于煽动行为的规范化入罪评价，也难以满足对于煽动行为的科学化量刑需求。由此可见，不仅煽动行为的入罪规范化需要依靠独立入罪化完成，煽动行为的量刑科学化同样需要依靠独立入罪化来实现。

（一）煽动犯罪行为的法定刑科学化需要依靠独立入罪化实现

煽动犯罪行为的量刑科学化需要依靠独立入罪化来实现。这个问题可以从两个方面看待：一是主从犯区分量刑机制与教唆犯量刑机制适用于煽动犯罪行为产生的量刑短板与困境；二是独立入罪化途径对于实现煽动犯罪行为科学化量刑的优势与亮点。就前者而言，主要表现为我国双层区分制共犯体系下的主从犯区分量刑机制所引发的煽动犯罪行为量刑失衡问题，以及因刑法第29条规定的教唆犯法定量刑情节引发的煽动犯罪行为量刑不足问题。而就后者而言，独立入罪化对于实现煽动犯罪行为的科学

化量刑的优势与亮点主要体现在以下两点。

其一，独立入罪化可以实现对于煽动犯罪行为的独立量刑。所谓独立量刑，即指通过独立入罪化可以抛开双层区分制共犯体系下的主从犯区分量刑机制，仅关注于如何实现针对煽动者的罪刑匹配。独立量刑使得煽动行为的刑罚幅度不再受束缚于实行行为的刑罚幅度，煽动行为的自身危害性成为确定法定刑幅度的主导因素。与此同时，独立量刑也使得煽动行为的刑罚种类得到扩充，单独适用附加刑与并处附加刑为实现罪刑相适应提供了更多量刑选择和刑罚组合。

其二，煽动行为独立入罪化可以实现对于煽动行为的弹性量刑。弹性量刑机制近年来受到刑法学者的关注较多，如赵秉志教授就提出在贪污贿赂犯罪中引入"数额+情节"的弹性量刑机制。[①] 除针对特定犯罪引入弹性量刑的呼声外，刑法分则中的其他罪名有关弹性量刑的规定也十分常见，为法官行使自由裁量权提供了空间。[②] 在双层区分制共犯体系下，教唆犯认定依据是行为人在共同犯罪中的参与类型，或者说在共同犯罪中的具体分工，而教唆犯的量刑依据的是行为人在共同犯罪中的参与程度，或者说所起作用。刑法并未针对教唆犯设置具体刑罚种类及刑罚幅度，仅规定了教唆犯的上述量刑规则。这意味着如果套用教唆犯主从犯量刑机制处理煽动行为，煽动行为无论在适用的刑罚种类方面还是刑罚幅度方面都要受到关联实行行为的牵制。即使实行犯所犯罪名中可能存在弹性量刑机制，但是煽动行为对此时弹性量刑机制的适用也是被动的适用，而非主动的、独立的适用。

---

① 参见赵秉志：《完善贪污受贿犯罪定罪量刑标准的思考和建议》，载《刑法论丛》2015年第2期。

② 参见颜峰：《影响量刑的自由裁量权的法官个人因素分析及对策》，载《兴义民族师范学院学报》2013年第5期。

事实上，煽动行为自身的特殊性使其存在独立适用弹性量刑机制的现实需求。从犯罪主体角度，诸如煽动者的人身危害性程度、责任能力、受罚能力等；① 从犯罪行为角度看，诸如煽动行为的实施空间、受众对象、煽动效果等都可能成为影响衡量其危害性的因素。非弹性量刑机制很难科学测量煽动行为的危害性程度，导致量刑结论的偏差。

（二）煽动非犯罪行为的量刑科学化需要依靠独立入罪化实现

实施煽动非犯罪行为的煽动者与被煽动者无法成立共犯关系。因此，煽动非犯罪行为彻底断绝了适用主从犯区分量刑机制及教唆犯相关规定的可能性，只能寻求独立入罪化的方式加以解决。独立入罪化在为煽动非犯罪行为提供定罪量刑途径的同时，也为煽动非犯罪行为的量刑科学化完善提供了条件。在现有独立成罪的煽动非犯罪行为独立入罪化中，分布着大量的基本情节与加重情节，通过"情节严重"与"情节特别严重"的罪状表述与之对应。受限于滞后的司法解释，煽动非犯罪行为的基本情节与加重情节的具体指向尚未明确，造成了司法裁判中量刑不均衡现象时有发生。独立入罪化恰好为煽动非犯罪行为量刑规则的展开搭建了平台，从而有可能、有条件赋予不同煽动非犯罪行为不同量刑标准，并明确其具体范围。

综上所述，在我国双层区分制共犯体系下，教唆犯主从犯区分量刑机制难以对煽动犯罪行为的自身危害性作出恰如其分的刑事责任反馈，对非共犯关系下的煽动非犯罪行为的定罪量刑更加束手无策。只有通过独立入罪化的方式，独立衡量煽动犯罪行为

---

① 参见田兆余：《论量刑中的犯罪人因素》，华东政法学院 2005 年硕士学位论文。

和煽动非犯罪行为的自身危害性，才能够确保量刑结论的合理性与科学性。

第二节 信息时代下煽动行为的网络化发展

信息网络时代的全面来临，对煽动行为的发展产生了深刻影响。网络空间所独有的虚拟属性与传播优势，使其成为煽动行为迅速发展"沃土"的同时，也使得网络煽动行为较传统煽动行为表现出诸多差异化特征，正是由于这些差异化特征的存在，进一步放大了网络煽动行为的危害性，促使网络空间逐渐成为实施煽动行为的理想场所。

一、煽动行为网络化的特征表现

在信息网络时代下，煽动行为的实施空间由现实空间扩展向网络空间，网络煽动行为的危害性得到急剧放大，需要引起刑事立法和司法的足够重视。

（一）煽动行为网络化的具体表现及其影响

网络煽动行为较传统煽动行为表现出犯罪形式的多样化、犯罪手段的隐匿化、犯罪成本的低廉化及传播途径的便利化四个方面特征。四个方面特征相互结合，共同助推网络煽动行为爆发式发展态势的形成。

1. 犯罪方式的多样化

在网络时代来临前，传统煽动行为通常以宣讲、讲经、字报、信函等方式实施，面面相传、字面相传、口语相传是这一时期煽动行为的主要特点，行为方式较为单一。随着网络时代的全面来临，煽动行为借助互联网的虚拟性，摆脱了传统行为方式的掣肘，网络空间为煽动行为的实施提供了更多的可能性。

从信息载体角度看，煽动者可以将原本书写在字报、信函中的文字转化为以电子数据为载体的网络文字并使其在网络空间中传播，也可以将图片、音频、视频等作为载体传播煽动内容，载体形式趋于多样化。① 例如，[案例18] 在新疆乌鲁木齐"4·30"暴力恐怖案中，境外恐怖组织"东伊运"成员伊斯玛依力·玉苏普扮演了恐怖活动犯罪煽动者与实施恐怖活动犯罪策划指挥者的双重角色，艾合麦提·热西提、吐尔松·阿木提等8人自2010年始至2014年4月，多次利用网络收听收看涉及暴恐内容的音频与视频，在境外恐怖组织长时间的煽动蛊惑下，逐渐形成恐怖主义思想，形成以艾合麦提·热西提为首的恐怖组织，最终于2014年4月30日晚7点在乌鲁木齐市火车南站实施爆炸犯罪活动，造成了多人死伤的严重后果。② 在新疆乌鲁木齐"4·30"暴力恐怖案中的煽动行为已经不再是对当面性有着较高依赖、行为方式较为单一的传统煽动行为，网络煽动行为的非当面性为煽动者远程实施煽动行为提供了便利条件，以音频、视频为载体的煽动行为可以更为直观、立体地将暴恐内容展现给被煽动者，煽动效果较传统煽动行为更为显著。

从传播载体角度看，微信、QQ、网络论坛等网络社交工具、网络社交平台都可以为煽动行为的实施提供传播媒介，自媒体平台也逐渐成为网络煽动行为的高发频发之地。③ 网络空间所具备的虚拟性、多元性、交互性等诸多特性，使煽动行为在网络空间

① 参见康棣：《网络教唆行为入罪之必要性探讨》，载《贵州教育学院学报（社会科学）》2006年第5期。

② 《乌鲁木齐市"4·30""5·22"暴恐袭击案案情披露》，载中国新闻网，http://www.chinanews.com/sh/2014/12-08/6856738.shtml，2018年1月7日访问。

③ 参见唐棣：《网络教唆对青少年犯罪的影响及其预防对策》，载《公安教育》2006年第6期。

中得到"新生"。网络煽动行为的实施手段要远远丰富于传统煽动行为,甚至其多样化演变趋势仍在持续。随着网络技术的迅猛发展,网络空间与现实空间的深度交错融合,又有谁能预见未来网络煽动行为会以什么方式呈现呢!

2. 犯罪手段的隐匿化

网络煽动行为所具备的虚拟性使得煽动者与被煽动者可以相隔时空,煽动行为的实施更为隐匿,增加了打击与预防网络煽动行为的工作难度。网络煽动行为的隐匿性主要体现在行为实施的两个阶段:第一阶段是在接受境外极端组织、恐怖组织指令与接收煽动材料时所表现出的隐匿性;第二阶段是在实施煽动行为时所表现出的隐匿性。

在近年来司法实践中,煽动者接受境外极端组织、恐怖组织指令在境内实施煽动行为,以及境内极端组织、恐怖组织或者个人直接实施煽动行为是网络煽动行为的主要表现方式。

就前者而言,网络煽动行为的实施第一阶段为接受指令阶段。例如,上文提到的新疆乌鲁木齐"7·5"暴恐案件中,境外组织指挥操控网络煽动行为成为暴恐分子实施暴行的前奏。在第一阶段中,煽动指令与煽动材料的发出与传递完全利用互联网实现,改变了利用纸质信函传递信息的传统途径,境内外指令发出者与境内指令接受者虽然可能远隔万里,但是依然可以实现信息的实时传递接收。在浩如海洋的网络电子数据中,对于煽动信息的发现、监控甚至截获难度是可想而知的,网络煽动行为好像披上了"隐身衣",来无影去无踪,极易逃脱法律的制裁。在第二阶段中,网络煽动行为尽管实施手段多样,但是由于网络空间的虚拟性和非接触的行为特质,容易使传统刑事取证指向模糊或失去焦点，① 加之煽动者往往善于利用虚拟私人网络（VPN）和匿名浏览器来隐藏真实身份，这为网络煽动行为的侦破制造了不小障碍。就后者而言，境内极端组织、恐怖组织或者个人直接实施网络煽动行为，其实与前者第二阶段中网络煽动行为所表现出的隐匿性并无二致，在此不赘。总之，网络空间的虚拟性不仅为网络煽动行为提供了更多可供选择的犯罪形式，也是造成网络煽动行为难觅踪迹的主要原因。

3. 犯罪成本的低廉化

传统煽动行为想要取得良好的煽动效果，就要提高煽动行为的覆盖人群，而在传统煽动行为常见的宣讲、授课、印刷字报等形式下，提高煽动行为的覆盖范围就意味着犯罪成本的增加，这从一定程度上限制了传统煽动行为的传播力和影响力。在信息网络时代，限制煽动行为爆发式发展的桎梏被打破。煽动者可以通过开设专门性网站或者通过微信、QQ、微博、X（原Twitter）等国内外网络社交工具、网络社交平台实施网络煽动行为，将现实社会中花费高昂的煽动行为由线下转移至线上，犯罪成本得到极大降低，甚至可以达到零成本实施煽动行为的效果。

犯罪成本不仅包含了物质成本，还包含了行为成本、心理惩处、法律惩处、社会惩处、定罪概率等诸多内容。传统煽动行为极易产生心理学中所谓的"沉默螺旋"，即人们发表意见之前，首先会判断和比较别人的观点，如果觉得自己的意见与多数人相同，处于"优势"时，就会选择发表观点；相反，当发现自身的观点与多数人所持观点不一致，属于少数人时，担心"被社会

① 参见陈博文，曾雪刚：《以数字赋能刑事取证突破网络犯罪》，载《检察日报》2022年9月7日。

孤立的恐惧"心理会促使他们选择保持沉默。[1] 沉默螺旋现象的产生会导致煽动者犯罪心理成本增加。在网络社会中，网络煽动行为所具有的非接触性，使得煽动者的犯罪心理压力极大降低，社会规范的约束性也受到削弱，[2] 从而导致"反沉默螺旋"现象的出现。反沉默螺旋是沉默螺旋的反背现象，是指在网络社会中，当具有高度自我确信的少数人发表与媒介舆论相悖的观点时，可能会引起受众的反向思维，从而发生"沉默螺旋"的倒戈，引发少数人意见向多数人意见的演变，即反沉默螺旋现象。[3]

由此可见，无论从物质成本角度，抑或心理成本角度，网络煽动行为的犯罪成本低廉性优势是传统煽动行为无法比拟的，低廉的犯罪成本已经成为助推网络煽动行为爆发式增长的重要因素。

4. 传播途径的便利化

传统煽动行为仅拥有有限受众人群，加之接触性传播降低了煽动内容的可复制性，煽动行为向外扩散的速度与范围受到影响和消减。与传统煽动行为的传播途径相比，网络煽动行为的传播途径已发生了根本性改变。网络社交工具极大普及，抖音、微信、微博等早已成为人们工作生活中无法割离的重要角色。《2024 中国移动互联网春季大报告》显示，2024 年第一季度三个

---

① 参见周圆：《浅析网络舆情传播中的"反沉默螺旋"现象——以"成都女司机被打"事件为例》，载《今媒体》2016 年第 5 期。

② 参见蔡桂生：《探究网络教唆犯的刑法界定》，载《网络法律评论》2008 年第 1 期。

③ 参见姚珺：《互联网中的反沉默螺旋现象》，载《武汉理工大学学报（社会科学版）》2004 年第 3 期。

月微信平均月活用户超过 10 亿。[①] 与此同时，新浪微博 2024 年 9 月月活跃用户也达到 5.87 亿，[②] 网络社交工具庞大的用户群数量可见一斑。网络煽动行为借助网络信息的可复制性特点，可以轻易实现对于多数人群的覆盖。相比传统煽动行为，网络煽动行为潜在的受众人群可能数以亿计，传播效率得到极大提升。

网络空间中的信息传播具有交互性。网络煽动行为改变了传统煽动行为所具有的单向传播性，被煽动者不再单纯地作为煽动信息的接受方，被动地接受煽动内容，而是可以在接受煽动信息后，通过互联网自主能动地收集相关信息并加以扩散，被煽动者无形中也成了煽动行为的发出者。甚至可以通过煽动者与被煽动者之间的交流讨论，实现煽动内容的互通有无，进一步加大煽动行为的蛊惑性与影响力。在双向或者多向的煽动信息传播过程中，网络煽动行为的危害性得以不断放大。

网络传播的优势还体现于，网络信息通常不会因传播而导致信息质量的下降。传统煽动行为内容存储、转发困难，严重限制了煽动内容的传播范围。在日常生活中，十分常见的"交头接耳"游戏，即生动反映了通过语言传播信息的弊端。最初直接接受煽动内容的被煽动者，通过语言转述向外扩散煽动内容，如此传播方式势必会使煽动内容在口口相传中，逐渐改变原本的模样，直至面目全非。同样的情况平移到网络空间中，结果则大不相同。网络信息的可复制性对其传播帮助巨大。网络煽动内容在

---

① 《2024 年中国移动互联网用户突破 12.32 亿，微信月活用户超 10 亿领跑榜单》，载 php 中文网，https://www.php.cn/faq/781495.html，2024 年 6 月 20 日访问。

② 《微博月活跃用户 5.87 亿，Q3 营收 32.94 亿元》，载腾讯网，https://news.qq.com/rain/a/20241119A09PVI00? media_id&suid，2024 年 11 月 21 日访问。

传播过程中，不会因传播过程的辗转而受到影响，更何况在信息网络朝着人性化、便捷化不断发展的背景下，"一键转发""转发原文"等功能更加减少了信息传播的环节，并且最大限度地保留了信息初始样貌。因此，网络煽动信息可以长时间在网络空间中生存，丝毫不减弱其蛊惑性与煽动性。

（二）煽动行为网络化引发的危害性再升级

信息网络为煽动行为提供了更具便利性的传播通道与更为多样化的实施方式，从而使网络煽动行为的危害性再度升级，具体表现为两个方面，即危害性叠加效应的加剧与煽动蛊惑性的显著加强。

1. 危害性叠加效应加剧

作为煽动行为的典型模式，"一对多"模式将单个煽动者与多个被煽动者相对应，单个煽动行为的危害性在"一对多"模式中发生叠加，从而使煽动行为的整体危害性得到放大。网络煽动行为的危害性叠加效应的产生原理与传统煽动行为并无二致，但是"一对多"模式中的"多"在网络空间中发生了量的变化。在现实空间中，由于被煽动者都是现实的人，受制于传播方式，传统煽动行为通常不会造成煽动内容的无限传播。然而，在网络空间中，被煽动者已从现实的人转变为虚拟的"人"，主要依靠口语、文字传播的传统煽动途径早已被花样繁多的网络煽动行为取代。网络煽动行为传播途径更为便捷、迅速，"一对多"模式中的"多"已经不再是传统煽动行为中所指代的数量规模，网络煽动行为的危害性叠加效应也随之加剧。例如，[案例19]英国伦敦"8·6"骚乱事件，马克·达根被伦敦警务人员枪杀是整个事件的导火索，但真正引发事件走向一发不可收拾的却是由于网络煽动行为所致：枪杀事件发生后，Face book 与 Twitter 用户对此反响强烈，并迅速成为该事件的舆论战场，Face book 与

Twitter 用户号召民众实施暴力反抗的呼声越发强烈，并最终由虚拟走向现实，由线上走向线下，在伦敦市中心形成了大规模的暴力骚乱事件。① 综观伦敦"8·6"骚乱事件，如果没有网络煽动行为的推波助澜，该事件恐怕还不至于发展到如此严重的程度，信息网络传播的便利性使得网络煽动行为获得裂变式的传播效果，危害性叠加效应在网络煽动行为中得到了突出展现。

2. 煽动蛊惑性显著加强

传统煽动行为的传播媒介形式单一，对于信息内容的展开较为平面化，在一定程度上削弱了煽动内容的蛊惑性。在信息网络时代，网络煽动内容已经由平面化转向立体化，以更生动直观的视频、动画形象地表达煽动者所意图描述的内容，对被煽动者的视觉冲击、感官冲击更为强烈，煽动内容更容易达到预期效果。例如，［案例 20］昆明火车站"3·1"暴力恐怖案，在该案中，犯罪分子在实施暴恐行为前夕，就曾多次安排其成员通过网络收听、收看暴恐音频、视频，以此方式向其成员灌输民族极端主义思想，极具煽动性与蛊惑性的网络煽动行为最终对昆明火车站"3·1"暴力恐怖案件的爆发产生了重要的推动作用。② 再如，［案例 21］新疆鄯善县"6·26"暴力恐怖案中，艾合买提尼亚孜·斯迪克和艾力·艾合买提尼亚孜等人恐怖主义思想的形成均与多次利用网络收听、收看境外"东伊运"等恐怖组织宣扬的恐怖音视频紧密相关。③ 由此可见，利用信息网络所具有的多元

---

① 参见张萌：《煽动型犯罪在社交网络中呈现的新特点探析——以英国 8. 6 骚乱事件为例》，载《大观周刊》2012 年第 40 期。

② 《昆明火车站严重暴恐案一审宣判，3 人获死刑 1 人无期》，载新华网，http://www.xinhuanet.com/photo/2014－09/12/c_126981249.htm，2017 年 11 月 20 日访问。

③ 《官方披露新疆鄯善暴恐案始末：嫌犯见人就砍》，载腾讯网，http://new.qq.com/cmsn/20130705/20130705017167，2017 年 12 月 5 日访问。

化信息承载能力，网络煽动行为可以通过图、文、声、像的形式，传递感官刺激性极强的煽动内容，促使被煽动者极端主义、恐怖主义思想的加速形成与强化。

3. 网络与现实联动紧密

尽管信息网络具有虚拟性，但是每一个在网络社会中虚拟的"人"无不真真实实地对应着现实社会中实体的人，[①] 这意味着煽动行为的网络化发展所带来的不仅是虚拟的危害性，更会借助网络社会与现实社会的联动，引发现实社会的动荡。例如，［案例22］新疆乌鲁木齐"5·22"汽车炸弹暴恐袭击案中，努尔艾合买提·阿布力皮孜、麦麦提·麦麦提明、热依木江·麦麦提、麦麦提敏·麦合买提、阿卜来提·阿卜杜喀迪尔等人长期通过网络收听、收看暴恐音频、视频，形成宗教极端思想，网络煽动信息最终成为暴恐案件在现实社会爆发的重要诱因。

现如今，随着信息网络的代际升级，以"虚拟性"定义网络社会似乎也会存在词不达意的窘境。网络社会与现实社会虽然分属不同空间，但是二者之间的关系已经逐渐从平行化转向交融化，虚拟与现实的交叉融合注定是二者发展的未来趋势。针对网络煽动行为危害性的认识不能将网络社会与现实社会割裂看待，即不能单纯地认为网络煽动行为仅会在网络社会中展现其危害性，网络煽动行为对于现实社会的危害性同样不容忽视。尤其在网络煽动行为与民族、宗教极端主义及恐怖主义关联越发紧密的背景下，信息网络已经成为境内外极端组织、恐怖组织广罗人员、传播思想、发号施令的重要途径，任何放任网络煽动行为的

---

① 参见刘欣、罗彬：《新媒体环境下"沉默的螺旋"效应再研究——以新浪微博热点事件为例》，载《新闻世界》2012 年第 2 期。

做法，都有可能酿成现实社会中后果极其严重的暴恐袭击事件。①

二、煽动行为网络化的应对策略

面对煽动行为网络化的发展趋势，思考应对策略应当从两个方面着手：一方面，应当及时转变传统刑事政策思维，对煽动行为网络化发展的新变化、新特征强化认识，调整刑事打击侧重，加强网络煽动行为的侦办和惩处力度；另一方面，面对网络煽动行为的来势汹汹，应当进一步赋予网络平台与企业更多的管理动能，将网络平台监管作为网络企业的重要责任和义务，多方协作，形成合力，维护好网络空间言论秩序，压缩网络煽动行为的滋生空间。

（一）转变传统的刑事政策思维

在信息网络时代全面来临的背景下，刑事政策调整应当突出"两个转变"，将打击煽动行为的工作重心由现实空间向网络空间倾斜，以网络思维重新考量网络煽动行为的惩办策略。

刑事政策调整的第一个转变是"思维转变"。鉴于传统煽动行为的特点，治理传统煽动行为应将非法宗教讲经活动作为打击重点，以集中摸排、查禁收缴、查处打击、封堵管控为主要方式，② 加大对大规模群体性事件的防控力度，通过建设基层群防群治组织队伍，实现对舆情的及时收集与全面研判。然而，面对

① 《新疆公开宣判39名暴恐嫌犯，多人传播暴恐影音》，载网易新闻，http://news.163.com/14/0522/08/9SRBC9BP00014JB6.html，2018年1月20日访问。
② 《如何实现社会稳定和长治久安》，载民主与法制时报，http://e.mzyfz.com/paper/paper_140_162.html，2018年1月20日访问。

传统煽动行为的网络化发展，以现实空间中的煽动行为打击治理方式应对网络煽动行为可能力不从心。例如，面对"独狼式"网络煽动行为的盛行，"集中摸排"与"封堵管控"的防范策略恐怕收效甚微；面对多样化的犯罪方式与便利化的传播途径，"查禁收缴"与"查处打击"仿佛也都难以着力。笔者认为，对于网络煽动行为的打击应以刑事政策思维转变为前提，深刻认识网络煽动行为的危害性，围绕网络煽动行为的新特征、新情况构建符合网络煽动行为发展情势的刑事打击体系，提高惩防质效。刑事政策调整的第二个转变是"重心转变"。刑事政策应当将治理网络煽动行为的工作重心由预防端向治罪端倾斜。层出不穷的网络煽动案例证明，网络煽动行为隐蔽性强、犯罪收益高、传播速度快，监管预防难度很大，即便在预防端投入大量人力、物力、财力也很可能难以达到预期效果。只有通过加大刑事惩处力度、扩张刑事管辖权、加强国际司法合作等方式，形成针对网络煽动行为的高压、强压态势，让网络煽动者无处藏身、心有所畏，才能有效遏制网络煽动行为的发生。

（二）强化网络平台与企业责任

对于网络煽动行为的治理，在转变刑事政策思维以外，还需要进一步强化网络平台与企业监管责任。近年来，为有效治理网络煽动行为，大幅提升网络平台责任成为世界各国不约而同的立法选择。例如，俄罗斯在过去几年持续强化针对网络谣言的治理力度，伴随刑事打击和行政监管工作的推进，网络平台责任被进一步明确，网络平台对第三方内容不再享有豁免权，网络平台对第三方内容担负管理职责成为法律强制性义务。俄乌冲突爆发后，俄罗斯媒体监管部门就曾以"多次未能限制用户访问包含违禁信息的内容"为由，对美国科技企业巨头谷歌公司以其在俄年收入的一定比例处以约 3.8 亿美元的罚款，堪称俄罗斯有史以来对科技企业罚款金额之最。[①]

概括而言，网络平台包括网络交易平台与网络媒介平台两种类型。前者主要提供网络消费、网络交易服务，后者主要作为网络言论发表空间与网络信息传播空间。[②] 网络媒介平台作为网络煽动行为的载体，是网络空间的管理者与规则制定者，无形之中已经扮演了网络空间的"准政府""准国家"角色。然而，正如解志勇、修青华指出："网络平台越来越多地承担原应由行政机关肩负的义务和责任，却又避开了传统上与公权力行使相伴的严格审查。"[③] 面对煽动行为的网络化发展，网络平台责任问题已经无可回避。

笔者认为，权利与义务具有对等性，对于网络平台而言亦应如此，管理职能与责任承担同样应当具有对等性。网络平台在网络空间中所承担的管理职能越丰富，对于网络违法信息疏于审查、监管的责任后果就越大，这一点在《刑法修正案（九）》颁布后越发明确。拒不履行信息网络安全管理义务罪的确立，已经将网络平台责任上升至刑事责任高度。网络煽动行为难以预防，其原因在于从源头切断网络煽动行为技术难度大、投入成本高，网络煽动行为的潜在实施者数量规模不好掌握，但这并不意味着网络平台可以就此免责，网络平台在煽动内容的传播与扩散过程中可以发挥重要的遏制、拦截作用，以技术理由作为推卸责任的借口恐难服众。对于纵容网络煽动行为肆意扩散的网络平台

[①] 《俄对科技公司最大罚单：谷歌因拒删不实信息被罚 3.8 亿美元》，载搜狐网，https://www.sohu.com/a/569686333_161795，2024 年 7 月 5 日访问。

[②] 参见杨立新：《网络平台提供者的附条件不真正连带责任与部分连带责任》，载《法律科学（西北政法大学学报）》2015 年第 1 期。

[③] 解志勇、修青华：《互联网治理视域中的平台责任研究》，载《国家行政学院学报》2017 年第 5 期。

与企业，必须通过严厉的法律制裁予以回应。法不强人所难，对网络平台施加刑法义务也绝非刑事立法的霸道与强横。对于网络煽动行为的治理既要调动网络平台的积极性，使其担负起网络空间的管理职责，又要明确和强化网络平台的法律责任，督促网络平台充分履行职能，合力防范网络空间成为煽动行为赖以生长的沃土。

第三节　煽动行为独立入罪化的发展趋势

回顾历史，刑事立法与司法的数次扩容使煽动行为独立入罪化的犯罪圈逐渐呈现扩大化发展趋势，伴随而来的拷问是该趋势的形成是否具有正当性及是否将要持续的问题。有必要对此进行检视和反思。

一、煽动行为独立入罪化的扩张性发展

历史视域与未来展望是把握煽动行为独立入罪化发展变化的两种研究视角。前者是对于过去几十年来煽动行为独立入罪化发展的历史性回顾与梳理，是后者的研究前提和必要基础。后者是立足于现阶段煽动行为独立入罪化发展态势所提出的前瞻性构想。

（一）煽动行为独立入罪化发展的历史视域

从整体上看，煽动行为独立入罪化的犯罪圈发展与刑法犯罪圈发展轨迹几乎是同步的。如果将 79 刑法的颁布作为煽动行为正式以独立入罪化形式写入刑法的起点，那么梳理自 79 刑法至 97 刑法再到刑法修正案中煽动行为独立入罪化的相关规定，不难发现煽动行为独立入罪化条文数量得到了极大提升。也可以说，煽动行为独立入罪化的规模扩张过程是与刑法犯罪圈的扩容

过程相重合的，煽动行为独立入罪化在刑法犯罪圈的扩容中扮演了重要的角色。

具体而言，在79刑法中，反革命宣传煽动罪是刑法分则中唯一的煽动行为独立入罪化条文，而从79刑法划定的犯罪圈看，与域外刑事立法相比我国刑法犯罪圈属于"小而重"的状态。① 随着97刑法的颁布，我国刑法犯罪圈得到了很大程度的扩张，刑法分则罪名从79刑法的128个，发展到97刑法的413个，罪名数量超过79刑法的3倍之多。与此同时，煽动行为独立入罪化的条文数量也得到了提升。单就刑法分则中独立成罪的煽动行为独立入罪化而言，煽动分裂国家罪、煽动颠覆国家政权罪、煽动暴力抗拒法律实施罪、煽动军人逃离部队罪、战时造谣惑众罪等罪名随着97刑法的颁布成为刑法分则罪名体系中的新成员。在此之后，刑法修正案相继出台，刑法犯罪圈进入持续扩张期。② 在这一时期，独立成罪的煽动行为独立入罪化发展进入平缓期，数量规模始终维持在97刑法刚刚颁布时的状态，直至《刑法修正案（九）》再一次提升了刑法分则中煽动行为独立入罪化的罪名数量。宣扬恐怖主义、极端主义、煽动实施恐怖活动罪与利用极端主义破坏法律实施罪为煽动行为独立入罪化阵营补充了新鲜血液，而随着《刑法修正案（十一）》的颁布，刑法分则罪名数量规模也达到了历史最高的483个。通过上述梳理可以看出，煽动行为独立入罪化数量规模的提升与刑法犯罪圈的扩张呈正相关态势，发展脉络基本是一致的。

从刑事司法角度看也会得出相同结论。这里涉及一个前提性

① 参见卢建平、刘传稿：《法治语境下犯罪化的未来趋势》，载《政治与法律》2017年第4期。
② 参见赵秉志：《当代中国犯罪化的基本方向与步骤——以〈刑法修正案（九）〉为主要视角》，载《东方法学》2018年第1期。

问题，即犯罪圈并不等同于罪名圈，前者的范畴要超过后者。①
就煽动行为而言，通过独立入罪化的方式实现刑法分则的罪名增
设属于扩张犯罪圈的具体表现，同时，通过扩大解释将原本不属
于罪名涵盖范围的煽动行为纳入其中，也是扩张煽动行为独立入
罪化犯罪圈的具体表现。例如，《关于办理暴力恐怖和宗教极端
刑事案件适用法律若干问题的意见》扩张了煽动行为的行为方
式，同时扩大了共同犯罪的成立范围，在煽动分裂国家罪与煽动
民族仇恨、民族歧视罪的共同犯罪认定中引入了平台责任。该司
法解释尽管并未增设罪名，但通过对原有刑法条文的扩大解释，
也使煽动行为独立入罪化的犯罪圈向外进一步拓展。同样的情况
还存在于《最高人民法院、最高人民检察院关于办理组织和利用
邪教组织犯罪案件具体应用法律若干问题的解释》《最高人民法
院、最高人民检察院关于办理组织和利用邪教组织犯罪案件具体
应用法律若干问题的解释（二）》等司法解释中。

（二）煽动行为独立入罪化发展的未来趋势

从相对罪刑法定时期的煽动行为独立入罪化到绝对罪刑法定
时期的煽动行为独立入罪化，犯罪圈的扩张化发展态势已经全面
形成。那么放眼未来，煽动行为独立入罪化的范围究竟是继续扩
大化发展，还是转变为限缩化发展趋势呢？笔者认为，在煽动行
为独立入罪化的未来发展中，其数量范围的扩大化趋势还将持
续，该结论可以从两个方面分析得出：一方面，作为煽动行为独
立入罪化的传统保护法益，国家安全与公共安全在风起云涌的国
际环境下，尤其是面对恐怖主义、宗教极端主义、种族极端主
义、民族分裂主义的虎视眈眈，依然备受威胁，继续织密刑事法

① 参见白建军：《犯罪圈与刑法修正的结构控制》，载《中国法学》
2017 年第 5 期。

网依然具有现实必要性。与此同时，网络时代的来临加剧了煽动
行为的危害性，网络煽动行为带来的网络安全动荡已经为维护国
家安全与公共安全提出了崭新的课题。作为刑法的积极回应方
式，煽动行为独立入罪化可以最大化地实现对于煽动行为的科学
化评价与合理化量刑，新形势下更好地维护国家安全和社会
稳定。

另一方面，从域外刑事立法经验看，煽动行为的法益侵害对
象也并非限定于国家法益与公共法益两种法益类型，西班牙刑事
立法将个人法益纳入法益保护范围已经为我国煽动行为独立入罪
化的发展提供了有益参考。面对新兴法益侵害对象的出现，法益
保护类型由国家法益、公共法益向个人法益的逐渐延伸，我国煽
动行为独立入罪化的规模势必也将随之扩大。

二、煽动行为独立入罪化扩张性发展的正当性

煽动行为独立入罪化犯罪圈扩张发展的背后，涉及的一个重
要问题就是为何扩张煽动行为独立入罪化的犯罪圈，亦即煽动行
为独立入罪化扩张犯罪圈的正当性问题。

（一）煽动行为独立入罪化的扩张性发展与世界刑法的改
革方向相一致

放眼世界，犯罪圈的扩张化发展不仅是我国刑法的演变特
征，域外法国家刑法改革的主流方向也是朝着扩大刑法罪名体系
的方向发展的，也就是说我国煽动行为独立入罪化犯罪圈的扩张
化发展是与世界刑法改革方向相吻合的。

从刑法罪名的数量规模角度看，美国刑法的罪名超过5000
个，而我国刑法分则仅有罪名483个。尽管近年来我国刑事立法
较为活跃，刑法分则的罪名数量递增明显，但是相比之下，美国
刑法的罪名数量仍然超过我国刑法罪名数量的12倍，且随着美

国刑事立法的发展，犯罪圈依然有继续扩大的趋势。① 无独有偶，在日本，面对犯罪发展的日益国际化、有组织化特点，日本刑事立法顺应社会发展形势，改变了第二次世界大战后形成的非犯罪化与轻刑化立法思路，通过制定包含刑罚法则的法律规定、前置刑法的介入阶段，以及为新增犯罪设置较重法定刑等途径，逐渐走向犯罪圈扩张化与重刑化的道路。② 德国刑法犯罪圈的发展亦是如此，德国刑法犯罪圈通过向经济金融领域、信息技术领域乃至违反道德领域的延伸，不断扩张化发展趋势已经形成。③

　　着眼于域外法国家煽动行为独立入罪化的犯罪圈发展，结论也是一致的。例如，英国刑事立法中的煽动行为独立入罪化已经由 1797 年颁布的《煽动叛乱法案 1797》发展到《公共秩序法案 1986》中的煽动种族仇恨罪再到《恐怖主义法案 2006》中的鼓励恐怖主义罪，保护法益由国家安全发展到公共安全，尽管在英国煽动行为独立入罪化的发展中，历经数次法案吸收调整与效力变更，但是煽动行为独立入罪化在英国刑事立法中依然得到了很好的延续。总而言之，在世界刑法犯罪圈发展变化的大趋势下，我国煽动行为独立入罪化的扩大性发展是顺应世界刑法变革趋势的结果，也是我国刑事立法与司法充分汲取和吸收域外法经验的结果。世界刑法改革方向可以作为我国煽动行为独立入罪化扩大性发展的外部依据。

---

① 参见刘强：《我国适当扩大犯罪圈的必要性及思路》，载《青少年犯罪问题》2014 年第 5 期。

② 参见黎宏：《日本近年来的刑事实体立法动向及其评价》，载《中国刑事法杂志》2006 年第 6 期。

③ 参见［德］托马斯·魏根特：《德国刑法向何处去？——21 世纪的问题与发展趋势》，张志钢译，载《刑法论丛》2017 年第 1 期。

（二）煽动行为独立入罪化的扩张性发展与煽动行为危害性变化相一致

刑法犯罪圈为什么要扩容？简言之，因为出现了现行刑法无法惩处且具有社会危害性的典型行为，刑事立法有必要扩张刑法分则罪名体系将其纳入刑法"射程"。刑法犯罪圈的扩容并不是一蹴而就的，而是在不断对比新生行为与现有类型化犯罪行为的基础上，结合行为的危害性，不断修正、扩容刑法分则罪名体系的过程。

就我国煽动行为独立入罪化的发展而言，犯罪圈扩张轨迹是与煽动行为危害性的变化轨迹相吻合的。在79刑法时期，反革命宣传煽动罪是我国刑法中煽动行为独立入罪化的罪名。而随着社会的不断发展，反革命宣传煽动罪在97刑法中演变为煽动分裂国家罪与煽动颠覆国家政权罪两个罪名。罪名演变的背后是刑事立法立足新的国家安全形势对危害国家安全犯罪行为的细化调整。与此同时，在97刑法中，伴随煽动分裂国家罪与煽动颠覆国家政权罪出现的还有煽动暴力抗拒法律实施罪、煽动军人逃离部队罪这两个煽动行为独立入罪化的全新罪名，以及延续自《中华人民共和国惩治军人违反职责罪暂行条例》的战时造谣惑众罪。如果说煽动分裂国家罪与煽动颠覆国家政权罪是刑事立法为了实现定罪量刑的准确化、科学化，在反革命宣传煽动罪基础上进一步区分、细化犯罪的行为类型与特点的结果，那么煽动暴力抗拒法律实施罪、煽动军人逃离部队罪与战时造谣惑众罪则是刑事立法在充分关注上述煽动行为危害性后所作出的立法判断。随着近年来世界范围内恐怖活动的日渐频繁，我国所受到的恐怖主义威胁日渐增大，煽动行为与极端主义、恐怖主义的结合使得煽动行为通常成为犯罪分子实施恐怖活动的前置行为，逐渐受到刑事立法的关注。在此背景下，《刑法修正案（九）》中煽动行为独立入罪化的全新罪名宣扬恐怖主义、极端主义、煽动实施恐怖活动罪与利用极端主义破坏法律实施罪应运而生。由此可见，煽动行为独立入罪化的扩大性发展正是刑事立法对煽动行为危害性从察觉到正视再到重视的结果。司法解释中的煽动行为独立入罪化扩大性发展的正当性依然来源于煽动行为的危害性变化。例如，《最高人民法院、最高人民检察院关于办理组织和利用邪教组织犯罪案件具体应用法律若干问题的解释（二）》第9条规定："组织、策划、煽动、教唆、帮助邪教组织人员自杀、自残的，依照刑法第二百三十二条、第二百三十四条的规定，以故意杀人罪、故意伤害罪定罪处罚。"自杀行为与故意杀人行为具有本质的区别，基于社会危害性与行为人主观恶性的原因，传统刑法理论对于自杀行为的犯罪性持否定态度。同时，完全刑事责任能力人对于自身行为的性质与后果具有充分的判断能力，教唆自杀行为通常不成立教唆犯，当然成立间接正犯的情况除外。然而，邪教组织为达到使其成员对自己忠心的目的，以各种歪理邪说、谎言骗局、心理暗示控制其成员思想，使其成员丧失独立判断能力，无法正确、妥当认知和预见自杀行为的性质以及后果，煽动其成员自杀、自害行为的危害性与上述一般教唆自杀自害行为的危害性相比发生了明显提升，刑事司法因而将煽动邪教组织人员自杀、自害行为通过独立入罪化的方式纳入刑法打击范围中。

总而言之，无论从刑事立法还是刑事司法角度，煽动行为危害性的变化促使了煽动行为独立入罪化的犯罪圈随之变化，并且这种正向互动关系还将进一步持续发展下去。这从另一个侧面反映出煽动行为独立入罪化的未来走向必须遵循煽动行为危害性的变化轨迹，盲目与肆意地扩张对于煽动行为独立入罪化的良性发展而言是极不可取的。

参考文献

一、著作类

1. 黄荣坚:《基础刑法学(上)》,中国人民大学出版社 2008 年版。

2. 陈兴良:《共同犯罪论》,中国社会科学出版社 1992 年版。

3. 朱道华:《教唆犯研究》,法律出版社 2014 年版。

4. 〔日〕木村龟二:《刑法学词典》,顾肖荣,郑树周译,上海翻译出版公司 1991 年版。

5. 张明楷:《刑法的基本立场》,中国法制出版社 2002 年版。

6. 马克昌:《比较刑法原理》,武汉大学出版社 2002 年版。

7. 〔日〕大冢仁:《犯罪论的基本问题》,冯军译,中国政法大学出版社 1993 年版。

8. 李凤梅:《教唆犯论——以独立构成说为视角的构建》,中国社会科学出版社 2011 年版。

9. 魏东:《教唆犯诠释与适用》,中国人民公安大学出版社 2012 年版。

10. 张明楷:《刑法学(第四版)》,法律出版社 2011 年版。

11. 陈兴良：《刑法疏义》，中国人民公安大学出版社 1997 年版。

12. 魏东：《教唆犯研究》，中国人民公安大学出版社 2002 年版。

13. 李正新：《犯罪化与非犯罪化研究》，武汉大学出版社 2016 年版。

14. 孙占国：《犯罪化基本问题研究》，中国法制出版社 2013 年版。

15. 张晋藩：《中国法制史》，群众出版社 1994 年版。

16. 利子平、蒋帛婷：《新中国刑法的立法源流与展望》，知识产权出版社 2015 年版。

17. ［法］卡斯尔·斯特法尼：《法国刑法总论精义》，罗结珍译，中国政法大学出版社 1998 年版。

18. ［德］汉斯·韦尔策尔：《目的行为论导论——刑法理论的新图景（增补第 4 版）》，陈璇译，中国人民大学出版社 2015 年版。

19. 张明楷：《犯罪构成体系与构成要件要素》，北京大学出版社 2010 年版。

20. 赵秉志主编：《危害国家安全罪暨相关犯罪的法律适用》，中国法制出版社 2015 年版。

21. 阮齐林：《刑法学（第三版）》，中国政法大学出版社 2011 年版。

22. 赵秉志主编：《英美刑法学》，科学出版社 2010 年版。

二、论文期刊类

1. 张文：《行为刑法危机与人格刑法构想》，载《井冈山大学学报（社会科学版）》2014 年第 5 期。

2. 魏东、郭理蓉:《现行刑法中煽动型犯罪的司法认定》,载《犯罪与改造研究》1999 年第 4 期。

3. 李凤梅:《教唆行为:共犯行为抑或实行行为》,载《法学杂志》2009 年第 1 期。

4. 王昭武:《教唆犯从属性说之坚持与展开》,载《刑法论丛》2008 年第 3 期。

5. 伍柳村:《试论教唆犯的二重性》,载《法学研究》1982 年第 10 期。

6. 卢勤忠:《论教唆罪的设立》,载《现代法学》1996 年第 6 期。

7. 吴情树、闫铁恒:《对教唆犯的反思与定位》,载《政法论丛》1999 年第 6 期。

8. 郝守才:《论未遂教唆与教唆未遂》,载《法商研究》2000 年第 1 期。

9. 郝守才:《论独立教唆犯》,载《河南师范大学学报(哲学社会科学版)》2002 年第 5 期。

10. 刘圃君:《论狭义的过失共犯》,载《东北大学学报(社会科学版)》2017 年第 2 期。

11. 王莉:《试论教唆犯的性质》,载《河北法学》2011 年第 11 期。

12. 贾宇:《教唆犯理论的初步比较研究》,载《河北法学》1991 年第 2 期。

13. 魏东、郭理蓉:《关于煽动型犯罪的几个问题》,载《云南法学》1999 年第 1 期。

14. 张艳语:《煽动型犯罪中煽动行为的界定》,载《武汉冶金管理干部学院学报》2017 年第 1 期。

15. 魏克家:《略论教唆犯》,载《中国政法大学学报》1983

年第 4 期。

16. 陈兴良：《入罪与出罪：罪刑法定司法化的双重考察》，载《法学》2002 年第 12 期。

17. 张雍锭：《我国犯罪化概念新解》，载《山东警察学院学报》2017 年第 3 期。

18. 郑丽萍：《犯罪化和非犯罪化并趋——中国刑法现代化的应然趋势》，载《中国刑事法杂志》2011 年第 11 期。

19. 孙占国：《犯罪化与犯罪概念关系之辩证》，载《河南师范大学学报（哲学社会科学版）》2007 年第 7 期。

20. 张明楷：《司法上的犯罪化与非犯罪化》，载《法学家》2008 年第 4 期。

21. 张明楷：《教唆犯不是共犯人中的独立种类》，载《法学研究》1986 年第 3 期。

22. 赵秉志、杜邈：《刑法修正案（九）：法益保护前置织密反恐法网》，载《检察日报》2015 年 9 月 28 日。

23. 叶小琴：《略论煽动分裂国家罪》，载《华中农业大学学报（社会科学版）》2006 年第 3 期。

24. 皮勇、杨森鑫：《论煽动恐怖活动的犯罪化——兼评〈刑法修正案（九）（草案）〉相关条款》，载《法律科学（西北政法大学学报）》2015 年第 3 期。

25. 马涛：《论恐怖主义犯罪罪名体系的演化及其本质——以〈刑法修正案（九）〉相关涉恐条款为中心》，载《江南社会学院学报》2016 年第 3 期。

26. 王秀梅：《依法打击"东突"势力切实维护国家稳定——兼论"煽动民族仇恨、民族歧视罪"的完善》，载《法学评论》2011 年第 6 期。

27. 阮齐林：《刑事司法应当坚持罪责实质评价》，载《中国法学》2017 年第 4 期。

28. 闻亚梅：《刑罚具有惩罚性与谴责性双重价值》，载《检察日报》2004 年 12 月 8 日。

29. 魏东：《教唆犯的概念与成立要件问题研究》，载《中国刑事法杂志》1999 年第 4 期。

30. 王志祥：《犯罪定量因素论纲》，载《河北法学》2007 年第 4 期。

31. 王政勋：《定量因素在犯罪成立条件中的地位——兼论犯罪构成理论的完善》，载《政法论坛》2007 年第 4 期。

32. 屈学武：《中国刑法上的罪量要素存废评析》，载《政治与法律》2013 年第 1 期。

33. 张伟：《我国犯罪参与体系与双层次共犯评价理论》，载《刑法论丛》2013 年第 4 期。

34. 余淦才：《试论教唆犯的刑事责任》，载《安徽大学学报（哲学社会科学版）》1983 年第 2 期。

35. 叶亚杰：《论刑法谦抑性的价值与整合》，载《河北法学》2016 年第 12 期。

36. 梅传强：《双重视野中的犯罪目的》，载《现代法学》2004 年第 3 期。

37. 谢磊：《自杀性恐怖主义的行动模式及其根源》，载《国家安全研究》2014 年第 4 期。

38. 彭辅顺：《论刑事责任量的法律根据》，载《福建警察学院学报》2012 年第 2 期。

39. 林荫茂：《论刑事责任》，载《学术季刊》1993 年第 1 期。

40. 陶野：《论煽动实施恐怖活动罪中的煽动》，载《周口师范学院学报》2017 年第 6 期。

41. 吴允峰、车润海：《目的犯之主观超过要素新论》，载《吉首大学学报（社会科学版）》2015 年第 4 期。

42. 贾宇：《犯罪故意概念的评析与重构》，载《法学研究》1996 年第 4 期。

43. 田旭：《论刑法中的目的要素》，载《法制博览》2015 年第 10 期。

44. 张明楷：《刑法理论与刑事立法》，载《法学论坛》2017 年第 6 期。

45. 陈忠林：《我国刑法中"恐怖活动犯罪"的认定》，载《现代法学》2002 年第 5 期。

46. 杨兴培：《中国刑法领域"法益理论"的深度思考及商榷》，载《法学》2015 年第 9 期。

47. 杨春洗、苗生明：《论刑法法益》，载《北京大学学报（哲学社会科学版）》1996 年第 6 期。

48. 周述丹、周天俊：《性犯罪心理与行为特征及预防对策》，载《北京警院学报》1996 年第 1 期。

49. 余双彪：《论犯罪构成要件要素的"情节严重"》，载《中国刑事法杂志》2013 年第 8 期。

50. 吴丹红：《犯罪主观要件的证明——程序法和实体法的一个联接》，载《中国刑事法杂志》2010 年第 2 期。

51. 黄彬：《煽动民族仇恨、民族歧视罪的司法定位变化与刑事应对》，载《福建警察学院学报》2014 年第 5 期。

52. 刘洪：《我国刑法共犯参与体系性质探讨——从统一正犯视野》，载《政法学刊》2007 年第 4 期。

53. 刘明祥：《论中国特色的犯罪参与体系》，载《中国法学》2013 年第 6 期。

54. 赵秉志：《完善贪污受贿犯罪定罪量刑标准的思考和建

议》，载《刑法论丛》2015 年第 2 期。

55. 颜峰：《影响量刑的自由裁量权的法官个人因素分析及对策》，载《兴义民族师范学院学报》2013 年第 5 期。

56. 康棣：《网络教唆行为入罪之必要性探讨》，载《贵州教育学院学报（社会科学）》2006 年第 5 期。

57. 唐棣：《网络教唆对青少年犯罪的影响及其预防对策》，载《公安教育》2006 年第 6 期。

58. 周圆：《浅析网络舆情传播中的"反沉默螺旋"现象——以"成都女司机被打"事件为例》，载《今媒体》2016 年第 5 期。

59. 蔡桂生：《探究网络教唆犯的刑法界定》，载《网络法律评论》2008 年第 1 期。

60. 姚珺：《互联网中的反沉默螺旋现象》，载《武汉理工大学学报（社会科学版）》2004 年第 3 期。

61. 张萌：《煽动型犯罪在社交网络中呈现的新特点探析——以英国 8.6 骚乱事件为例》，载《大观周刊》2012 年第 40 期。

62. 刘欣、罗彬：《新媒体环境下"沉默的螺旋"效应再研究——以新浪微博热点事件为例》，载《新闻世界》2012 年第 2 期。

63. 杨立新：《网络平台提供者的附条件不真正连带责任与部分连带责任》，载《法律科学（西北政法大学学报）》2015 年第 1 期。

64. 卢建平、刘传稿：《法治语境下犯罪化的未来趋势》，载《政治与法律》2017 年第 4 期。

65. 赵秉志：《当代中国犯罪化的基本方向与步骤——以〈刑法修正案（九）〉为主要视角》，载《东方法学》2018 年第

1 期。

66. 白建军：《犯罪圈与刑法修正的结构控制》，载《中国法学》2017 年第 5 期。

67. 刘强：《我国适当扩大犯罪圈的必要性及思路》，载《青少年犯罪问题》2014 年第 5 期。

68. 黎宏：《日本近年来的刑事实体立法动向及其评价》，载《中国刑事法杂志》2006 年第 6 期。

69. ［德］托马斯·魏根特：《德国刑法向何处去？——21世纪的问题与发展趋势》，张志钢译，载《刑法论丛》2017 年第 1 期。

70. 张静雅、柳忠卫：《立足刑法修正案（十一）完善未成年人司法处遇》，载《检察日报》2022 年 9 月 28 日。

71. 张明楷：《论升格法定刑的适用根据》，载《法学论坛》2015 年第 4 期。

72. 陈博文、曾雪刚：《以数字赋能刑事取证突破网络犯罪》，载《检察日报》2022 年 9 月 7 日。

73. 解志勇、修青华：《互联网治理视域中的平台责任研究》，载《国家行政学院学报》2017 年第 5 期。

三、学位论文类

1. 班克庆：《煽动型犯罪研究——以宪法权利为视角》，苏州大学 2012 年博士学位论文。

2. 杨庆文：《当代中国刑法史研究》，浙江大学 2005 年博士学位论文。

3. 黄彬：《教唆行为分则化实现体系研究》，中国政法大学 2014 年硕士学位论文。

4. 谭彬：《教唆犯研究》，武汉大学 2015 年博士学位论文。

5. 陈小彪：《言论自由的刑法边界》，西南政法大学 2012 年博士学位论文。

6. 周光权：《法定刑研究》，中国人民大学 1999 年博士学位论文。

7. 胡亚龙：《煽动犯基本问题研究》，中南财经政法大学 2017 年博士学位论文。

8. 田然：《论"情节严重"的法律地位及其解释规则》，华东政法大学 2014 年硕士学位论文。

9. 薛芳：《论定罪意义上的情节严重》，山东大学 2017 年硕士学位论文。

10. 田兆余：《论量刑中的犯罪人因素》，华东政法学院 2005 年硕士学位论文。

附　录

表 4　煽动行为独立入罪化的罪名分布状况

序号	条文编号	入罪罪名	章节分布	入罪方式	入罪表述
1	第 103 条第 2 款	煽动分裂国家罪	第 1 章危害国家安全罪	刑法分则	煽动分裂国家、破坏国家统一的
2	第 105 条第 2 款	煽动颠覆国家政权罪	第 1 章危害国家安全罪	刑法分则	以造谣、诽谤或者其他方式煽动颠覆国家政权、推翻社会主义制度的
3	第 120 条之三	宣扬恐怖主义、极端主义、煽动实施恐怖活动罪	第 2 章危害公共安全罪	刑法分则	煽动实施恐怖活动的

续表

序号	条文编号	入罪罪名	章节分布	入罪方式	入罪表述
4	第120条之四	利用极端主义破坏法律实施罪	第2章危害公共安全罪	刑法分则	利用极端主义煽动、胁迫群众破坏国家法律确立的婚姻、司法、教育、社会管理等制度实施的
5	第249条	煽动民族仇恨、民族歧视罪	第4章侵犯公民人身权利、民主权利罪	刑法分则	煽动民族仇恨、民族歧视,情节严重的
6	第278条	煽动暴力抗拒法律实施罪	第6章妨害社会管理秩序罪	刑法分则	煽动群众暴力抗拒国家法律、行政法规实施的
7	第373条	煽动军人逃离部队罪	第7章危害国防利益罪	刑法分则	煽动军人逃离部队或者明知是逃离部队的军人而雇用,情节严重的
8	第378条	战时造谣扰乱军心罪	第7章危害国防利益罪	刑法分则	战时造谣惑众,扰乱军心的
9	第433条	战时造谣惑众罪	第10章军人违反职责罪	刑法分则	战时造谣惑众,动摇军心的

续表

序号	条文编号	入罪罪名	章节分布	入罪方式	入罪表述
10	第232条	故意杀人罪	第4章侵犯公民人身权利、民主权利罪	《最高人民法院、最高人民检察院关于办理组织和利用邪教组织犯罪案件具体应用法律若干问题的解释（二）》	组织、策划、煽动、教唆、帮助邪教组织人员自杀、自残的
11	第234条	故意伤害罪	第4章侵犯公民人身权利、民主权利罪	《最高人民法院、最高人民检察院关于办理组织和利用邪教组织犯罪案件具体应用法律若干问题的解释（二）》	组织、策划、煽动、教唆、帮助邪教组织人员自杀、自残的
12	第300条	组织、利用会道门、邪教组织、利用迷信破坏法律实施罪	第6章妨害社会管理秩序罪	《最高人民法院、最高人民检察院关于办理组织和利用邪教组织犯罪案件具体应用法律若干问题的解释》	煽动、欺骗、组织其成员或者其他人不履行法定义务，情节严重的；煽动、欺骗、组织其成员或者其他人破坏国家法律、行政法规实施，造成严重后果的

续表

序号	条文编号	入罪罪名	章节分布	入罪方式	入罪表述
13	第376条第1款	战时拒绝、逃避征召军事训练罪	第7章危害国防利益罪	《最高人民检察院、公安部关于公安机关管辖的刑事案件立案追诉标准的规定（一）》	联络、煽动他人共同拒绝、逃避征召或者军事训练的
14	第376条第2款	战时拒绝、逃避服役罪	第7章危害国防利益罪	《最高人民检察院、公安部关于公安机关管辖的刑事案件立案追诉标准的规定（一）》	联络、煽动他人共同拒绝、逃避服役的
15	第380条	战时拒绝、故意延误军事订货罪	第7章危害国防利益罪	《最高人民检察院、公安部关于公安机关管辖的刑事案件立案追诉标准的规定（一）》	联络、煽动他人共同拒绝或者故意延误军事订货的
16	第381条	战时拒绝军事征收、征用罪	第7章危害国防利益罪	《最高人民检察院、公安部关于公安机关管辖的刑事案件立案追诉标准的规定（一）》	联络、煽动他人共同拒绝军事征用的